大学生成长之路

蔡　派　编著

中国农业出版社
北　京

新时代大学生成长之路

（自　序）

这是一本写给大学生朋友们的书。

习近平总书记指出，学生时代是人一生最美好的时光，长身体、长知识、长才干，每天都有新收获，每天都有新期待。总书记希望同学们珍惜学习时光，多学知识，多学道理，多学本领，热爱劳动，身心健康，茁壮成长。总书记的谆谆教诲，为大学生成长成才指明了方向。

我决心，写一本关于大学生成长的书，这想法由来已久，最初源于个人的成长经历。我是村里第一个大学生，1993 年秋天，离开家乡上大学时，父母送我到村口，在即将跨上汽车启程时，我转身问他们："你们还有什么叮嘱么?"父亲说："希望你大学入党。"我记住父亲的话，并将此作为努力学习的方向。

毕业后，我考取了中央国家机关公务员，到北京工作。如今，二十多年过去了，大学生活依然记忆犹新，时常感恩亲人、师长当初的指导。

工作后，我结婚成家，随着孩子出生，也成为父亲。担子重了起来，自己奔波在忙碌的日子里，感觉时间似流水，小孩不知不觉也考上了大学。在送她到大学报到的前夕，心里想到她将离家上学，如同一只小鸟一样，长了翅膀要高飞了，既高兴又有点依依不舍。我想起父亲的叮嘱，于是给女儿写了一封长信，针对大学生活，提了一些建议，希望她好好学习，健康成长，不负青春，不负时代，不负年华。

再后来，因缘际遇，我到高校从事管理工作。每逢新生入学季，都会遇到无数家长咨询；每当与同学们谈心交流，都会遇到类似的成长之问："作为一名大学生，大学怎么学？四年怎么过？未来人生怎么走？"学生关心、家长关注、社会关切的问题，就是老师教书育人的方向，更是大学的职责所在。

大学期间，有人生最宝贵的时光，是青年成长的关键阶段。师者，传道、授业、解惑也。看着大学校园风华正茂的学子，我似乎看到自己的青春过去，看到自己的孩子模样，看到国家和民族的美好未来，切实感到重任在肩，引路光荣。

习近平总书记强调，教育是国之大计、党之大计。教师要不忘立德树人的初心，从党和国家事业发展全局的高度，坚守为党育人、为国育才，做学生锤炼品格的引路人，做学生学习知识的引路人，做学生创新思维的引路人，做学生奉献祖国的引路人，培养德智体美劳全面发展的社会主义建设者和接班人。

近几年来，我和我的团队，以"五育并举"为目标，以“四个引路人”为要求，结合教育部、共青团中央的相关课题研究，围绕大学生成长路径问题，采取理论研究与案例研究相结合的方法，对当代大学生的成才需求、成长路径作了深入调研。

通过对全国200多所高校、1 000多名优秀大学生的调查分析，我们总结大学生成长的需求是“五求”，即：求知、求乐、求友、求成（成才、成就、成功）、求职。将立德树人的培养要求与大学生的成长需求结合起来，我们梳理形成大学生学习学术、学生工作、大学入党、文体特长、交友恋爱、创新创业、志愿服务、基层实践、社会担当、劳动锻炼、自强自立、参军入伍、考研究生、出国留学、求职就业等十五条成长路径。

这些路径就是大学生德智体美劳全面发展的具体化，就是大学生成长的路线图，可以用一个逻辑图表示。

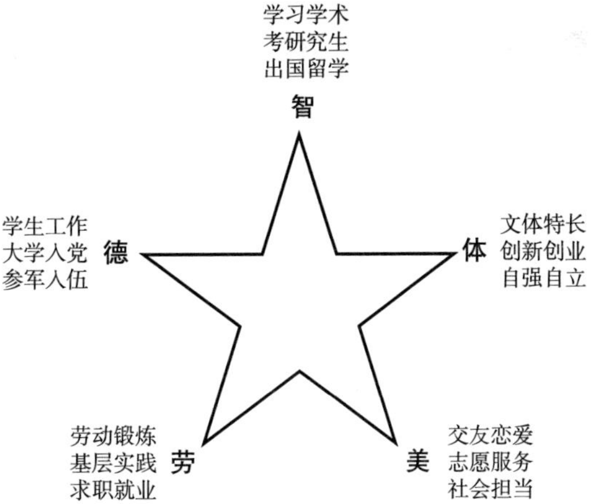

一书在手，成长无忧。大学生朋友们，通过阅读本书，将有以下收获：

一是找到自我。大学是大舞台，每一个学生都是可塑之才，人人皆可成长。信心坚定了，内心就不再迷茫；完善认知了，浑身就充满力量，自觉奋勇前行。

二是找到榜样。见贤思齐，向优秀大学生学习，向品学兼优的标杆请教，从他们的成长故事里，得到借鉴和启发，迎头赶上，不断进步超越。

三是找到方向。大学之道，在明明德，在亲民，在止于至善。大学生成长之路，千条万条，适合哪条就走哪条。选准方向，结合个人实际，从易处起步，从近处开始，坚定走好自己成长路。

总之，新时代的大学生，成长道路无限宽广。同学们，只要坚定理想信念，学好知识，学好本领，勇于实践，大胆创新，一定能够成为未来栋梁之才。

希望本书成为大学生成长成才的入门书、指南书，也可以作为高校思政课辅导教材，以及家庭、机构的教育参考书。衷心感谢各位师长、领导、同事、朋友提供的帮助和指教！

新时代，新青年，新征程。祝愿大学生朋友们，早日成为栋梁之才，在全面建成社会主义现代化强国、全面推进中华民族伟大复兴的征程中，积极贡献青春力量！

蔡　派

2024 年 1 月 1 日于北京半亩方塘

目录

第一讲　学习学术之路

学习是学生的天职，好好学习是大学生的首要任务。大学阶段是树立理想信念的重要阶段，更是学习提高知识技能的关键时期。青年学子要利用宝贵的大学时光，坚定理想，刻苦读书，好学上进，在学习思考、学术研究、科学实验中，持之以恒，学有所获，为今后成长成才打下坚实基础。

2013 年 5 月 4 日，习近平总书记在同各界优秀青年代表座谈时指出，青年人正处于学习的黄金时期，应该把学习作为首要任务，作为一种责任、一种精神追求、一种生活方式，树立梦想从学习开始、事业靠本领成就的观念，让勤奋学习成为青春远航的动力，让增长本领成为青春搏击的能量。[①]

2013 年 7 月 17 日，习近平总书记在考察中国科学院时，勉励号召广大大学生珍惜宝贵的青春年华，坚持理想，脚踏实地，既勤于学习、善于学习，打牢知识功底、积蓄前进能量，又勇于探索、勇于突破，不断认识科技世界新领地，立志报效祖国、服务人民。[②] 他说："学习的目的是什么呢？就是要把学到的知识回馈社会，做一个对社会有用的人，做一些对社会有用的事。"

2016 年 2 月 3 日，习近平总书记在江西考察期间，专程来到南昌大学国家硅基 LED 工程技术研究中心看望师生。他寄语

① 《在同各界优秀青年代表座谈时的讲话》，《人民日报》2013 年 5 月 5 日。

② 《习近平在中国科学院考察时强调　深化科技体制改革增强科技创新活力　真正把创新驱动发展战略落到实处》，《人民日报》2013 年 7 月 18 日。

青年学子："希望当代大学生珍惜韶华，把学习成长同党和国家的事业紧紧联系起来、同社会和人民的需要密切结合起来，用青春铺路，让理想延伸。"①

2017 年 5 月 3 日，习近平总书记在考察中国政法大学时强调，青年处于人生积累阶段，需要像海绵吸水一样汲取知识。广大青年抓学习，既要惜时如金、孜孜不倦，下一番心无旁骛、静谧自怡的功夫，又要突出主干、择其精要，努力做到又博又专、愈博愈专。特别是要克服浮躁之气，静下来多读经典，多知其所以然。②

2019 年 7 月 16 日，习近平总书记在考察内蒙古大学时强调，大学生要志存高远、脚踏实地，学好知识，打好基础，增长才干，将来为中华民族伟大复兴贡献自己的智慧和力量。③

2020 年 9 月 17 日，习近平总书记在湖南大学考察时强调，在全面建设社会主义现代化国家新征程上，同学们将是接过历史接力棒的主力军。希望大家不负时代重托，不负青春韶华，勤奋学习，树立正确的世界观、人生观、价值观，走好人生道路，为实现第二个百年奋斗目标、实现中华民族伟大复兴的中国梦奉献自己的智慧和力量。④

2021 年 4 月 19 日，习近平总书记在清华大学考察时指出，青年大学生要深刻理解把握时代潮流和国家需要，敢为人先、敢

---

① 《习近平春节前夕赴江西看望慰问广大干部群众》，《人民日报》2016 年 2 月 4 日。

② 《习近平在中国政法大学考察时强调　立德树人德法兼修抓好法治人才培养　励志勤学刻苦磨炼促进青年成长进步》，《人民日报》2017 年 5 月 4 日。

③ 《习近平在内蒙古考察并指导开展"不忘初心、牢记使命"主题教育时强调　牢记初心使命贯彻以人民为中心发展思想　把祖国北部边疆风景线打造得更加亮丽》，《新华日报》2017 年 7 月 16 日。

④ 《习近平在湖南考察时强调　在推动高质量发展上闯出新路子　谱写新时代中国特色社会主义湖南新篇章》，《人民日报》2020 年 9 月 18 日。

于突破，以聪明才智贡献国家，以开拓进取服务社会。要实学实干，脚踏实地、埋头苦干，孜孜不倦、如饥似渴，在攀登知识高峰中追求卓越，在肩负时代重任时行胜于言，在真刀真枪的实干中成就一番事业。①

2022 年 4 月 25 日，习近平总书记在中国人民大学考察时强调，希望全国广大青年牢记党的教诲，立志民族复兴，不负韶华，不负时代，不负人民，在青春的赛道上奋力奔跑，争取跑出当代青年的最好成绩。广大青年要做社会主义核心价值观的坚定信仰者、积极传播者、模范践行者，向英雄学习、向前辈学习、向榜样学习，争做堪当民族复兴重任的时代新人，在实现中华民族伟大复兴的时代洪流中踔厉奋发、勇毅前进。②

2022 年 5 月 10 日，习近平总书记在庆祝中国共产主义青年团成立 100 周年大会上的讲话指出，追求进步，是青年最宝贵的特质，也是党和人民最殷切的希望。新时代的广大共青团员，要做理想远大、信念坚定的模范，做刻苦学习、锐意创新的模范，做敢于斗争、善于斗争的模范，做艰苦奋斗、无私奉献的模范，做崇德向善、严守纪律的模范，强调要带头立足岗位、苦练本领、创先争优，努力成为行业骨干、青年先锋。③

2022 年 10 月 16 日，习近平总书记在党的二十大报告上强调指出，我们必须坚持解放思想、实事求是、与时俱进、求真务实，一切从实际出发，着眼解决新时代改革开放和社会主义现代

① 《习近平在清华大学考察时强调　坚持中国特色世界一流大学建设目标方向　为服务国家富强民族复兴人民幸福贡献力量》，《人民日报》2021 年 4 月 20 日。

② 《习近平在中国人民大学考察时强调　坚持党的领导传承红色基因扎根中国大地走出一条建设中国特色世界一流大学新路》，《人民日报》2022 年 4 月 26 日。

③ 《庆祝中国共产主义青年团成立 100 周年大会在京隆重举行》，《人民日报》2022 年 5 月 11 日。

化建设的实际问题，不断回答中国之问、世界之问、人民之问、时代之问，作出符合中国实际和时代要求的正确回答，得出符合客观规律的科学认识，形成与时俱进的理论成果，更好指导中国实践。继续推进实践基础上的理论创新，首先要把握好习近平新时代中国特色社会主义思想的世界观和方法论，坚持好、运用好贯穿其中的立场观点方法。①

同学们，我们要认真学习领会习近平总书记的谆谆教导，以优秀大学生为榜样，结合个人实际，走好自己的学习成长之路。

早立志，立大志，学习就有了目标方向

早立志，立大志，学习就有了目标方向，学习就有了前进动力，学习就有了境界升华。吉林大学刘霖霖同学 6 岁立志当医生，坚守白衣理想，淡泊明志，“医”丝不苟，追逐医学求学之路。她认为医生为民、悬壶济世，作为医学从业者，应有医者仁心，学以致用，为社会的医学发展、社会服务做出应有的贡献。她深知，当一名医生，既要学习专业知识，掌握扎实的基本功，又要加强实习实践，积累丰富的临床经验。于是，在校期间，一方面，她学习认真刻苦，系统学习医学专业知识，发表多篇医学学术论文，成为学校先锋模范和国家奖学金获得者。另一方面，她担任班级团支书和红十字部门负责人，组织志同道合的同学，秉承发扬“白求恩精神”，服务基层医学发展，积极参与社区农村医学志愿服务活动，为体育赛事提供医疗保障，为孤寡老人免费诊治，在救死扶伤的医疗行动实践之中，努力提高自身素质能力。

学习是一种责任。为什么去学习？我们要处理好小我与大

① 《中国共产党第二十次全国代表大会在京开幕　习近平代表第十九届中央委员会向大会作报告》，《人民日报》2022 年 10 月 17 日。

我、利己与利他的关系，将自我人生理想的实现，与为国家社会做贡献结合起来，不断求知探索，永攀科技高峰。杨业明同学考上电子科技大学的研究生后，经过一番认真思考，立志学医。他立志做大学问，投身人类疾病基因的实验研究，力求在疾病基因领域有所建树，并能将成果应用于临床治疗。他认为科学研究没有捷径，必须以老老实实的态度，坐着冷板凳，潜心研究，十年磨一剑。功夫不负有心人，他在研究生阶段，获得 5 项自然科学基金项目支持和 11 项专利，发表 8 篇 SCI 论文，成为名副其实的“基因侦探”。临近毕业时，他放弃企业的优厚待遇，坚守自己的初心，着眼未知医学领域继续探索，决定跨专业迈入基础医学领域继续深入研究，积极奔向对人类疾病基因的研究之路，努力为人类健康贡献青春力量。

学习靠自觉。从内心上觉醒，深刻认识到学习的责任和意义，才能产生主动学习的劲头和动力。学习靠自律。学习归根结底是自己的事情，科学安排好学习时间，处理好目标和计划的关系，做到心无旁骛，排除一切干扰，坚持学到底、学到手、学到家。中国农业大学郭子璠同学刚步入大学就认识到，大学在没有家长督促、相对独立自由的情况下，要凭借高度的自律才能学得好、学得优秀。因此，她上课专心听讲、课后认真复习，空闲时就去教学楼或图书馆自习，有问题就及时向老师请教。谦虚使人进步，从第一学期开始，她的成绩就稳定在年级前 10%，最终取得了前三学年平均 GPA3.83、年级第 3 的好成绩，连续三年获得了学习优秀奖学金一等奖。除了专业课程，她还辅修了第二学位：数据科学与大数据技术，参与多个科研项目，通过大学生创新创业训练、大学生生物竞赛等项目，得到了很好的学术锻炼。同时，她先后担任党支书、班长、团支书、院学生会副主席，在服务同学过程中，提升了组织协调能力。

在为科研事业奋斗的征程中，真理是悬挂在学子前方的一盏灯塔。它，指引我们攀登科学高峰，越是艰险越向前。无限风光在险峰，有志者事竟成，一路跋涉，一路惊喜。物理对西湖大学曹骏辉同学来说，就像一块有魔力的磁铁。由于对物理一直以来的坚持与热爱，他决定从化学专业跨界研究物理学，并把参加高水平的学科竞赛作为科研攻关的重要途径，瞄准量子领域这个“灯塔”。为此，他自主设计一套有效的量子通信系统，并从加密、信号保真等几个方面对系统设备进行试验实践。他拜师请教，系统地接受光学、凝聚态物理、量子计算等方面的训练，从写代码、设计程序开始，再到学习运用传递矩阵计算光谱，科研难度逐渐增大，他一步步踩着导师在前方留下的“脚印”，小心翼翼，顽强拼搏，遇见了物理世界的一个个“惊喜”。机遇总是垂青于有准备的人。最终他获得国际竞赛——2020 年金砖国家未来技能挑战赛的量子项目冠军。

兴趣是最好的老师，初心指引未来

兴趣是最好的老师。因为热爱，所以我们不怕困难，再多的辛苦，也是一种快乐。钻研从兴趣开始，学习从热爱深入。北京大学宋雪洋同学幼时对物理产生浓厚兴趣，平时广泛阅读物理科普书，喜欢琢磨解决物理习题。中学时，她参加一些物理竞赛并获得优异成绩，被报送至北京大学。进入大学后，她一直保持对物理学科的热爱，更加努力学习钻研。在科研和学术上，她不怕失败，不怕挫折，潜心实验，努力探索与创新，在国际知名物理期刊发表多篇文章，充分展现个人出色的才华。在攀登科学高峰的同时，她对专业学习倍加用功，专业成绩名列前茅，并以优异的成绩获得北京市三好学生、国家奖学金等荣誉。对于未来，她希望凭借自己的志趣，更好地探索物理学的科研之路，以优异的成绩报效祖国和人民。

初心指引未来。学习初心是求知的动力源泉，是前进的一盏明灯。小时候的热爱，是一生的挚爱；小时候树立的理想，是一生的追求。许多大学生自小就种下理想的种子，在学习路上，用辛勤的汗水浇出丰硕的果实。北京师范大学朱文婷同学是一名学前教育专业的研究生，从小便对孩童教育感兴趣，从大学到研究生，她一直埋头研究“学前教育”。她认为，作为一名教育学专业的学生，无论什么时间、什么地点，都应该把孩子们的教育放在首要位置。在近十年的校园生活中，她一直保持对教育的热爱，学习认真刻苦，攻克了一个又一个学习难关，取得了一个又一个的好成绩。她知行合一，运用所学的专业知识，根植于实践，服务于现实，受到师生的好评，连续多年获得国家奖学金，并于核心期刊发表 10 余篇论文。面对未来，她表示，将始终坚守自己的初心，做好学前教育工作，助力更多的孩子茁壮成长。

信仰与热爱，是学习、研究的两只轮子。学之不如好之，好之不如乐之。学习经过“信解行证”，由信仰产生热爱，因热爱而付出，再苦再累也值得。南京大学冉柯静同学热爱学术研究，她怀着对科学知识的追求和对物理学的憧憬向往，肩负着全村人的希望，考入南京大学物理学院并开始硕博连读。她对科研的热爱与执着，源于内心对真理的信仰与追求，自觉地将科研工作融入自己的生命当中，孜孜不倦，甘之如饴，坚定前行。研一阶段，她已经把硕士和博士该修的课程基本修完，随后全身心投入科研。通过刻苦努力，取得显著成绩。研究生期间，她荣获各类奖学金 11 次，校级以上荣誉称号 7 次，学术成果及报告获奖 2 次。读博期间，她共发表 SCI 学术论文 14 篇，其中国际顶级期刊 7 篇、业内国际高水平期刊 3 篇、第一作者及其共同一作文章 4 篇，一篇基于量子自旋液体的一作文章为 SCI 高被引论文，被

Web of Science 数据库归为学术领域最优秀的前 1%。她还多次赴美国、欧洲、澳大利亚等国家地区，开展学术交流，受到同行专家的关注肯定。

将学习转化一种习惯，将他觉转向自觉，将被动变为主动，在学习中找到信心，发现价值，产生快乐。北京科技大学詹宇飞同学是国家奖学金获得者，他的事迹曾在《人民日报》刊登过。他学习的秘诀是让学习变成一种习惯，即使在喧嚣热闹环境之中，内心也要平静如水，专心致志地读书学习。习惯成自然，自然成习惯。在学术上，他喜欢一切与科技相关的领域，热爱参加数学竞赛，在北京市举行的各类大赛中，多次荣获国家级、市级奖项。课余时间，他积极投身社会实践与志愿服务，多次参与国家、首都重大活动服务保障工作，并被学校表彰。他认为，无论是专业学习还是社会实践，都要养成自学的好习惯，保持好奇心，持续深入地求知，不断拓展知识面，用理论武装头脑，努力成为一名优秀青年。

学习是一次艰苦的旅行，刻苦是成绩的注脚

学习是一次艰苦的旅行。在长途跋涉之中，有阳光雨露，也有风雨交加；有平坦大路，也有险滩急流。取得成绩了，成功了，我们不要骄傲，不要被鲜花和笑脸所迷惑，要清醒地看到路还很长；失败了，遇到挫折了，我们也不要丧气，跌倒就爬起来，拍掉身上的尘土，坚定信心，继续前行。江南大学李辉同学从小立志，要为贫困家乡信息化建设而读书，坚定奔赴计算机科研之路，以孜孜不倦的精神，一路赶考，踏浪前行。大学毕业之后，他选择读研，继续追逐梦想。研究生期间，他完成了三篇英文学术论文，其中一篇被著名国际会议收录，并被邀请在会议期间做专题报告，受到了学术界的极大关注，在同期论文中集中下

载量位居第一。在攻读博士期间，他坚持学思结合、大胆假设、反复推敲、细心验证，即使遇到困难，也能积极调整好心态，跌倒一次，再爬起一次。最终，他取得了一系列具有影响力的科研成果，并被选派参加 VOT2019 竞赛，获得了 RGBT 子竞赛第一名的好成绩。

刻苦是成绩的注脚。苦下功夫，下苦功夫，才能结出累累硕果。宝剑锋从磨砺出，梅花香自苦寒来。我们要相信，挥洒的汗水心血，付出的艰辛劳动，就是成长的肥沃养料，也是奋斗路上的一串串脚印。大连理工大学邓心陆同学，是一名学习刻苦的学生。一摞摞厚厚的证书，就是他努力奋斗的“硕果”，凝聚着大学四年来日复一日、一点一滴奋斗的印记。在入学之初，他对科技创新产生了浓厚的兴趣。有一次，一位院士的讲座引发了他作为一名机械学子的自豪感，决心以勤奋为路基，以创新为动力，努力拼搏，学习更多技能，创新产出更多产品，像院士一样，为国家机械事业发展，尽自己的一份力。因此，他更加发奋学习，追逐梦想不停歇，不懈付出，学科成绩一直名列前茅，荣获各类科创奖项 40 余项。

学习是一件辛苦之事，吃得苦中苦，方为人上人，学习不可能一帆风顺，必然遭遇无数坎坷、挫折和失败。直面挑战，不言放弃，勇猛直前，将困难踩在脚下，破冰前行，总有一天，春暖花开。山东大学刘笑宇同学是一名学识渊博的研究生，她还是 2020 年山东大学研究生校长奖的获得者。她的专业是微电子技术，这门学科是高科技学科，在各行各业中都扮演着重要角色。她深知微电子领域对祖国发展的价值，她将微电子领域研究作为一生的挚爱，自觉扛起青春责任，深入科学研究，积极探索攻关。在准备论文、申请专利的过程中，她经历过投稿被拒、实验不利等许多挫折。面对这些困难和挑战，她丝毫不退缩，不言放弃，一次又一次地鼓足勇气，努力拼搏，坚持到底。在导师的悉心指导和团队的大力支持下，经过不懈努力，她的微电子试验课题终于取得成功，随后发表了高水平学术论文，并将研究成果应用到实践中去。

学无止境，学而不厌。从入读大学到攻读硕士研究生，从硕士研究生再到攻读博士研究生，一般需要 10 多年的时光。可以说，学术路上，雄关漫漫真如铁，如今迈步从头越。我们既要坚定理想，做到不花眼、不走神，又要意志坚强，做到不动心、不动摇。其中，最为重要的，也是最难的修炼，莫过于炼心了。华南理工大学刘宧祺同学是华南地区首位以应届博士生身份担任法国终身职教的优秀青年人才。他一直致力于做学问，凭借着自身的努力拼搏、刻苦钻研和强大毅力，攻克了一个又一个科研难关，成为年轻学者中的佼佼者。他珍惜博士生的荣光，在学业上不敢有丝毫的懈怠。一方面，他扎实深入学习专业知识，提高专业理论水平；另一方面，他积极拓宽知识面，学习国外先进科学方法和经验，提升专业跨界能力。他凭借锲而不舍的钻研精神，经过不懈的努力，取得可喜的学术创新成果，在中外期刊上发表多篇高水平论文，获得了同行专家的赞赏。

把饭桌当成书桌，时时处处皆学问

把饭桌当成书桌，将生活作为课堂，时时处处留心学习，随时随地用心观察，善于抓住瞬间的灵感，及时转化为思路，付诸行动，解决技术难题。武汉轻工业大学董志文同学在与亲朋好友聚餐时，大家聊到油脂的安全营养问题，让他联想到，“单一脱色剂”在传统的油脂精炼工艺中存在脱色困难、营养物质损失严重以及毒性物含量高的突出问题，遂萌发了在稻米油中添加“复合型脱色剂”的念头。他开始做实验的时候，为了选择更合适的脱色剂，将实验重心放在“单一脱色剂”的对比上，忽视了“复配脱色剂的比例和添加量带来的生产成本和废脱色剂的环境污染”问题，导致实验结果不尽人意。后来，他改进实验方法，重新设计方案，经历 300 多次实验，终于取得突破，形成油料加工工艺科研成果，课题论文荣获“优秀学生论文奖”，并作为唯一的学生代表在第六届国际稻米油科技大会作主旨报告。

学而不思则罔，思而不学则殆。将学与思结合起来，通过深入思考，加深对知识的理解和掌握。坚持大胆假设、小心求证的学术原则，敢于质疑，守正创新，能够批判、继承、吸收和转化经验，从而推陈出新，超越前人，创新发展。山东农业大学赵弘扬同学就是这样的榜样。他学而思，勤于观察，善于思考，平时注意留心学习生活中的细节，经常与小伙伴们在实验室研究问题，及时把思考讨论出来的想法，用三维软件转化为思维导图，随后形成思路架构，花时间下功夫写成论文，实现灵感从点到线到面的转变。他思而学，一头扎进专业领域，将观察和实践中遇到的问题，再研究，再试验，再探索，并融入创新创业项目中去。经过不懈努力，他们团队研究出了智能林木修枝机器人，填补了我国智能修枝的空白，获得多项国家级奖项，本人被评为山东省“十大优秀学生”。他在校期间除了研究与实验外，还担任班主任助理，成为老师的小帮手，课余时间主动与学弟学妹们交流，分享自身成长经验，指导大家学思践悟。

三人行，必有我师。我们既要向老师学习，又要向同学学习，向同行学习，向对手学习，在竞争中成长。人生处处是考场，校园时时有比赛。我们积极参加学科竞赛活动，把赛场当成考场，将之作为检验所学知识的机会，互相促进，比学赶超，共同进步，努力成为专业优秀人才。南京农业大学李漳浔同学，经常参加课外科技竞赛，深化学习专业理论知识，提高动手实践能力。他认为，竞赛是促进自己成长的加速器，他可以从其他参赛者的身上学到许多优秀品质，尤其对于提升团队的竞争力与默契度很有意义，这些都是在书本上学不到的。他将自己的想法付诸实践，先后获数字中国智能系统与机器人大赛全国一等奖、江苏省虚拟仪器大赛一等奖、2020 中国机器人大赛二等奖、全国大学生高等数学竞赛三等奖、南京农业大学“优秀共青团员”等荣誉称号。

科学研究工作就是追求真理，追寻未知，追赶未来。发现问题，科学分析问题，及时解决问题，是科学思维的三部曲。面对科学奥秘，我们从着迷、入迷再到揭谜，推开一扇又一扇的未知之门；面向科学高峰，我们从兴趣开始，一步一步地探索前行，力争取得一个又一个的科研创新成果，造福人类社会。浙江大学博士研究生谢和俊是一名气象爱好者，变幻莫测的天气现象总是让他着迷。他深入阅读欧洲中期天气预报中心关于大气辐射传输的文献，并尝试改进其中的研究方法，使其更好地服务于我国的数值天气预报。针对我国的风云三号气象卫星搭载的微波仪器，他通过修改程序，在观测仿真模拟中考虑了云层中铅垂方向上冰晶粒子性质的不均匀性，并发现这个新特性对于仿真结果有显著的影响。这项技术成果，有助于提升仿真模拟的合理性，突破了国外在该领域固守的使用单一冰晶粒子形状进行仿真模拟的传统模式。随后他结合国内外科学研究实践，发现并纠正了全球顶尖数值天气预报中心——欧洲中期天气预报中心一核心算法错误，相关研究成果发表在地球科学领域最权威的期刊之一的《地球物理学研究杂志》上。

在内心深处唤醒学习，坚持理论联系实际

在内心深处唤醒学习，实现从被动应考到主动学习的转变，

采取从坚定学习方向再到科学制定学习方法的行动准则，实现从“要我学”向“我要学”的飞跃。上海对外经济贸易大学陈强瑜同学在大一暑假实习中，发现自己思维严谨、性格专注的长处，更适合从事审计和会计工作，便萌生了学习 ACCA（国际注册会计师）的想法。起初，她只想尽快考下 ACCA 证书，有利于求职就业，在方法上侧重“投机取巧”地刷题，导致四门专业考试“低分过”。于是，她及时转变考证动机，希望通过学习掌握国外公司财务运作流程和作决策分析的方法，大力提升自身财会专业素养。随后，她学习时主动放慢节奏，注重掌握基础知识，打牢根基，循序渐进。不管是在 ACCA 的课堂上，还是平时专业课的课堂上，她都是课堂上最活跃的同学之一，上课专心听讲，认真记好笔记，不懂的地方及时请教老师，做到当天问题当天解决、不拖延、不过夜。这样的学习状态和方法，让她越学越扎实，在参加 ACCA 全球统考之时，她获得了高级阶段 AFM（高级财务管理）科目全球第一名的好成绩。

学习需要勇气，敢于迈出第一脚，敢于推开那扇门，敢于挑战自我，敢于将不可能变成可能。只要苦下功夫，一定学有所获，学有所成。走过来，挺过去，再回头一看，当初在门口的犹豫和徘徊，竟是如此幼稚和可笑。中国政法大学赵尔雅同学刚步入大学校园时，腼腆内向，甚至不敢当着同学的面说话。她决心突破自我，从学习入手改变这种现状。利用参加模拟法庭辩论比赛的契机，面对大部分参赛者都是高年级学生的状况，她鼓足勇气，放下心理包袱，主动出击，以出色的辩论赢得大家的赞赏。在专业课程学习阶段，她对遇到的不懂的新概念、新观点，立即用搜索引擎进行检索，并将一个个知识点下载下来，记在本子上，逐条认真研读，彻底弄通想透。为了学以致用，她坚持理论联系实际，将法学理论运用到课外实践中，积极参与国际模拟法庭竞赛。在老师的指导下，坚持严格刻苦训练，结合实际将知识融会贯通，不断提高应试水平。经过几轮比赛，她获得国际刑事法院模拟法庭竞赛（英文）中国选拔赛总冠军、最佳辩手，取得全球第 12 名的好成绩。

坚持理论联系实际，做到学习工作化，工作学习化。清华大学胡尊严同学是一名“学霸”，研究生毕业之后，又以出色成绩考上汽车工程专业博士研究生。他专心致志攻克科研项目，每天坚持在实验室工作 10 个小时以上，经常通宵达旦研究方案，反复试验，推动产品转型升级，取得了一个个喜人的成果。他注重全面发展，坚持学业和社工“双肩挑”，担任了汽车系辅导员、团委书记、学生工作组副组长，发扬优良传统，勇于进行自我革新，将汽车工程专业思维转化为社会工作思路，做到以平台化的模式来设计活动，以社工育人的目标来服务同学，以精品化的思维来打造品牌，以实践、宣传、主题教育为载体，全方位推进学生工作体系化建设，积极服务促进汽车工程专业本科生成长成才。在学习实践的基础上，他积极参与清华大学“创青春”赛事组织工作，所负责的“紫晶立方”项目荣获“创青春”全国金奖、“英特尔一清华”全国大学生创新创业营特等奖。

学以致用，用以促学。学习的目的，归根到底还是应用。应用得好不好，归根到底要靠实践来证明。实践是检验真理的唯一标准。坚持将实践作为大课堂，将服务社会作为知识应用的价值取向。通过学习实践，懂得科技改变生活，创新创造美好未来，知识就是力量。同时，又能从实践之中，发现新情况、新问题、新趋势，为下一步学习确定目标。上海第二工业大学梁俊同学是老师眼中的“技术男”，他好学上进，是图书馆中的常客，在那里一待就是几个小时，持卷深思，不知今夕是何年。他将学习融入生活，将手机和电脑都调成英文，创造出英语环境，随时随地置身其中，大幅增加阅读量，努力提高英语水平。他将技能比赛当成重要的学习途径，希望通过比赛扩大自己的知识面，让自己在实践中成长进步。他用青春练就宝贵技能，用匠心构筑强国梦想，经过刻苦学习训练，荣获全国第一届职业技能大赛“网站设计与开发”冠军、第46届世界技能大赛上海市选拔赛三等奖。

总之，大学生的学习学术之路，前景广阔，未来可期。希望同学们做到：

1. 中国梦是国家的梦、民族的梦，也是包括广大大学生在内的每个中国人的梦。新时代大学生要以国家、民族的振兴发展为己任，树立远大的理想，在时代中奋进并实现自己的人生价值，以扎实行动成才报国。只有把人生理想融入国家和民族的事业中，在学术上、科研上沉身研究，求真务实，无畏无惧地坚持下去，才能成就一番事业。

2. 要注重“阅读”，努力营造爱读书、读好书、善读书的浓厚氛围，不断增强知识更新的紧迫感，如饥似渴地学习知识，掌握学问，增强素质，提升能力，成为勤于学习、勇于担当、甘于奉献的栋梁之材，完成时代赋予的历史重任。

3. 要注重学习的连续性，要像海绵吸水一样汲取知识，提高自身科学文化素质。在学习中，要狠学细学深学，既要惜时如金、孜孜不倦，下一番心无旁骛、静谧自怡的功夫，又要分清主次、突出主干、择其精要，努力做到又博又专、愈博愈专。

4. 在学术研究与科研创新道路上，要忍得了孤独，破得了瓶颈。研究之路没有捷径，要下真功夫攻读国内外相关文献资料，吸取优秀参考文章的精华，结合自己研究的领域深入领悟，形成自己的见解、思考与创造性构想。

5. 要发扬拼搏精神，面对学习、科研道路上必然出现的“绊脚石”，不能放弃，不能半途而废，要持之以恒地通过一次次构思、一次次实验、一次次修改对原有成果进行深化，坚持走完“最后一公里”，达成自设的预期目标。

6. 参与科研、创新，要注重批判精神，要敢于对现有传统理论进行批判，敢于怀疑，追求真理，才能有所突破。

7. 要沉身低头看脚下路，将理想融入“实事求是”当中，一切从实际出发，尊重科学与客观规律，对照现实因素进行计划和设计上的创新性修改，方能显现特色、适宜性与科学性。同时要注重知行合一，根植于理论，服务于实践发展。

8. 要保持耐心、静心，路要一步一步走，蹦蹦跳跳容易摔倒；钉子要一锤锤敲，心浮气躁地想一蹴而就，只会又松又歪。要老老实实做学问，不能弄虚作假，一步一步通过阅读大量文献，推算演练公式，发扬锲而不舍的“琢玉”般的学术钻研精神，坚持学思结合、大胆假设、反复推敲、细心验证。

第二讲　学生工作之路

大学期间，同学们有机会担任学生干部，从事学生工作，作为老师的“小助手”和同学的“服务员”，要全心全意为学生服务，为校园建设和教育事业发展做小事、做实事、做好事，可贵的是能培养服务精神和担当意识，并能从中得到很好的锻炼，提高了能力，积累了经验，为今后的成长打下坚实的基础。正如习近平总书记在庆祝中国共产主义青年团成立100周年大会上的讲话强调的那样，广大团干部要自觉践行群众路线、树牢群众观点，同广大青年打成一片，做青年友，不做青年“官”，多为青年计，少为自己谋。①

2022年10月16日，习近平总书记在党的二十大报告上强调，树牢群众观点，贯彻群众路线，尊重人民首创精神，坚持一切为了人民、一切依靠人民，从群众中来、到群众中去，始终保持同人民群众的血肉联系，始终接受人民批评和监督。我们要实现好、维护好、发展好最广大人民根本利益，紧紧抓住人民最关心最直接最现实的利益问题，坚持尽力而为、量力而行，深入群众、深入基层，采取更多惠民生、暖民心举措，着力解决好人民群众急难愁盼问题。带头担当作为，做到平常时候看得出来、关

---

① 《庆祝中国共产主义青年团成立100周年大会在京隆重举行》，《人民日报》2022年5月11日。

键时刻站得出来、危难关头豁得出来。[①] 这些要求对学生干部做好工作，同样具有重要的教育指导意义。

教育部、共青团中央等部门高度重视学生干部培养，相继制定了一系列政策措施。

2006 年，团中央联合全国学联制定了《高校学生干部培养规划》，明确高校学生干部是学生工作队伍的重要组成部分，是促进学校改革、发展、稳定的一支重要力量，要紧密结合高校学生干部队伍建设的实际，通过教育培训和实践锻炼，不断提高学生干部的思想政治素质、政策理论水平、创新能力、实践能力和组织协调能力，努力培养和造就一支政治坚定、作风过硬、素质全面的高校学生干部队伍。

2017 年，共青团中央联合教育部，深入贯彻习近平总书记关于高校思想政治建设和高校学生成长发展的相关指示精神，印发《关于加强和改进新形势下高校共青团思想政治工作的意见》的通知，强调要深化实施青年马克思主义者培养工程，以大学生骨干为重点，将理想信念教育放在首位，培养一批能够运用马克思主义的立场观点方法分析问题、解决问题，牢固树立政治意识、大局意识、核心意识、看齐意识，对党忠诚、信仰坚定、素质优良、作风过硬的大学生骨干，并影响带动广大学生团结凝聚在党的周围。[②]

2018 年，共青团中央联合全国学联，针对部分学生干部存在的“官僚作风”“漂浮作风”，发起《学生会、研究生会干部自律公约》的倡议，引导高校学生干部恪守学生本分，牢记学生组

① 《中国共产党第二十次全国代表大会在京开幕 习近平代表第十九届中央委员会向大会作报告》，《人民日报》2022 年 10 月 17 日。

② 《中共中央国务院印发〈关于加强和改进新形势下高校思想政治工作的意见〉》，《人民日报》2017 年 2 月 28 日。

织宗旨，永葆理想主义情怀，扎扎实实做事，营造平等氛围，摒弃庸俗习气。[①]

同学们，我们要学习领会习近平总书记的指示精神，理解贯彻相关部门的要求，这是做好学生工作的前提。同时，要紧密结合个人实际，以优秀大学生为榜样，走出自己的学生干部成长之路。

坚持做学生友，决不做学生官

学生干部不是校园“官位”，也不是大学“荣誉”，更不是人才“标签”，而是一个服务学生的途径机会。因此，同学们要从思想上，端正当学生干部的目的和态度，切实做到“干”字当头，以实际行动赢得大家的尊重和认可。潍坊学院孙涛同学是大家眼中的“干事长”，曾担任院学生会主席、校学生会主席、潍坊市学联驻会执行主席等职务，他以服务学生为荣，有时吃饭、走路的时候，还思考着学生工作。他认真履职尽责，即使是一次普通会议，他也会提前准备，理清思路，统筹协调，周密安排。他带头工作，一马当先，经常深入策划活动、指挥部署和督促落实，无论工作再忙、时间再紧，都要自己撰写发言稿。他勤恳敬业，当日事当日毕，为完成手头紧要工作，有时教室熄灯后，回到宿舍继续干，加班加点，一直忙到半夜。他严谨细致，即使是标点符号，都要一而再、再而三地校对审核。同时，他把从事学生工作的作风带到学习中去，融会贯通，学习成绩始终位列班级前列。

坚持做学生友，决不做学生官，去掉“官气”，自觉践行群

① 《多所高校学生会联合发起“学生干部自律公约”让学生会回归本色》，《人民日报》2018年10月24日。

众路线，与同学们打成一片。保持上进心，勤学苦修，力争上游，发挥模范带头作用，用自己这一盏灯，照亮前方一片地。吉林大学江超男同学作为党员学生干部，将自己定位为一颗“螺丝钉”，驻守在平凡的岗位上，真心真意服务学生，为校园工作贡献青春力量。作为班级团支部书记，她真心实意关爱同学，任劳任怨地服务同学，组织开展丰富多彩的团日活动，创新推进班团一体化。作为党支部副书记，她尽责尽力做好学生党务工作，将繁杂的党务材料整理得井井有条；作为学院团委副书记，她筹备组织五次东北地区及学校的模拟法庭竞赛，成功开展了法学院红色传人培育基地“德润学堂”活动；作为校学生会副主席兼校园文化中心主任，她坚持将活动性与服务性相结合，举办了“先锋论坛”大学生辩论赛、“励志・立志”训练营等活动，引领校园风尚。她的学习成绩始终排名班级前列，连续三年荣获国家奖学金，最后保研至中国人民大学。

学生工作是大学生实践锻炼的平台，是提高自身能力素质的重要途径。立志把学生工作当成学问去做，努力成为一名研究型的学生干部。立足岗位职责，努力做深，一头扎进知识海洋，系统掌握专业技能；用力做实，真正做到学以致用，运用所学专业知识，解决实际问题；奋力做透，举一反三，触类旁通，做到一事通、百事通。中国石油大学尹航同学初入大学，怀抱梦想加入校广播电台。他深知一般的媒体传播知识是不够用的，因此要将宣传技能学全、练精，力争成为广播电台的骨干。为此，他在新闻播报的音色音质、宣传稿撰写等方面苦下功夫，每天抽出时间苦练新闻播报，并对照录像查找不足，调整新闻播报的语速、神态；同时，认真研究期刊新闻，积累好词好句好观点，并将其灵活应用于校园新闻稿撰写之中。他将好奇与热爱转化为传媒工作者前进的动力，不断提高自身业务工作能力。他的出色工作受到师生的一致好评，并成功当选校广播台台长。在校期间，他多次获评新闻宣传先进个人、新闻宣传优秀学生干部、优秀学生干部、优秀团员、优秀团干部等荣誉称号。

学生干部一头连着老师，一头连着同学，发挥好桥梁纽带作用，助力立德树人根本任务的全面落实，是学生工作的重要职责。努力当好老师“副手”和同学的“辅手”，两手都要会，两手都要精。华中科技大学肖润同学担任班级班长时，工作认真细致，协助辅导员处理班级日常事务工作，联系老师与同学，累并快乐着；担任中欧能源学院学生会副主席时，多次组织文艺晚会、讲座、英语角等大型校园文化活动，将学科特色与校园文化结合起来，受到师生的广泛欢迎；担任牛津大学夏令营负责人时，她配合老师，及时关注学员的学习生活诉求，千方百计解决遇到的问题，成为同学们的贴心人。在服务师生的过程中，她抓住每一次锻炼和提高的机会，不断提升自身人际交往、语言沟通、组织协调、应急处理等能力，获得校优秀研究生干部、优秀共青团干部、知行奖学金等荣誉奖项，并顺利获得联合国工业发展组织奥地利维也纳总部能源部门的实习机会。

干部就是“先干一步”，班长即是“帮人成长”

干部就是“先干一步”，班长即是“帮长”。帮老师，当好老师的参谋助手；帮同学，在思想上指点迷津，在生活上扶助济困，在学业上比学赶超。帮助他人就是升华自己，在互帮互助之中，共同进步成长。首都经济贸易大学赵佳烁同学步入大学之后，希望尽绵薄之力为同学服务，在同学的信任支持下，成功竞选担任班长，这是她第一次接触学生工作。怀着热情与激情，她认真学习优秀学生干部事迹，思考“如何成为一名优秀的学生干部”“如何将工作做实做细做好”。她发挥学生干部的桥梁纽带作用，加强班委与校内相关学生组织的沟通，合力解决学生的痛点难点问题。为提高班级凝聚力，她时刻关注学生的学习生活情况，从大家最关心的事情入手，开展主题系列活动，取得显著成效。她带领班级荣获学校最佳班集体、十佳班集体、优秀学生基层组织、优良学风班等称号，个人获得优秀学生干部、优秀团员、先进个人、优秀团干部等荣誉称号。由于作为“班长”的出色表现，她在大三时被推选担任学院团委副书记，成为学校主要学生干部。

学生干部将服务当成学问去做，积极探索路径，创新方式方法，整合资源平台，精心组织实施，抓好督促落实，力争取得实实在在的效果，必将受到同学们的欢迎。实践证明，服务既是一种工作理念，更是一项具体行动，展现了青年勇于创新、大胆尝试、求真务实的可贵品质。北京石油化工学院刘永壮同学初入大学便被推选为班长，随后又担任材料学院党支部副书记、学院学生会主席等职务，他始终牢记角色定位，自觉“干”字当头，服务至上，从小事、琐事、身边事做起。着眼于营造良好的班集体学习氛围，他创办公益性“学乐汇”平台，分享交流学习成果，引导成绩优秀的同学与学习落后的同学“一助一”结对子，激发学习的兴趣和潜能。他发挥党员学生干部的带头作用，组织引导学生党员走出校园，走进社会，开展丰富多彩的党日活动，从实践层面提升学生党员素养。他积极贯彻上级党团组织的要求，推进学生会改革，探索实践为学生办实事的有效途径，取得良好效果，受到师生的广泛好评，曾获得国家励志奖学金、校级优秀学生干部、校级三好学生、校级优秀团员、校十佳学生等荣誉。

主动是一种积极向上的人生态度。主动去想，主动去做，主动去尝试，我们就会看到更多的风景，发现更多的机会，这是青年学子应有的气质和激情，更是学生干部的责任与担当。湖北大学李晓悦同学初入校园，由于热爱摄影，她主动加入大学生记者团摄影部，由于表现出色，不久当选为摄影部部长。她以身作则，主动扛起摄影机冲在一线，创新推出“每月二题”系列宣传活动，深入挖掘报道身边的好人好事；主动创新部门激励机制，充分调动伙伴们的积极性，提高工作效率和摄影质量；主动钻研业务技能，学习掌握宣传策略、摄影角度、采访方式等知识，带领团队实践运用，做到熟能生巧。经过一年的辛勤付出和努力，她当选记者团团长，更加积极主动探索运营新媒体，其创办的公众号被湖北省教育厅、中国青年报、腾讯新闻等单位多次表彰，带领学生记者创作的新闻作品和摄影作品荣获中国高校新闻奖、湖北高校新闻奖、高校新闻扶持计划等30多项奖励。

做好学生工作，要学会系统思维。面对一项工作，接受一项任务，要树立前、中、后的思维意识，做到事前认真谋划，事中狠抓落实，事后及时总结。大学里活动多，尤其要重视总结、通过认真总结、反思得失成败，找出原因，明确努力方向，不断进步提高，从胜利走向新的胜利。中国农业大学邹豪同学就是这样一名能够系统思考、善于总结的学生干部。工作上，每当完成一项活动，他都会静静思考，结合参与者的意见建议，对自身工作进行总结复盘，明确整改措施，争取下一次做得更好。学习上，他做到课前预习，课后复习，每节课坚持坐在教室前排，自觉督促自己集中注意力。他注重课后复习，经常埋头于校内图书馆和电子阅览室，认真钻研学科专业理论，并结合自身兴趣，有针对性地学习其他学科知识，通过不断地阅读积累拓宽知识面，并了解学术前沿动态。他根据自身专业学科特点，摸索改进学习方式方法，将平时梳理的知识框架与学科重点、实践创新点紧密结合，学习成绩始终位居班级前列，先后荣获优秀奖学金、校长奖学金和国家奖学金。

做好学生工作，要多读书、勤思考。大学校园是读书的好地方，大学阶段是读书的好时光，我们要爱读书、读好书、善读书。通过广泛阅读，学思践悟，拓展知识面，提高能力素质。以文会友，搭建平台，读书交流，以知识兴趣点找到思想共同点，将工作做到同学们的心坎上。江南大学姜佳慧同学上大学以来，先后担任班级班长、校学生会主席、校团委兼职副书记等，在服务同学的过程中，她感到自身本领不足，于是主动学习哲学、文学、社会科学、政治、历史等多个领域的知识，每年阅读40多本书，完成500多页读书笔记，努力扩宽视野，增强调查研究、组织协调、公文写作等能力，提升学生工作质量和水平。知识就是力量，她精心组织筹划“我最喜爱的老师评选活动”“十佳大学生评选活动”“戏曲广播操大赛”“百团大战”等诸多大型活动，引起良好反响。因表现突出，她获评江苏省“优秀共青团员”“三好学生”，获得国家奖学金、学业一等奖学金以及多项学科竞赛奖项。

要学在先、干在先，做同学们的知心人、热心人和引路人

学生干部要学在先，干在先，首先成为一名德智体美劳全面发展的优秀学生，在思想、学习、工作、生活等各方面，都要起到模范带头作用。要让优秀做到长久可持续，过去行，现在行，今后也行；要把优秀转化为行为习惯，做这事行，做那事也行；要把优秀当成一束光，点亮自己，照耀他人。浙江财经大学夏静同学初入大学，她想尽绵薄之力为学生们做点事，主动竞选并成功担任班级班长。初次接触学生工作，她备感压力，虚心向师长们学习请教经验，并结合自身实际，转化运用于实践。通过一件件班级事务处理、一场场班级活动策划、一次次同学思想沟通，她不断提高组织协调能力，推动班集体取得新进步，赢得同学们

信任和支持。她的学习成绩始终位居班级前列，她处处以身作则，带动学习型班集体建设，先后荣获校一等奖学金、省政府奖学金和国家奖学金。她十分关心校内贫困生助学工作，积极创造勤工俭学的机会，联系对接社会公益资源，助力他们顺利完成学业，在校园中传递正能量。

学生干部是学生成长的知心人、热心人和引路人，一件件学生工作具体又琐碎，但是又与同学们的学习生活息息相关，不得半点马虎，必须临事以敬，事事有回音，件件有落实。因此，当学生干部，不光只想着“大事”，更要善做“小事”；除了做好“关键时”活动，更要在乎“平常时”事情。青岛农业大学朱媛媛同学在校期间曾担任班级宣传委员、院新闻中心副主任、校友志愿者协会秘书长等多项职务，曾荣获国家奖学金，连续两年获评校优秀学生干部。她把学生“小事”当成“大事”去做，协助班主任做好班级日常管理工作，与同学们交心交朋友，事无巨细，事事上心，确保工作“零失误”。特别是对同学们反映的诉求，能够第一时间报告老师，并协调相关部门妥善解决。针对大学生志愿服务日常存在的突出问题，她坚持搭建平台、整合资源、凝聚力量、创新发展的思路，组织成立了校友志愿者协会，并通过创办《青岛农业大学校友通讯》、举办校情校史知识竞赛等活动，推动协会从最初的 4 人发展到 80 多人，使之逐渐成为在大学生和广大校友中具有影响力的社团组织。

学生干部要经常到校园一线去，深入了解大家的所思、所想、所盼，与同学们心连心，与同学们同频共振，加强思想引领，帮助解决实际问题，提高服务工作的针对性、精准性和实效性。南京工程学院苏子璇同学在校期间曾任校学生会主席、院学生会主席、班主任助理等职，她对学生工作充满热情与激情，以同学们的需求为工作导向，自觉与同学们打成一片，广泛收集大家的意见建议，并以活动为载体，创新方式方法，解决同学们成长过程中面临的思想困惑。组织活动时，她能够换位思考，将心比心，将自己设想为一名参与者，思考应采取什么样的形式，通过什么样的办法，才能使活动取得真正实效。对于每一次活动，她都做到事前精心准备、事中认真落实、事后及时总结，确保同学们满意且有收获。她还充分发挥自身特长，指导、带领其他同学积极参加文体活动，为学校的文化艺术事业发展贡献青春力量。

以党建带班建，做到两结合、两手抓、两促进，带出队伍，带出机制，带出风貌，带出荣誉，取得丰硕成果。也以此证明学生干部要“干”字当头，一切成绩、一切荣誉都是干出来的。电子科技大学魏思琦同学好学上进，从本科到硕士研究生再到博士研究生，她在专业领域不断深造、成长成才。同时，作为学生干部，她扎实肯干，不断探索高校党建思路。她担任班级班长时，将学生党建工作与班级建设相融合，以党建促发展，为班级建设助力。担任硕士研究生支部书记期间，她协助辅导员通过引导、培养、监督学生党员干部落实党建工作，建立健全学生党支部和学生党员评价体系，将党务工作融入党员理论学习、红色教育之中，努力打造“党员挂牌活动”“研究生微党课大赛”“党员研究生宣讲团”等特色品牌活动。在她的引领下，机电学院的 12 个研究生党支部党建工作全面提升，其中 4 个支部获得校级先进党支部创建奖项，并成为全校唯一一个有两个党支部同时获评校级先进党支部一等奖的学院。

发扬钉钉子精神，努力把一件事做实、做深、做透

青春是用来奋斗的，将来是用来回忆的。同学们正处于青年时期，精力旺盛，体力充沛，求知欲强，思想活跃，要多干事、干实事、干好事。学生工作同样如此。我们要在服务同学的过程

中提高能力，在迎接挑战之中磨炼意志，在奉献付出之中升华灵魂。齐鲁工业大学殷晟程同学受家庭红色教育的熏陶，从小对中国共产党产生了特别的情感，高中便成为一名预备党员。2015年，他被推选为山东省学联驻会执行主席，在这期间，有两项工作让他终生难以忘怀。一是参与组织举办第一届中华学子国学荟“国学达人”挑战赛，面对时间紧、任务重、压力大的形势，他首先汇总全国各地报送的100道题，接着组织力量对每一道题进行把关和筛选；再进行第二轮题目内容校对工作，仔细找出并改正其中的错别字，同时进行查重、完善、补充；最后选择具有代表性的题目，科学分类适应初中、高中、大学不同组别，并及时上传至系统。经过连续几天几夜加班加点地工作，终于出色完成任务。二是组织“天山泰山手拉手，鲁疆少年心连心”夏令营活动，针对山高路远、人数众多、情况复杂的状况，他提前调研踩点，制定饮食住宿、路线规划、接机租车、活动日程等具体方案，确保每位学生的安全。5个市区，7天的行程，100名小学生，他亲力亲为做好每一件事，自始至终未发生一丝差错。

大力发扬钉钉子精神，努力把一件事做实、做深、做透，力戒心浮气躁、见异思迁、三心二意，自觉提高意志力、坚韧力、自制力。福建师范大学舒张静芝同学曾担任校研究生会副主席、院团委副书记、班级团支书、2017级学生助理辅导员等职务，她将服务同学、锻炼能力作为目标，强化责任担当，以严谨细致的态度投入到学生工作中，力求把每一项工作做好、做实、做出成效。她把学生工作当成学问去做，经常深入到同学们中，善于从细节细微之处寻找亮点，从平常之中发现不寻常，以问题为导向，找准切入点，一竿子插到底，不解决问题不放手。大四期间，为做好大学生活的后半篇文章，临近毕业的她，选择前往甘肃贫困县开展基层支教，并担任支教团团长。她运用当学生干部积累的经验，调研了解当地教育情况，研究切合实际的教学方法，定期开展团课、常识课、心理辅导课、素质拓展课、艺术兴趣课等系列课程，策划小葵课堂、梦想声音等活动，受到学校师生、地方干部群众的好评。

再好的想法，如果不去做、不行动、不落实，那么到头来仍然会两手空空。可见，知易行难，空想是想不来的，空等是等不来的。如果走出自我，迈出第一脚，努力去尝试，大胆去探索，那么一切皆有可能。我们要勇于实践，做到成功不骄傲，失败再重来，总结经验教训，顽强拼搏奋斗，努力将不可能变成可能。从事学生工作，就是一个将不可能变成可能的试验台。青岛科技大学肖映彤同学是一个内向的大男孩，刚入大学校园时，与同学们见面交流都感到很紧张。经过学生干部工作的历练，一次次人际沟通，一次次分享汇报，一次次即席讲演，使他从一上台的紧张慌张、磕磕巴巴变得临场不惧、挥洒自如。面对有想法、无良法、难落地的难题，他以加强沟通交流为手段，注重与同学们交心交情交朋友，了解大家思想动态，制定切合实际的方案，组织举办各类品牌活动 30 余场，产生良好的影响。为促进学业提升，他坚持做老师的好帮手、同学的贴心人，成立“学习小组”等活动载体，帮助同学解决学习难题。

笨鸟先飞，勤能补拙。我们要把勤奋作为人生的宝贵品质之一，做到脑勤、眼勤、口勤、手勤、脚勤，用心去服务同学，用脚去丈量大地，从一件件小事做起，一个个台阶干起，我们的学生工作必将十分充实且大有收获。湖北医药学院王思豪同学曾担任班级团支书、学院学生会主席，曾获校“优秀共青团干部”“优秀学生干部”“社会实践星”等荣誉称号。在学生工作中，他坚持凡事多问、多学、多做、多思考，不断突破自我，书写青春年华。他坚持贯彻“全心全力为学生服务”的理念，致力于学生工作的反思与改革，着力加强学生会自身建设；他创新实行周例会制度，推进部门之间的相互交流，加强部门的团结力与部门之间的协调性；他实行干部考核和部门年度考核，充分调动学生干事的积极性，推进各项工作取得实效；他抓好学生干部培训，引导高年级学生干部培养低年级学生干部，发挥传帮带作用。天道酬勤，他这些做法和实践，都取得了良好的成效。

幸福他人，才能升华自己

幸福他人，才能升华自己。凡事出自公心，工作的出发点是为了实现大多数人利益诉求，那么我们的想法和做法，就会得到同学们的支持拥护。北京交通大学刘新奇同学曾担任校研究生会副主席、学院研究生会主席、学院团委副书记、党支部书记等职务，他将学生的“幸福”放在第一位，主动服务同学，协助老师组织筹备校园活动，为学生工作高质量发展建言献策，发挥桥梁纽带作用，推动学校服务措施落到实处。他坚持“以问题为导向，以创新为引领”，针对学生工作缺乏信息发布平台的不足，率先创立学院研究生微信公众号，采取同学们乐闻喜见的方式，及时宣传学校文件通知精神，积极报道学生集体活动，推介优秀学生成长事迹，努力营造积极向上的校园文化氛围，弘扬正能量。由于品学兼优，他在校期间，获得北京市三好学生、北京市社会实践先进个人、校优秀研究生干部、校优秀共青团员、校暑期社会实践先进个人等多项荣誉。

人生，为大事而来；青春，因为担当而精彩。立志于干大事的青年大学生，就要勇敢地挑起责任这副担子，去担苦、担难、担重、担险，为今后的成长成才打下坚实基础。有责任，有担当，青春才闪光。青岛大学马晓伟同学大三时被推举担任学院的学生会主席，第一次接手迎新晚会，从开始策划方案，到接下来的组织排练，再到最后的正式演出，带领同学全力以赴，带头熬夜加班加点，确保活动取得圆满成功。面对既要做好学生工作，又要搞好学习科研的双重压力，他上课及时关掉手机，专心听讲，充分利用晚上和周末的时间，自习补课，将学习成绩赶上。为了参加全国大学生电子设计竞赛，他组建科研实验团队，策划参赛项目，反复设计训练，废寝忘食，有时投身实验忙碌到很晚，为了不打扰宿舍同学休息，就在实验室里打地铺睡觉。通过刻苦努力，他荣获国家奖学金、校长奖学金、青岛银行奖学金、6 次学习优秀一等奖学金，获得“山东省优秀学生干部”“校优秀团干部”“优秀学生”等荣誉称号，并顺利保研至电子科技大学。

学生干部作为学生表率，就是要老老实实做人，踏踏实实做事。争做有志气的青年，树立远大的理想抱负，立志成为一名堪当民族复兴重任的时代新人。争做有骨气的青年，自觉加强品德修养，练就一身正气，敢于迎接一切困难挑战，扎根基层实践，奉献青春年华。争做有底气的青年，多读书多学习，多参与多锻炼，多实践多提高，德智体美劳全面发展，早日成为党和国家需要的栋梁之材。北京城市学院牟志文同学在校期间曾获得国家奖学金、北京市优秀学生干部、北京市“三好学生”等国家级 12 项、市级 11 项、校级 41 项荣誉。作为班级班长，他深入推进“班团一体化”，设计“会计元素”班服，与多个村、社区团支部联合创新开展团建活动与红色实践教育。为帮助班级里的学习困难同学，他牵头成立各学科帮扶小组，点对点辅导，实现了“大一挂三科”到“后三年无挂科”的目标。作为 17 级学生辅导员，他秉持“为学生服务”的初心，站在“朋友”的角度，与学弟学妹真心换真心，协助老师讲好思政课。作为校学生干部，他定期开展“线上”调研，针对学生对校园活动与团务工作的建议，开展创新性校园活动，将同学的建议转化为工作方案，推动团委工作改革与创新。同时，他积极对接国市校三级学术科技类竞赛，多次作为北京赛区负责人，组织北京高校学子参与学术科技竞赛。2019 年 5 月，他入选北京市青马工程，并作为首都学生代表参与庆祝中华人民共和国成立 70 周年等活动服务保障工作。毕业后，他考取北京市选调生，为首都乡村振兴贡献青春力量。

学生干部联系师生、服务同学，大家都在看着你、盯着你，你的一言一行都在阳光之下。如果你行正了、做好了，将起到模范带头作用，从而激励他人见贤思齐，共同进步。如果你走岔了、搞歪了，将造成不好的影响。所以学生干部要自警、自励、自醒、自强。大学四年，武汉科技大学黄雅慧同学积极发挥学生干部的模范作用，从懵懂普通的干事到宣传部长再到学生会主席，在大大小小的活动和比赛现场，都能看到她忙碌的身影。想事做事，一个人行，叫孤行；大家行、团队行，才叫真行。她把服务同学的理念融入团队建设中，带头严格贯彻各项制度，带头谋划组织活动，带头研讨总结工作，不断提高团队的战斗力。为帮助提高其他学生干部的政治素养，以及增强守初心、担使命的精神内核，她担任学生会主席期间，主动参加校青马“党的十九大精神”宣讲团，参与青马扶贫讲习云服务平台项目，并荣获 2018 年武汉科技大学“互联网＋”大学生创新创业大赛金奖。

在大学期间担当学生干部，这是重要的成长经历，也是难得的锻炼机会。作为学生干部，我们要在同学们的期待之中懂得责任，在服务师生之中学会奉献，在迎接挑战之中提高能力，在总结反思之中坚定志向，在学习实践之中走向未来。总之，希望同学们做到：

1. 学生干部“学”字当头，首先要做好“学生”，学生干部是学校联系广大同学的桥梁和纽带，应以身作则，遵守法律法规、校纪校规，将学习摆在首要位置，在时间、精力方面平衡好“学习”与“学生工作”，带头勤奋学习，下真功夫苦功夫学深、学细、学精专业知识，不能因学生工作而迟到、早退、缺课、旷课，更不能本末倒置，荒废学业。要积极带领学生在创新创业中增长智慧才干，在艰苦奋斗中锤炼意志品质，在为实现中国梦而进行的伟大奋斗中实现人生价值，用青春书写无愧于时代、无愧于历史的华彩篇章。

2. 要坚守“全心全意为学生服务”的初心，将努力为学生服务作为主要目的，在校园里勇于担当，发挥先锋模范作用，切实做到为学生服务，坚持从同学中来、到同学中去，认真倾听广大同学的诉求，积极打通校园沟通协调渠道，实心实意帮助同学解决难题。在服务同学中实现人生价值，要以扎实务实求实之行，盯紧每件事，干好每一天。

3. 要永葆理想主义情怀，当代青年人要学习实现中华民族伟大复兴中国梦应有的价值观与方法论。没有远大理想而参加学生工作，只会觉得“苦”，要积极进取，练就“铁肩膀”；要开拓创新，当好“接班人”。作为学生骨干，要积极团结带领广大同学，将实现自身价值与报效祖国相统一，把个人成就融入祖国发展的浪潮。

4. 要保持优良的工作作风，摒弃形式主义、官僚主义、漂浮作风，要扎根同学、勤于交流、求真务实，推动建设充满朝气、正能量充沛的学生组织，避免吃吃喝喝、贪图玩乐、讲求排场，坚决抵制、整治不良习气。

5. 要强化学生组织凝聚力，学生干部要成为为学生服务道路上“志同道合”的友人，同心同德，心往一处想，劲往一处使，万众一心，攻坚克难。分享交流工作经验与方式方法，直言提醒存在的不足，促进共同进步。

6. 要做苦干实干的“老黄牛”，不做妙语连珠的“百灵鸟”，做到“临事不避”要落实，“抽丝剥茧”善落实，“久久为功”真落实，融入学生群体，听学生话，访学生需，解学生忧。要设身处地想同学所想、急同学所急，以大局以集体为重，提高团队合作能力，笃行不怠、踔厉奋发，践行青年使命。

7. 要学会“两手抓”，一是把握好“上下”，创新工作形式，争取领导的信任与支持，争取学生的理解和拥护；二是把握好“前后”，从过往的工作中积累经验，在现阶段热点中谋求未来发展；三是把握好“内外”，加强自身组织建设的同时，营造有助后辈成长成才的环境。

8. 要学会总结反思，针对上一阶段学生工作存在的不足，深刻总结，做到自省自改，提高下一阶段学生工作的质效，例如针对活动中产生的“乱”的问题，提早谋划、精细通知、强化演练；针对活动学生群体评价不高的问题，要进一步丰富活动的主题与开展形式，满足广大学生的需求。

第三讲　大学入党之路

习近平总书记指出："党的队伍中始终活跃着怀抱崇高理想、充满奋斗精神的青年人，这是我们党历经百年风雨而始终充满生机活力的一个重要原因。"① 青年强，则国家强。当代中国青年生逢其时，施展才干的舞台无比广阔，实现梦想的前景无比光明。广大青年要坚定不移听党话、跟党走，怀抱梦想又脚踏实地，敢想敢为又善作善成，立志做有理想、敢担当、能吃苦、肯奋斗的新时代好青年，让青春在全面建设社会主义现代化国家的火热实践中绽放绚丽之花。

2017 年 5 月 3 日，习近平总书记来到中国政法大学考察，参加民商经济法学院本科 2015 级 2 班团支部开展的"不忘初心跟党走"主题团日活动。同学们从不同角度畅谈观看电影《焦裕禄》的心得体会，习近平总书记认真倾听并参与讨论。习近平总书记强调，共青团是党的助手和后备军，要始终保持先进性，广大团员青年坚定跟党走，就是初心。不忘这个初心，是我国广大青年的政治选择，也是我国广大青年的人生航向。习近平总书记勉励同学们要树立与这个时代主题同心同向的理想信念，勇于担当这个时代赋予的历史责任。②

---

① 《努力成为堪当民族复兴重任的时代新人（新论）》，《人民日报》2021 年 5 月 7 日。

② 《习近平在中国政法大学考察时强调　立德树人德法兼修抓好法治人才培养　励志勤学刻苦磨炼促进青年成长进步》，《人民日报》2017 年 5 月 4 日。

2018年5月2日，习近平总书记来到北京大学考察。习近平总书记与同学们分享了自己学习马克思主义的亲身经历。总书记强调：当代青年是同新时代共同前进的一代。广大青年既拥有广阔发展空间，也承载着伟大时代使命。每一个青年都应该成为社会主义建设者和接班人、不辱时代使命、不负人民期望。①

2022年4月25日，习近平总书记在考察人民大学时强调：立足新时代新征程，中国青年的奋斗目标和前行方向归结到一点，就是坚定不移听党话、跟党走，努力成长为堪当民族复兴重任的时代新人。希望广大青年用脚步丈量祖国大地，用眼睛发现中国精神，用耳朵倾听人民呼声，用内心感应时代脉搏，把对祖国血浓于水、与人民同呼吸共命运的情感贯穿学业全过程、融汇在事业追求中。②

2022年5月10日，习近平总书记在庆祝中国共产主义青年团成立100周年大会发表重要讲话时强调，在实现中华民族伟大复兴的征程上，中国共产党是先锋队，共青团是突击队，少先队是预备队。入队、入团、入党，是青年追求政治进步的“人生三部曲”。中国共产党始终向青年敞开大门，热情欢迎青年源源不断成为党的新鲜血液。共青团要履行好全团带队政治责任，规范和加强少先队推优入团、共青团推优入党工作机制，着力推动党、团、队育人链条相衔接、相贯通。各级党组织要高度重视培养和发展青年党员，特别是要注重从优秀共青团员中培养和发展党员，确保红色江山永不变色。③

① 《习近平在北京大学考察时强调 抓住培养社会主义建设者和接班人根本任务 努力建设中国特色世界一流大学》，《人民日报》2018年5月3日。

② 《习近平在中国人民大学考察时强调 坚持党的领导传承红色基因扎根中国大地 走出一条建设中国特色世界一流大学新路》，《人民日报》2022年4月26日。

③ 《庆祝中国共产主义青年团成立100周年大会在京隆重举行》，《人民日报》2022年5月11日。

2022年10月16日，习近平总书记在党的二十大报告上强调指出：我们全面加强党的领导，明确中国特色社会主义最本质的特征是中国共产党领导，中国特色社会主义制度的最大优势是中国共产党领导。全党增强“四个意识”，自觉在思想上政治上行动上同党中央保持高度一致，不断提高政治判断力、政治领悟力、政治执行力。加强理想信念教育，引导全党牢记党的宗旨，解决好世界观、人生观、价值观这个总开关问题，自觉做共产主义远大理想和中国特色社会主义共同理想的坚定信仰者和忠实实践者。注重从青年和产业工人、农民、知识分子中发展党员，保障党员权利，激励党员发挥先锋模范作用。①

中组部、中宣部、教育部、共青团中央等中央和国家机关高度重视大学生党员发展和教育工作。要求充分认识做好高校学生党员发展和教育管理服务工作的重要意义，严格坚持标准，提高学生党员质量，加强教育培养，提高学生党员政治素养，健全管理机制，增强党员队伍活力，完善服务机制，促进学生党员健康发展，加强组织领导，确保各项任务落到实处。

爱党，入党，为党，这是青年大学生追求政治进步的三部曲

爱党，入党，为党，这是青年大学生追求政治进步的三部曲。从内心深处热爱中国共产党，可能源于父辈师长的教育，可能源于一次党史参观学习，可能源于一次优秀共产党员的事迹报告，也可能目睹党员干部带领广大群众干事创业取得的实绩，由此在心里产生触动，并随着自己年龄、知识、阅历的不断增长，对党的宗旨和党员标准进一步加深理解，从而坚定入党的志愿，

① 《中国共产党第二十次全国代表大会在京开幕　习近平代表第十九届中央委员会向大会作报告》，《人民日报》2022年10月17日。

愿意为党工作，为党奋斗，用美好青春诠释共产党人的初心使命，奋力谱写新时代青春之歌，展现时代新人的精神风貌。南方科技大学赵文琳同学的爷爷、父亲都是信念坚定的中国共产党党员，艰苦奋斗的家风从小就深深地感染着她。她在大学一入学时便向党组织递交了入党申请书，表达一心向党的意愿。在党课结束后，她凭借扎实的理论基础，顺利成为一名党员积极分子。在新冠病毒疫情期间，她积极主动请缨，前往社区参与一线疫情防控工作，在经受实践锻炼的同时，也收获了奉献带来的快乐。她在成为入党积极分子之后的一年里，继续加强时政理论学习，夯实理论基础，同时在学习、工作、生活等方面，以优秀党员为学习标杆，以党的优良作风为言行准则，以实际行动接受党组织的考察，成长为一名预备党员。

志向是奋斗的原动力，也是人生的定盘星。一些大学生朋友出生在党员家庭，受家风家教的影响，自小就耳濡目染，厚植爱党、爱国、爱社会主义的情感，红色基因、革命种子在心里播种、生根、发芽，从而立志成为一名共产党员，并为之不懈奋斗。北京建筑大学侯姗姗同学是 2021 年北京市新党员代表入党宣誓活动的高校学生代表，她出生在一个党员家庭，她的父亲长期工作在脱贫攻坚第一线，舍小家为大家、带领村民科技致富奔小康的事迹，得到社会的称颂。从小受党员干部优秀品质的感染，她便立志“尽早成为一名共产党员，以实际行动服务群众，建设国家”。步入大学校园，她第一时间向学长、辅导员请教入党流程和要求，慎重地递交了入党申请书。之后她以一名党员的标准在思想、学习、学生工作和生活上严格要求自己，积极在各方面发挥先锋模范带头作用。她报名参加国庆 70 周年群众游行方阵，在 138 天的筹备训练中，她发扬了不怕苦、不怕累的精神。这堂终生难忘的“思政课”，让她身临其境地感受到了中国共产党的辉煌历程和卓越成就，感悟到了党领导下的中国特色社会主义事业的光荣和伟大。在专业学习方面，她以高标准严格要求自己，勤学钻研、笃实力行，专业成绩名列前茅，在学术期刊上发表多篇论文。在学生工作方面，她坚持全心全意为学生服务的宗旨，坚持自我批评，自我完善，自我提高。切实做到从学生中来到学生中去，真心诚意地为学生办好事、办实事。

穷人家的孩子早当家。一些青年学子出生在农村，从小就体验到生活的艰辛，目睹党带领农民群众奔小康，走上富裕道路，并随着年龄的增长，从感性到理性更加增强对党的认同和热爱，自觉坚持党的领导，一心感党恩、听党话、跟党走。河北师范大学帕孜依娜·叶尔肯那力同学是一名柯尔克孜族学子，自小生活在新疆地区的一个贫困山村，她亲眼看到了自己家乡翻天覆地的变化，深知这一切都离不开党的领导与关怀。进入大学后，她积极向辅导员汇报思想情况，并递交了入党申请书。在思想上，她经常关注国家时政新闻，认真学习领会习近平总书记重要讲话精神，不断增强“四个意识”，坚定“四个自信”，做到“两个维护”。在生活中，她发扬艰苦奋斗、谦虚谨慎的作风，同时帮助同学解决力所能及的事情。在学习上，她孜孜不倦，面对困难的“语言关”，她勤学苦练，迎难而上。为了消除与其他同学的学习差距，她一心扑在学习上，迎头赶上，先后荣获省政府励志奖学金、教学技能大赛一等奖、“优秀顶岗实习生”。2018 年，她顺利加入中国共产党，成为学校里第一名柯尔克孜族学生党员。入党后，她丝毫没有懈怠，始终以党员的标准严格要求自己，主动申请担任新疆学生工作的联络员，积极发挥桥梁和纽带作用，宣传党的路线方针政策，坚定大学生党员的政治立场。

没有对比，就没有好坏；有了对比，就有了选择和热爱。中国共产党的光荣与伟大，已在历史、实践之中得到充分证明，得到世界和人民的认可。一些青年学子出国留学，在学习国外先进技术知识的同时，切身体会到祖国的伟大，党领导人民从建党、建国到改革开放，直至实现第一个百年梦想，再到开启第二个百年征程，这些都使他们在内心深处产生了对党的热爱和信念，坚定了一心向党的信心和决心。辽宁中医药大学刘可扬同学毕业后，选择出国留学。在日本留学毕业后，她放弃国外高薪聘请，毅然回国就职于母校外国语学院，担任一名普通教师，努力用所学专业知识为祖国建设贡献力量。无论出国留学还是回国工作，她的理想信念坚定不移，对中国共产党的热爱丝毫没有减退，经认真考虑，她郑重地向党组织递交了入党申请书。自此，她以党员的标准更加严格要求自己，将教书育人作为一项党组织考验自己的伟大事业，贯彻立德树人的根本任务，定期了解班级同学政治思想、生活学习情况，及时与学生谈心谈话，热情为学生服务。在喜迎国庆七十周年的主题活动中，她主动参与策划组织活动，通过一系列主题活动，她与 3 000 余名师生一起用最嘹亮的歌声唱响爱国旋律，向祖国深情表白“不忘初心、牢记使命”。作为 90 后的海归青年，她庄严说出心声“我志愿加入中国共产党”“用实际行动在奋斗中诠释着师者的初心，努力争做新时代有新作为新担当的合格人民教师”，深深地表达了对党和祖国的无限热爱和忠诚。

大学生入党，思想上要端正入党动机

堪当民族复兴大任的时代新人，必须是在思想水平、政治觉悟、道德品质、文化素养、精神状态等方面同新时代要求相符合的新人。大学生入党，就是成为这样时代新人的重要途径之一。大学生入党，从递交入党申请书到推优参加党校学习，从入党积极分子到预备党员再到正式党员，需要经过许多关口和严格考察。入党的过程，实质上是大学生思想进步、学习成长、实践锻炼、能力提高的过程。华中师范大学张钦钦同学步入校园后，她第一时间递交入党申请书，希望能够早日实现入党的理想。她坚持入党先从思想上入党，她主动学习理论知识，了解党的光辉奋斗历史，深入学习党史和党章，在思想上与党保持高度一致。在大二学年，她凭借入党信念坚定、理论基础扎实的优势顺利被评选为入党积极分子。成为入党积极分子后，她坚持“身正、心正、做好人、做实事”的原则，在学习、生活和工作中严格要求自己，将党的奋斗历程作为指导自身专业学习的“催化剂”，在学术上攻坚克难，砥砺前行。与此同时，她发挥学生干部的模范作用，全心全意地为同学们和班集体服务，用心用情用力地解决学生“急难愁盼”问题。大三学年，她正式成为了一名预备党员，在党和国家的关心和帮助下，成功加入中国共产党。面对鲜红的党旗，她暗下决心，一定要争做一名优秀共产党员，保持党员的先进性和纯洁性，为党争光，全心全意为人民服务。

一个人在青年时代树立的正确理想、坚定信念对自己成长和人生奋斗具有重要意义，不仅要树立，而且要在心中扎根，一辈子都坚持为之奋斗。坚定共产主义理想，为共产主义奋斗终身，全心全意为人民服务，这是大学生向党组织靠拢，回答为什么入党的首要条件。清华大学刘洋同学理想信念坚定，入学之初，他围绕学校对学生入党条件提出的要求，加强道德修养，树立崇高理想，努力提升自身的专业学习能力和科研能力，以实际行动向组织靠拢。在成为一名入党积极分子之后，他更是时刻以一名党员的标准来严格要求自身，督促自身，坚定理想，践行初心、牢记使命。在参与服务国家及学校的重大工作中，不断增强党员意识，发挥共产党员的先锋模范作用。作为一名学生干部，他秉持着服务同学的初心，不断提升工作水平，千方百计助力同学们学习成长。入党后，刘洋先后担任电机系党建助理、研究生党建中心主任，一如既往地用心做好党员培养、教育、发展工作。由于工作能力与工作实绩突出，他先后被评为“清华大学优秀学生干部”“清华大学优秀共青团员”“清华大学优秀共产党员”。

大学生入党，思想上端正入党动机，坚定共产主义理想信念，将自己的“小我”融入祖国的“大我”、人民的“大我”之中，与时代同步伐，与人民共命运，才能更好实现人生价值、升华人生境界。标准上要达到共产党员的要求，将党员条件标准当成一面镜子，自觉对照检查，时时处处严格要求自己，追求政治进步，发奋学习工作，确保素质过硬。北京城市学院周兆桐同学[①]入学之初就把提前写好的入党申请书交到了辅导员老师的手中。他努力学习党的理论知识，关注最新时政热点，定期向党组织汇报思想，顺利成为一名入党积极分子。在党组织的培育与支部党员同志的影响下，他端正自己的入党动机，党性修养有了显著提升。他在思想上寻求改变，牢固树立“四个意识”，坚定共产主义信念，始终站在“国之大者”角度考虑问题，忠诚于党，忠诚于人民。他主动投入敬老爱幼、赛事服务、生态保护等志愿服务活动中去，提高“奉献”“服务”意识，大学四年累计志愿服务 1 123 小时。在入党的过程中，他严格按照程序和标准一点点地积累，一步步地靠拢，一天天地成长成熟。从积极分子到预备党员再到正式党员，他不忘初心，实现思想入党的同时，学习上、工作上也齐头并进，先后获得北京市三好学生、国家奖学金。

思想上要端正入党动机，切实认识到入党不是图名图利，不是为了个人利益，不是头戴光环，而是要将对党忠诚作为入党的

---

① 资料来源于北京城市学院个人专访。

先决条件之一，经得起党组织的考察和考验。志愿加入中国共产党，除了要注重加强思想汇报，在行动上更要积极主动地向党组织靠拢，以实实在在的行动和作为证明自己。受党员长辈与思政课的影响，香港中文大学（深圳）孙英博同学读中学时，便对中国共产党怀着热切的向往，他渴望加入中国共产党。步入大学后，在辅导员老师的指导下，他向党组织递交了入党申请书。随后不久因学校改革建立分校，他搬至新校区，再次撰写入党申请书，并主动与辅导员老师、党支部汇报思想、学习、工作等情况。他认为，入党是一生一世的事，首先要从思想上入党，即使自己现在不是党员，也可以在为民服务的过程中实现自我的价值。于是，他在校期间主动参与学校国旗仪仗队建设，即使训练十分艰苦，但从不言苦从不喊累。由于表现出色他被选拔担任仪仗队队长。2020 年年初新冠病毒疫情暴发后，他看到无数党员同志“迎疫而上”，在得知家乡桦川县在疫情防控工作中亟须志愿者协助时，不顾家人的反对，主动向桦川县委组织部提交申请，奔赴抗疫前沿一线，为打赢疫情防控战役贡献青春力量。

大学生党员，在政治上、思想上、学习上、服务上都要强

大学生志愿加入中国共产党，首先，政治上要强，做到对党忠诚，站得稳、靠得住、不变心、不改色。其次，思想上要强，自觉用习近平新时代中国特色社会主义思想武装头脑，努力提高理论素养，善于运用党的创新理论指导实践。再次，学习上要强，作为大学生党员，不仅要思想好，还要学习好，在学习成绩乃至德智体美劳各方面发挥模范带头作用。最后，服务上要强，发挥党员的先锋模范作用，勇于担当，自觉奉献，服务同学，服务集体，服务社会，立足本职岗位践行党员的初心使命。在“党员家庭”的熏陶下，在雷锋、焦裕禄等优秀共产党员先进事迹的

感染下，湖北工业大学李雅婷同学小时候便萌生了成为一名优秀共产党员的想法。进入大学后，怀着对党组织的向往，她递交了入党申请书，在思想上、行动上积极向党组织靠拢，通过党课培训与学习理论，对党的性质、纲领、指导思想、组织原则等党的基本理论有了进一步的了解。成为入党积极分子后，她对标优秀学生党员，积极发挥模范带头作用，主动参与志愿服务，发动同学们为山区儿童募捐学习用品、助力农户销售农产品，在活动中增强心系人民、无私奉献的社会责任感。新冠病毒疫情期间，她迎难而上，不怕艰险，主动请缨奔赴抗疫一线，以实际行动践行党员的初心与使命。在党组织的引领与培养下，她不断提升自身政治素养和党性修养，树立正确的价值观、世界观、人生观，逐步成长为一名品学兼优的学生。

大学生入党，一是立志要早，理想信念是我们不断战胜困难、从胜利走向胜利的强大精神支柱。没有理想信念，就会迷失前进方向，就会失去奋斗动力。二是标准要高，从递交入党申请书的那一刻起，就要坚持以党员的标准要求自己。三是要求要严，一名党员是一面旗帜，是方向，是形象，你的一言一行，同学们都在看着你，学着你，必须心存敬畏，知所行，知所止。四是付出要多，入党意味着自觉奉献，入党就要勇于担当，作为一名党员，必须发挥先锋模范作用，冲锋在前，吃苦在先，全心全意地为同学们和班集体服务。山西长治学院师梓湉同学在中学时代就热爱阅读红色经典，一颗红心跟党走。步入大学校园后，为发挥先锋模范作用，更好地服务同学，他申请加入中文系团委组织部。成为入党积极分子后，他时刻以一名党员的标准严格要求自己，将内心的信念化为学习的不竭动力，认真、细致、扎实地完成领导交派的各项工作。成为预备党员后，他扛起新时代青年的使命职责，砥砺前行。在团务工作上，他丝毫没有懈怠，认真对待每一项具体任务。从团委干事到部门部长再到团委兼职副书记，他所肩负的责任越来越重，面临的困难越来越大，但他坚持发扬共产党员一不怕苦、二不怕累的精神，创新推进院系团组织建设，取得显著的成效。

志向是人生的航标。一个人要做出一番成就，必须要树立远大的志向。大学生如果有志于成为一名光荣的共产党员，必须在思想上、学习上、工作上，以一名共产党员的标准对照自己，争先创优、刻苦学习、积极工作，全心全意地为人民服务。江西工程职业学院张群同学，小时候看到邻居党员家高高挂起的“共产党员户”，便萌发了入党的强烈愿望。当他得知学校每年都会发展一批优秀的党员，立即找到辅导员主动汇报自己的入党愿望，了解到入党一定要在各方面表现优秀，而且需要比别人付出更多努力，立马撰写了入党申请书，立志在各方面发挥先锋模范作用。在思想上，他坚守初心，始终记得自己入党时的那份初心。在学习上，他将“入党”作为激励自己的不竭动力，鞭策自己在各方面做得更好，坚持勤学苦读，学习成绩始终排名班级前列。在学习之余，他经常到特殊学校关爱残疾儿童、主动到农村义务支教，通过志愿服务，强化无私奉献社会、服务社会的意识；为竭尽全力为学生服务，他主动竞选班长，带领班级被评为全省先进班集体，他本人被组织选派到校团委、学生会担任相关负责人，并被推荐为第十五届省团代表。大学临近毕业，他立志扎根基层，坚定报考基层公务员。步入工作岗位后，他继续发扬“以服务社会、服务百姓为己任”的党员承诺，积极关心留守儿童的生活状况，为留守儿童送去温暖。

大学生被确定为入党积极分子，迈出入党第一步，可喜可贺。作为一名入党积极分子，入党是意愿，要义是“积极”。政治上要积极，坚定共产主义理想，始终听党话、跟党走。思想上要积极，以党员的标准要求自己，保持党员的先进性和纯洁性。学习上要积极，认真学习党章、党史，自觉用习近平新时代中国特色社会主义思想武装头脑，在学懂、弄通、做实上下功夫，增强对党的基本理论、基本路线、基本方略的政治认同、思想认同、情感认同。同时，刻苦学习科学文化知识，努力成为品学兼优的学习标兵。行动上要积极，在党和国家的重大活动之中，勇于挺身而出，展现青春担当；在日常的集体学习生活之中，主动服务奉献。北京航空航天大学贾烨阳同学的姥爷是一名老党员，在姥爷的影响下，她在大一下学期递交了入党申请书，并在学院赤心党建工作坊中开始了党课的学习，对党的历史、党员的权利和义务等有了更加清楚的认识，进一步坚定向党组织靠拢的决心。大二下学期，成为入党积极分子的她，不断夯实自身的政治理论基础，提升自身的党性修养。在党组织的号召下，她怀着青年的使命担当，积极参与社会实践与志愿服务活动，自觉践行作为入党积极分子在新时代的使命，以实际行动，为实现中华民族伟大复兴中国梦贡献青春力量。

加强党性修养，入党前与入党后一个样

入党之心要保持纯粹和纯洁，不能夹杂着个人的私心杂念，坚持定期向党组织汇报思想。入党之路，既是本人的学习成长之路，又是自己加强党性修养的思想成熟之路，还是受党组织考察考验之路。真正的共产党员，无论是入党之前，还是入党之后，都能做到前后一个样，牢记党的初心使命。北京交通大学邓兰雪同学出生于党员家庭，从小她就接受父母的爱国爱党教育，雷锋、邱少云等英雄党员故事，深深刻在她的脑海里，她对党的向往与日俱增。汶川大地震时，无数党员冲锋一线，保护汶川人民生命财产安全，她备受震撼，立志成为一名优秀共产党员。高考

过后，她如愿来到美丽的校园，及时递交了入党申请书。自此，在思想上，她坚持不断提升自身政治素养、党性修养，系统学习党的理论，结合时政热点深入思考。在学习和学生工作上，她不怕苦、不怕累，遇到问题迎难而上，虚心向有经验的老师、同学请教，永不言弃。在生活中，她坚持优良的生活作风，艰苦奋斗，节俭节约，乐观积极面对生活，积极参加校内外志愿服务活动，在服务他人的过程之中提升自己。两年的入党历程中，她定期向党组织汇报思想情况，始终坚守初心不动摇，牢固树立理想信念。成为一名正式党员之后，她以党员的标准严格要求自己，以更加饱满的热情和干劲，投入服务人民的工作中，奋发学习，砥砺前行。

大学生入党，既要看其入党前的表现怎样，又要看其入党后的表现如何。要将入党前后的表现综合对照起来，对做得好的方面予以肯定表扬，对做得不够的方面要及时提醒指导甚至批评教育，促使学生党员向优秀党员看齐，切实做到入党前后一个样，越成长，越优秀。浙江外国语学院詹赵璟同学的爷爷是一名普通的基层村干部，也是一名老党员。儿时的他跟随爷爷走村入户，目睹爷爷尽心尽力为村民解决实际问题的酸甜苦辣。在爷爷的熏陶下，他认为党员是光荣的，萌生了入党的念头。随着年龄不断增大，他明白党员不仅是一种身份，更是一种使命担当。步入大学校园后，他怀着“服务人民，奉献社会”的初心递交了入党申请书。在入党的历程中，思想上他怀着对党的敬仰，学习党的基础知识课，阅读关于党的书籍，增进了对党的认识，并通过党课学习、实地考察学习，逐渐在思想上进一步成熟。他自觉增强政治意识和大局意识，在学生工作中，注重发扬密切联系学生的作风，在提升自身实践能力、人际沟通能力的同时加强自身党性修养。入党后，他坚持发挥党员的引领作用，怀着“发挥党员先锋作用，引导学生向组织靠拢”的决心，耐心引导学弟学妹端正入党动机，在学习上名列前茅，在工作上以身作则，在他的鼓励、引导下，同班级和学院的学生入党申请率显著提高。

我们党的许多前辈，在青年时代就为党为民族忘我奋斗，而且终生不渝，关键是他们早就确立了正确的理想并有为理想奋斗到底的坚定信念。这些前辈和长辈是青年大学生党员加强党性修养的一部部教科书，我们要多读、研读、深读，常读常新，从而系统深入地学习党的光荣历史、党的优良作风、党的路线方针政策，积极响应党的号召，立即行动起来。暨南大学娜莉同学是一名来自新疆塔城的鄂温克族女孩，她深知自己家乡的发展成就与自身的求学之路，都离不开党的援疆政策，因此她内心怀着对党的敬仰与爱，一心向党。开学第一天，她便递交了入党申请书，并认真学习党史，加强理论武装。她深知当今社会取得的成就，离不开一代又一代中国共产党党员和广大人民群众的不懈奋斗。她坚持向党员学习、向榜样学习，积极在学习、学生工作、社会实践方面发挥先锋模范作用。她主动参与学院的社会实践活动，服务他人，奉献社会，增强党性修养，弘扬党的优良作风。成为预备党员后，她不忘初心、牢记使命，砥砺前行，在家乡防疫工作进行时勇敢冲在抗疫第一线。从递交申请书到入党，一路走来，她时刻牢记共产党人的使命，用实际行动来践行共产党人的担当，在为班级服务、为学院服务、为学校服务、为社会服务的征程中，一步一个脚印，脚踏实地实现作为一名少数民族学生党员的人生价值。

大学生入党，要见人见物、见事见理。见人见物，再听一听模范共产党员的先进事迹，看一看党员是如何发挥先锋模范作用的，走一走长征路和革命圣地及红色历史博物馆，学习党史。见事见理，就是要在学习、生活、工作之中践行党员的标准。在学思践悟之中，不断增强道路自信、理论自信、制度自信、文化自信，增强对坚持党的领导的信念，永远听党话、跟党走。天津理工大学刘明鑫同学的爷爷是抗日战争时期火线入党的军人，父亲也是拥有 34 年党龄的老党员。从小听爷爷爸爸讲党员故事的她，内心怀着对中国共产党的敬仰与“为人民服务”的向往，走进大学后，就向党组织表达了入党的志愿，她知行合一，积极参与各级党课，认真做好笔记，夯实政治理论根基，自觉从党史中不断汲取前进力量。她以身作则，以学生干部工作为服务途径，从干事到部长到学生会主席再到市学联驻会执行主席，积极为学生解决忧心事、烦心事，将党员的标准要求体现在实际工作之中。预备党员转正后，她在各方面始终绷紧“先进性、纯洁性”的弦，认真履行党员责任，砥砺奋斗品格。她立足工作岗位，通过“思政政治课”“红色经典宣讲”等活动，将党建融入学生课堂、社会实践，引导低年级学生坚定理想信念，牢记初心使命，发挥先锋力量，向党组织靠拢，在入党的过程之中磨炼意志，不断健康成长。

永远听党话，跟党走

青年大学生经过推优和层层考核，志愿加入中国共产党，要时刻牢记党的宗旨，坚定理想信念，练就过硬本领，勇于创新创造。矢志艰苦奋斗，锤炼高尚品格，在学习生活和社会实践之中，同人民一起奋斗，同人民一起前进，同人民一起追逐梦想，决心用一生来践行“跟党走”的理念追求，将青春的责任与担当，挥洒在中国的土地上。上海交通大学刘智卓同学来自安徽的一个贫困村，他 9 岁那年，村里遭遇特大洪水袭击，村党员自发组成抗洪队伍，风里来，雨里去，用血肉之躯守护人民群众生命财产安全，他在鲜红的党旗下，深切感受到中国共产党为人民服务的使命初心，在心中种下了红色种子。高中毕业，他以优异的成绩考上上海交通大学。步入大学校园，他第一时间递交了入党申请书。在入党历程中，他积极在学习、生活、工作等方面发挥先锋作用。他担任院、校学生会主席期间，主动听取学生呼声，为师生沟通搭建桥梁，推动多项学校服务学生政策出台。在社会实践方面，他组织同学奔赴西部治沙一线，开展防风治沙的工作，牵头建立绿格临时党支部，引领更多人参与治沙。预备党员转正后，他主动申请奔赴大理白族自治州洱源县，开展服务期一年的西部计划助力教育扶贫。他利用专业特长积极投身生态文明建设，经过 5 年的努力，他带领的团队从最初的 9 人发展到 800 人，共固定黄沙 2 000 余亩。

大学生党员，要时时牢记党员的身份和要求，吃苦在前，冲锋在先，发挥模范带头作用，积极主动地为人民服务，在急难险重的重大活动之中，在危险紧急的重大关头，不怕牺牲，勇于挺身而出。北京大学马泽江同学入学后，怀着对党的热爱与敬仰，第一时间便递交了入党申请书。入学不久，他响应国家号召，携笔从戎，到艰苦新疆塔城驻守中哈边境线，卫国护民。他传承国防精神，淬炼钢铁意志，也努力提升自身党性修养，认真学习党的理论，刻苦钻研党政军史。由于表现突出，他被选为营团支部副书记，随后成功组织全营官兵参与理论学习和文体活动，获得了官兵们的一致认可，并于 2018 年 7 月在部队光荣地加入了中国共产党。两年军旅生涯，他先后荣获优秀义务兵两次，团嘉奖三次，并被《解放军报》和央视七套军事栏目报道。退伍回到大学后，他积极协助学校武装部征兵宣传工作，并组织学生开展向国庆 70 周年献礼相关活动，使大家受到一次深刻的爱国主义教育。他时刻牢记党员的身份，秉承“服务社会、服务人民”的理念，主动参与国际、国内、校内各类志愿服务活动，利用假期担任宣讲员，带领返乡大学生向父老乡亲宣讲党的惠民政策。面对来势汹汹的新冠病毒疫情，作为青年党员的他，逆行而上，结合护理专业知识，制作宣传文稿、视频向周边人、社会宣传抗疫防护措施，同时作为学院本科生党支部支委成员，他带领学院党员积极参与抗疫，以实际行动在疫情防控阻击战中践行青年党员的初心与使命。

大学生入党，不仅是意愿承诺、条件标准和政治身份变化，而且是更多的责任与担当。所以说，作为大学生党员，既要思想上入党，更要行动上入党，把全心全意为人民服务的宗旨，自觉融入坚持和发展中国特色社会主义、建设社会主义现代化强国、实现中华民族伟大复兴的奋斗之中，从小事做起，从身边做起，从现在做起，十年如一日地践行党员的初心使命。上海大学华旻磊同学一心向党，上大学后，向组织递交了入党申请书，并坚持以一名优秀党员的标准严格要求自己，定期向党组织进行思想汇报，积极主动参与学校组织的理论学习和党日活动等。经过组织发展与考察，他顺利成为一名预备党员。入党后，他丝毫没有松懈，在学习、工作上更加努力向上。他连续 7 年参与铁路春运志愿服务，帮助过 200 多名有特殊困难的旅客，用自己的热情为返乡旅客们提供周到服务。另外，他还带领团队赴西部扶贫支教一年，累计服务逾 3 500 小时，并联系社会资源建立“梦想基金”，助养帮扶 25 名贫困留守儿童。由于品学兼优，他先后荣获全国优秀共青团员、全国高校“百名研究生党员标兵”、中国大学生自强之星等奖项，他的事迹被中央电视台新闻频道、上海电视台、《中国青年报》《文汇报》等媒体宣传报道。

新时代中国青年要听党话、跟党走，胸怀忧国忧民之心、爱国爱民之情，不断奉献祖国、奉献人民，以一生的真情投入、一辈子的顽强奋斗来体现爱国主义情怀，让爱国主义的伟大旗帜始终在心中高高飘扬。大学生党员要坚定理想信念，把爱国之心转化为报国之行，为广大青年树立爱国奋斗的榜样。南开大学阿斯哈尔·努尔太同学的爷爷是一名退休的老公安党员，他的父亲是一名党龄仅有一年的烈士，曾用年轻生命诠释了“为共产主义奋斗终身，随时准备为党和人民牺牲一切”的入党誓词。在爷爷和父亲的影响下，他坚定向党组织靠拢的决心。2017 年，受到百年南开历史上英烈先贤以身许国事迹的感召，他选择暂别校园，携笔从戎。入伍前夕，他和优秀学生代表给习近平总书记写信，表达到部队接受锻炼、报效祖国的决心，并收到总书记的重要回信和勉励。面对军营的艰苦生活、困难挑战，他将总书记的回信作为战胜挑战、不断进步的动力之源。他主动要求进入特战中队，积极请战参与淮河抗洪抢险，展现青年大学生的才华风采。因表现突出，他在部队中经组织发展成为一名预备党员，实现了成为“军人学生党员”的理想。服役期满后，他重返学校继续求学，一如既往地发挥党员先锋模范作用。

总之，希望同学们做到：

1. 认真学习党的理论著作及百年党史，深扎根，细研究，同时主动参与社会实践，在努力入党的过程中树立正确的入党动机，正确的入党动机是与我们党的性质、纲领、宗旨、任务是一致的，要坚定树立共产主义理想信念，献身共产主义伟大事业，更好地“全心全意为人民服务”。

2. 无论是正式党员、预备党员或是入党积极分子都要忠诚于党，增强“四个意识”、坚定“四个自信”、做到“两个维护”，严守党的政治纪律和政治规矩，始终在政治立场、政治方向、政治原则、政治道路上同党中央保持高度一致。要发自内心、坚定不移地忠诚于党，任何时候、任何情况下都要站得稳、靠得住。要经常对照党章党规党纪，检视自己的理想信念和思想言行，不断掸去思想上的灰尘，永葆政治本色。

3. 坚定理想信念，铭记党员使命。入党，既光荣与神圣，更是一种责任与使命，不仅要从组织上入党，更要从思想上和行动上入党，要正视和珍惜自己的政治荣誉，时刻牢记自己是一名共产党员，时时、事事、处处以党员的标准严格要求自己，牢记入党誓言，不忘神圣使命，讲政治、讲原则、讲党性。

4. 在入党的历程中，要勇于争先创优，实现自身价值。要主动承担学生工作，切实为学生服务，为校园建设奉献自我，在工作中用党的奋斗历程和优秀党员事迹鼓舞斗志、指引方向，用党的光荣传统和优良作风坚定信念、凝聚力量，攻坚克难、砥砺前行，用心用情用力解决好学生的“急难愁盼”问题。

5、在入党的征程中，要坚持弘扬党的三大优良作风，要学会理论联系实际，开展工作要从实际出发，实事求是。要学会密切联系群众，开展学生工作，要从学生中来，到学生中去，一切为了学生，一刻也不脱离学生。要学会批评与自我批评，敢于对标优秀党员，以党员的义务为“镜”，自省自改，推动自我提升。

6. 在入党历程中，要修德行，遵守社会公德、职业道德、家庭美德，学习、工作和生活中守底线，不逾矩，不越轨。要修心境，把住思想的“总开关”，牢记为民服务的初心，练就淡泊名利、宁静致远的平常心，修得自强不息的进取心，始终保持工作热情和韧劲，奋发有为，精益求精。要修能耐，立足专业，钻研学术、增长才干，学而信、学而用、学而行。要修作风，树立正确的价值追求，培育高尚健康的生活情趣，自觉远离低级趣味，努力做到克己慎行、洁身自好。

7. 切实发挥先锋模范榜样力量，关键时刻能够顶得上，靠得住，干得好。面对苦难挫折，要迎难而上，勇毅前行，努力拼搏，将实际问题解决好，解决实。要增强责任心与使命感，作为学生要聚焦主责主业，在学习、生活、学生工作、社会实践中担当作为，树立“学生党员”榜样力量。

8. “组织上入党一生一次，思想上入党一生一世”，作为学生党员要时刻绷紧“理想信念”之弦，补足“精神的钙”，不能松懈，时刻以一名党员的标准严格要求自己，将“为中国人民谋幸福，为中华民族谋复兴”的初心、使命抓在手中，扛在肩上，努力提高自身政治素养、党性修养、综合能力，成为党和国家栋梁之材，为实现中华民族伟大复兴的“中国梦”贡献青春之力、党员之力。

第四讲　文体特长之路

文明其精神，野蛮其体魄。大学生不但要学习好，还要身体好，德智体美劳全面发展，努力成为合格的社会主义建设者和接班人。大学期间，同学们不但要学好专业知识，还要注重培养文学、体育、音乐、舞蹈、绘画等文体爱好，发挥自身潜力，做到一专多能，让学习、生活更加丰富多彩，为今后人生成长增添精彩。

2014 年 8 月 15 日，习近平总书记在看望南京青奥会中国体育代表团时勉励青年运动员，大家既是参赛运动员，也是中国青少年的友好使者。希望他们发扬奥林匹克精神和中华体育精神，摆平心态、放下包袱，胜不骄、败不馁，尽情享受青奥会期间比赛、学习、交流的每一个过程。①

2014 年 10 月 15 日，习近平总书记在文艺工作座谈会上强调：艺术的最高境界就是让人动心，让人们的灵魂经受洗礼，让人们发现自然的美、生活的美、心灵的美。没有中华文化繁荣兴盛，就没有中华民族伟大复兴。一个民族的复兴需要强大的物质力量，也需要强大的精神力量。②

2014 年 12 月 20 日，习近平总书记在郑裕彤住宿式书院参与学生举办的“中华传统文化与当代青年”主题沙龙时，他表

---

① 《习近平看望南京青奥会中国体育代表团》，《人民日报》2014 年 8 月 16 日。

② 《习近平主持召开文艺工作座谈会强调　坚持以人民为中心的创作导向　创作更多无愧于时代的优秀作品》，《人民日报》2014 年 10 月 16 日。

示，自己在青少年时代也非常喜欢阅读中华文化典籍，坚持一点一滴学，一有空就会拿起一本翻一翻，每次都觉得开卷有益。同时勉励青年大学生对待中华传统文化要取其精华、去其糟粕，赋予中华传统文化以新的时代内涵，使之成为我们的精神追求和行为准则。同日，习近平总书记来到澳门大学横琴校区考察，应邀参加师生们正在举行的“中华传统文化与当代青年”主题沙龙活动。习近平总书记强调：“中华文化源远流长、博大精深，如同一座宝藏，一旦探秘其中，就会终生受用。”“中华文化对中国人的影响已经渗透到骨髓里，这就是文化 DNA。”①

2016 年 7 月 1 日，习近平总书记在庆祝中国共产党成立 95 周年大会上强调：文化自信，是更基础、更广泛、更深厚的自信。在 5 000 多年文明发展中孕育的中华优秀传统文化，在党和人民伟大斗争中孕育的革命文化和社会主义先进文化，积淀着中华民族最深层的精神追求，代表着中华民族独特的精神标识。②

2021 年 12 月 14 日，习近平总书记在中国文联第十一次代表大会上指出：广大文艺工作者要心系民族复兴事业，热忱描绘新时代新征程的恢宏气象；要坚守人民立场，书写生生不息的人民史诗；要坚守守正创新，用跟上时代的精品力作开拓文艺新境界；要用情用力讲好中国故事，向世界展现可信、可爱、可敬的中国形象；要坚持弘扬正道，在追求德艺双馨中成就人生价值。③

---

① 《习近平考察澳门大学横琴新校区》，《人民日报》2014 年 12 月 21 日。

② 《庆祝中国共产党成立 95 周年大会在京隆重举行》，《人民日报》2016 年 7 月 2 日。

③ 《习近平在中国文联第十一次全国代表大会中国作协第十次全国代表大会开幕式上强调 增强文化自觉坚定文化自信 展示中国文艺新气象铸就中华文化新辉煌》，《人民日报》2021 年 12 月 15 日。

2022年1月5日，习近平总书记在考察冬奥会、冬残奥会筹办备赛工作时，勉励冬奥运动员，希望大家抓住最后的备战关键期专心训练，以最佳的竞技状态迎接大赛的到来。他强调，人生能有几回搏，长期准备、在此一举。希望大家增强为国争光的志气和勇气，坚持拼字当头，敢于拼搏、善于拼搏，在奥运赛场展现新时代中国运动员的精神风貌和竞技水平，力争在竞技上、道德上、风格上都拿最好的奖牌。①

2022年4月8日，在北京冬奥会、冬残奥会总结表彰大会上，习近平总书记发表重要讲话指出：迎难而上，就是苦干实干、坚韧不拔，保持知重负重、直面挑战的昂扬斗志，百折不挠克服困难、战胜风险，为了胜利勇往直前。追求卓越，就是执着专注、一丝不苟，坚持最高标准、最严要求，精心规划设计，精心雕琢打磨，精心磨合演练，不断突破和创造奇迹。成功筹办举办北京冬奥会、冬残奥会，极大激发了亿万人民的体育热情，极大推动了我国体育事业发展。我们要坚持以增强人民体质、提高全民族身体素质和生活质量为目标，高度重视并充分发挥体育在促进人的全面发展中的重要作用，继续推进体育改革创新，加强体育科技研发，完善全民健身体系，增强广大人民群众特别是青少年体育健身意识，增强我国竞技体育的综合实力和国际竞争力，加快建设体育强国步伐。②

2022年4月23日，习近平总书记在首届全民阅读大会的贺信强调：阅读是人类获取知识、启智增慧、培养道德的重要途

---

① 《习近平在北京考察2022年冬奥会、冬残奥会筹办备赛工作时强调　坚定信心再接再厉抓好各项筹备工作　确保北京冬奥会冬残奥会圆满成功》，《人民日报》2022年1月6日。

② 《北京冬奥会冬残奥会总结表彰大会隆重举行　习近平发表重要讲话》，《人民日报》2022年4月9日。

径，可以让人得到思想启发，树立崇高理想，涵养浩然之气。中华民族自古提倡阅读，讲究格物致知、诚意正心，传承中华民族生生不息的精神，塑造中国人民自信自强的品格。①

2022年10月16日，习近平总书记在党的二十大报告上强调：成功举办北京冬奥会、冬残奥会，青年一代更加积极向上，全党全国各族人民文化自信明显增强、精神面貌更加奋发昂扬。要广泛开展全民健身活动，加强青少年体育工作，促进群众体育和竞技体育全面发展，加快建设体育强国。他指出，中华优秀传统文化源远流长、博大精深，是中华文明的智慧结晶，其中蕴含的天下为公、民为邦本、为政以德、革故鼎新、任人唯贤、天人合一、自强不息、厚德载物、讲信修睦、亲仁善邻等，是中国人民在长期生产生活中积累的宇宙观、天下观、社会观、道德观的重要体现。全面建设社会主义现代化国家，必须坚持中国特色社会主义文化发展道路，增强文化自信，围绕举旗帜、聚民心、育新人、兴文化、展形象建设社会主义文化强国，发展面向现代化、面向世界、面向未来的，民族的科学的大众的社会主义文化，激发全民族文化创新创造活力，增强实现中华民族伟大复兴的精神力量。②

同学们，我们要学习领会习近平总书记的指示精神，热爱文体活动，把学习搞得好好的，把身体练得棒棒的，把文艺学得多多的，与“有趣的灵魂”在一起，激发爱国主义、集体主义精神，健康快乐地成长。

---

① 《习近平致信祝贺首届全民阅读大会举办强调 希望全社会都参与到阅读中来形成爱读书读好书善读书的浓厚氛围》，《人民日报》2022年4月24日。

② 《中国共产党第二十次全国代表大会在京开幕 习近平代表第十九届中央委员会向大会作报告》，《人民日报》2022年10月17日。

考上大学，可以重拾往日的爱好，培养新的兴趣

大学生活之所以宝贵，原因之一，就是有时间去做自己感兴趣的事情，不像高中那样，为了应试高考，必须全心扑在学习成绩上。考上了大学，你可以重拾往日的爱好，可以培养新的兴趣，可以挖掘自身才艺潜力，做到一专多能，多才多艺。北京工业大学胡枕冰同学从小就热爱滑雪，五岁开始学习滑雪，她喜欢在雪地里自由飞驰的感觉。上大学之后，她对滑雪的热爱愈加强烈，于是她开始进行专业的滑雪训练，正式走上了竞技比赛的道路。她刻苦训练，早上 6 点起床，7 点到达训练场开始训练，练满 8 个小时后才稍作休息吃午饭。科学的训练方法，加上刻苦练习，让胡枕冰能够以轻松、自信的心态去面对滑雪竞技比赛。在老师指导和队友帮助下，她荣获第七届中国大学生滑雪挑战赛高山女子第一名的好成绩。她还是个“全能选手”，除滑雪之外，还精通花样滑冰、帆板等体育项目。同时，她做到爱好与学业两不误，许多课程成绩都很优异。

大学是人才培养的摇篮，课堂是学习成长的加油站，兴趣是追梦飞翔的翅膀。我们走过高考的独木桥，走进大学校园，放下高中时的紧张和压力，迎来新的学习天地。在这片自由广阔的天地里，我们在学好专业的同时，把所好变成爱好，把所长变成特长，像“飞鱼”一样冲刺冠军，像“飞鹰”一样展翅飞翔。在 2019 年全国游泳冠军赛暨世锦赛选拔赛百米自由泳的赛道上，浙江财经大学何峻毅同学像一条“飞鱼”一般冲刺到了终点，用时 48 秒 10 获得百米自由泳的亚军，成绩位列 2019 年世界第二。获得这样的好成绩，对于一个 100 米自由泳全国赛的新手运动员来说，堪称奇迹。这个奇迹背后的逻辑公式，就是“奇迹＝爱好＋天赋＋努力”。他视水如欢，从六岁起就开始学习游泳，不知不

觉已在泳池中度过十六个春秋。游泳对于他来说，已经是生活中不可或缺的必需品。尽管已经“如鱼得水”，但他从不懈怠，严格要求自己，坚持每天训练 10 个小时以上。他认为，青春是用来拼搏的，只有努力拼搏，在训练中不断提高水平，才能在泳池留下美好的青春回忆，而不留下青春遗憾。凭着这样的坚毅和执着，他像“飞鱼”一样，游得又快又好，一步一步地实现人生的梦想。

每个人的天赋有所差别，潜质有所差异，兴趣有所不同。爱好什么，你就去学习什么，对什么感兴趣，你就去勇敢尝试，青春是用来奋斗的，也是用来挥洒的。只要科学统筹好学习与爱好兴趣的关系，那么必然带来 1+1>2 的效果。北京工商大学张博同学爱好广泛，在抓好学习的前提下，她热爱人物形象设计，通过参与课题项目研究途径，加深对化妆品知识的科学理解；她热爱学习舞蹈，多次参加国家级、市级舞蹈比赛，并在全国排舞冠军赛、北京市大学生体育舞蹈比赛、首都高校大学生体育舞蹈比赛等赛事中，均在前三甲占据了一席之地；她热爱播音主持，在校内外许多比赛中，都能看到她的身影，且在“书香校园”朗诵比赛、“十佳主持人”比赛、“工商达人秀”比赛中夺得桂冠。她说，文体爱好能够释放学习上的压力，是生活的润滑剂，可以让身体和精神达到最佳状态，从而提升学习效果；文体活动是师生之间沟通的桥梁，更是同学们情感交流的纽带，可以激发集体荣誉感，增强校园文化凝聚力。

许多时候，发现一个人的潜质，往往在一次偶然的机会里。一方面，作为学校老师，要多创造这样的机会和平台；另一方面，作为大学生，要敢于大胆尝试，主动学习，科学训练，从门外汉一步一步成长为专业人才。德州学院刘宝玉同学是法学院的学生，曾荣获 2020 年山东省大学生田径锦标赛暨全国第十四届学生运动会男子组铁饼冠军及“优秀运动员”称号。起初，他对铁饼项目并不熟悉。刚上大一时，由于他身材魁梧、身体素质好，一眼就被体育学院的姚甲卫老师相中，极力推荐他参加体育学院组织的铁饼比赛项目。从未接触过铁饼的他，在姚老师的指导下，逐渐喜欢上了铁饼这项运动，每周他都至少进行一次力量训练。为了达到训练效果，他都会提前做好热身和拉伸训练，然后根据身体的承受能力，循序渐进地增加训练强度。面对反复的魔鬼训练，他从不抱怨和懈怠，咬紧牙关，坚持到底。经过刻苦训练，他被选拔参加山东省大学生田径锦标赛，并且不负众望，以 31.5 米的优异成绩获得了冠军。

文体爱好与特长兴趣，如同远方的呼唤

大学时期，以兴趣爱好为凝聚点，以特长专长为结合点，一帮同学走在一起，或歌或舞，或文或武，或蹦或跳，将青春的才华展现于有意义的事情之中。这是多么美好的人生经历啊！这才是青年学子应有的样子！湖南大学刘与歌同学的父亲是一名钢琴老师，在父亲的悉心教导下，他从小对音乐产生浓厚兴趣，13 岁时成功举办了人生的第一场独奏音乐会。考上大学后，他以音乐为媒，广交朋友，组建学校艺术团键盘乐团并担任团长，乐在其中，学在其中。他们把一场场的演出当成一次次的成长磨炼，不关心荣誉掌声，而在乎是否提高了音乐水平。每一次演出结束后，他都会找一个安静地方，总结经验，反省得失，不断改进提高。他和队友们勇于创新开拓，从变换演出服饰入手，提高音乐的审美价值。有时候，他们着装简单朴实，打扮自然随和，体现校园生活的舞台风格，他们乐队的键盘演奏不像黑白琴键有力的跳跃，而似月光下飘动的音符。有时候，他们身着黑色笔挺的西装，随着音乐旋律节奏和灯光变化，将眼神、气质和肢体动作融

为一体，台上台下一起热闹起来，展现朝气蓬勃的青春活力，让同学们流连忘返。

爱好与兴趣，它如同前方的招手，又如内心的召唤，让你孜孜以求，日夜兼程，不辞辛苦。从兴趣开始，经过老师指教和高人指点，找对方向，找准路径，刻苦学习，久久用功，循序渐进地跨入专业之门。广东技术师范大学冯彩虹同学从小对记忆法产生了兴趣。上大学后，他开始深入钻研记忆法，从最初级的记忆法基础开始学习，到各种各样的试题训练，他慢慢找到了记忆法的规律与乐趣。念念不忘，必有回响。他小时候观看脑力比赛时紧张刺激的画面，时常浮现在他眼前。为了检验学习成果，他决定参加第 26 届世界脑力（记忆）锦标赛。于是，他从记忆数字和扑克牌入手，开始艰苦的训练，顺利跨过信心和挑战“两个关口”。经过 1 个月的训练，他在 2 分钟内，第一次答对 100 题，参赛信心倍增。随后，他遇到极限挑战，加上训练状态不佳，心里十分焦虑烦躁，甚至一度想放弃。在老师和亲友的鼓励下，他重拾信心，继续加大训练强度，终于有了显著的进步。比赛开始后，从最初的区域赛到全国赛再到国际赛，每一场比赛，竞争都非常激烈。面对这些，他没有慌张，迎难而上。最终，他达到了“大师”的标准，获得“世界记忆大师”的称号。

青春之歌，是时代之歌。我快乐、我歌唱，我歌唱、我快乐。大学校园，不能没有音乐；青年大学生，不能没有歌声。青年的歌声是快乐大学生活的缩影，更是青春活力的绽放。北京建筑大学颜雨同学热爱音乐，在校的四年里，坚持用歌声传递校园正能量。她担任学校合唱团的团长，带领队友一次又一次排练、一次又一次演出，许多时间在排练室度过。尽管训练辛苦劳累，可是每当想到大家对舞台的渴望，她的疲倦立刻就消散了，使命感与责任感顿时从内心燃起，浑身充满力量，继续鼓足劲头，投入紧张的排练中。2018年她带领合唱团参加北京市艺术节并且拿到了三个银奖的好成绩，2019年国庆70周年的时候，她带领合唱团参加了国庆庆典合唱方阵，新冠病毒疫情期间组织同学们一起录制了《手牵手》MV，受到同学们的欢迎。平时，她带领合唱团积极参与校园文化建设，参演学校文艺晚会和大型活动，以公众号为平台，持续推送创作的音乐作品，丰富校园文化生活。

爱好没有贵贱高低之分，喜欢什么就学习什么。文学大师沈从文是一位服饰文化研究大师，他花了许多年的时光专注研究服饰领域，专心探索，长年笔耕不辍，乐乎其中，不知老之将至，令后人钦佩不已。衣食住行是人们生活的必需，服饰传承文化，设计创造美好生活。北京服装学院朱玲敏是服装设计与创新专业硕士研究生，注重特色个性化服饰设计，其设计作品《孔雀东南飞》曾获"新睿杯"二等奖、"第二届新绎之星同行同至——批判性传统主义当代青年大展"优秀奖、入围"国际青年设计师邀请赛"。她潜心服饰设计领域学术研究，并发表IFFTI国际会议论文 *The Evolution and Innovation of Chinese Knot Buttons*，跟导师和同学一起编写了《近现代中国人生活图典》服装篇，并在《丝绸》杂志上发表论文《中国传统盘扣造型结构的演变研究》。朱玲敏在北京服装学院的两年半时光里，收获了许多知识，积累了许多经验，也获得了很多荣誉，这些都为她的人生增添了绚丽的色彩，为她的事业梦想插上了翅膀。特别是在毕业走秀典礼上，朱玲敏的女儿穿上了她自主设计的衣服，母女一起上台演出，展示学业成果，成为一道绚丽的舞台风景。

学之不如好之，好之不如乐之

学之不如好之，好之不如乐之。学音乐，懂音乐，好音乐，一心向往音乐，一头扎进乐池里，全身心投入五线谱世界中，学、听、练、悟并举，吹、拉、弹、唱兼修，必将“音”来“音”会，“乐”来“乐”好。福建师范大学刁璨同学痴迷于音乐，专心致志地学习专业知识，探索有效的学习方法，不断地改进提升。他拜经典为师，喜欢研究著名作曲家与名曲，对于同一个作品的不同演奏家的版本，他会认真学习、研究和借鉴。他将音乐融入生活，平时多听多唱多悟，让音乐时常在脑子里回响，时刻保持对音乐的敏感。他把实践当成课堂，在与职业乐团排练演出的过程中，学习观察职业乐团的演奏方法，借鉴他们的演出实战经验，努力提高自己的演奏水平。他勤奋上进，在周末和节假日，他仍然前往教室自习，坚持专业训练，自觉查找不足，奋力补好短板。功夫不负有心人，最终他获得了班里唯一一个推免保研的名额。

一身才艺，不是想出来的，也不是等出来的，而是学出来的，练出来的，苦出来的。因为热爱，所以我坚持，我拼搏，我快乐。北京印刷学院陈云同学入学初，通过了学校国旗仪仗队的严格面试，成为国旗仪仗队中的一员。国旗仪仗队的训练从来没有“轻松”二字，挥汗如雨是常态。面对艰苦的训练，他并没有怠惰。正步是仪仗队里最基本的步伐，但训练达到标准却并不容易。为练好正步，他每天都要练习拉线定点，一直练到双臂酸麻为止；为了统一踢腿高度，他利用矿泉水瓶一只脚一只脚地定位；为了提高耐力，他每天练习悬空军姿半小时，练到身体颤抖仍咬牙坚持。经过努力拼搏，他一步一步地成长为优秀旗手。他还喜欢舞蹈，担任学校街舞社社长，在北京市大兴区举办的青年舞蹈大赛中获得金奖。同时，他始终没有放松学习，成绩始终名列班级前茅，率先通过了英语四、六级考试，并组织成立班级学习小组，帮助同学们共同进步。

特长爱好跟专业学习一样，苦练才能突破，突破才能拥有。掌握一样技艺，成就一件事情，从来不是轻轻松松就可以实现的。必须付出百倍的努力，洒满艰辛的汗水，才能有所进步，有所成长。武汉体育学院吕凡普同学初入学校，第一堂训练课他就晕倒了，但是他没有气馁，更没有放弃。为了不让他人看笑话，他每天凌晨5点就开始训练，想尽办法提高体能。随后，他通过选拔加入赛艇队。开始，他不大适应赛艇训练，手掌上的水泡、血泡起了又破，破了又起，苦不堪言。特别是七八月份，武汉天气炎热潮湿，一会就汗流浃背，浑身不舒服，训练下来，疲惫至极。但是，他坚持下来了，并因表现突出，被推选为男子轻量级赛艇队队长。由于自然环境和场地条件等因素，他和队友们面临着许多困难。他们迎难而上，每天坚持刻苦训练，不断提高进步。在2018年的雅加达亚运会上，他与队友配合默契，最终摘得桂冠。大学毕业之际，他成功被推免成为武汉体育学院的硕士研究生。

久久用功，方见成效。久久不忘，必有回响。小时候的兴趣，往往是长大之后的乐趣，并持续转化成一生为之奋斗的志趣。我们要坚定理想信念，让理想在心中扎根，一辈子为之奋斗。奋斗是青春最亮丽的底色。大学，就是青年人奋斗起步的地方。浙江大学城市学院郑博匀同学小时候，一听到古典乐曲，便会陶醉于其中，自然而然地做出演奏乐器的动作。父母发觉他有音乐天赋，于是从上幼儿园开始，就悉心教他学习弹钢琴，坚持每天练琴2个小时以上，有时周末仍然继续练习。向师傅学习，与高手过招，这是提高个人技艺的有效途径。他一直把郎朗先生视为自己学琴的偶像。2018年，他听闻郎朗工作室在杭州设立训练营，并由郎朗的恩师朱雅芬教授授课，他立即报名跟班学习。一年后，他在两百多个人中脱颖而出，成为与郎朗先生一起演奏的合奏者之一。音乐使人高尚，又令人开窍。他把学习音乐的方法运用到学科竞赛中，报名参加 IT 杯全国大学生电子设计竞赛，同样取得骄人的成绩。

艺术源于生活，实践是最好的课堂

艺术源于生活，实践是最好的课堂。人生漫漫，每一步都重要，每一段路都值得回味无穷。读过的书，将融入你的思想里头。走过的路，将是你一生的宝贵财富。大学时期，同学们既要往前冲，又要回头看。看一看，我们从小到大，走过的路，看过的风景，交过的人，自觉地将一点一滴的思考，与当下的事情紧密结合起来，然后再用艺术的方式表达出来，用青春的色彩，为社会增添美丽。齐鲁工业大学曹红梅同学的作品《再忆·迎门墙》荣获 2018 年索尼世界摄影大赛专业学生组“全球十佳奖”，她夺冠的艺术秘密是“灵感”。为了寻找灵感，她走入陕西的谷子地，亲眼所见，亲身体验，找寻“感”字的真谛。陕西地区粮食大多种植在陡峭的山上，机器作业困难，只能以人力和耕牛劳作。她挽起袖子，拿起镰刀同乡亲一起割谷子，感受村民的淳朴勤劳之情，为日后的作品注入“感”的精华。作为一名摄影师，她细心观察生活中的事物，注入思想情感，运用角度、取景、光线、色调等专业技能，用镜头把它们记录下来。《再忆·迎门墙》采用低饱和度的怀旧色调，展示一幅安静、祥和、朴实、幸福的农村生活场景，如同远方的呼唤，让人身临其境，心神向往。

大学生社团作为学生组织，作为学习兴趣交流平台，要以改革创新的精神加强自身建设，努力提高凝聚力、引领力、组织力、服务力，不断丰富校园文化生活，促进大学生成长成才。北京物资学院陈思静同学是学校 Echo 社团的社长，她用心用情用力，致力于将社团打造成为英语爱好者之家。面对新加入社团的同学，她言传身教，活跃学习气氛，带动大家积极参与，引导他们克服胆怯畏惧的心理。针对同学们英语读物看得多、开口讲得少的难题，她组织开展一系列口语活动，将英语交流融入日常校园生活中，让大家敢讲、能讲、会讲。为使社团规范有序运转，她注重制度建设和机制创新，强化激励监督机制，充分调动大家的积极性、主动性和创造性。在她的带领下，经过一年多的努力，Echo 社团已经成为一个影响力较强的学习社团，是同学们向往的集温馨、实用、自我提升于一体的英语学习大本营。

腹有诗书气自华，读书万卷始通神。作为青年大学生，我们要坚持文化自觉，坚定文化自信，做中华优秀传统文化忠实的拥护者、学习者和践行者。西安交通大学许禹睿同学是钱学森书院的学生，出于自小对古典文化和诗词的热爱，进入大学后，他加入了诗词社团，积极向诗社的前辈和文学院的老师们学习请教，努力提高对诗词的理解和鉴赏水平。他认为科学与艺术相得益彰，学习与兴趣相辅相成。因此，在平时的学习生活中，他自觉用心地将诗词联系结合起来，特别是在课堂上，能够准确自如地运用诗词经典，回答老师提出的问题，赢得老师和同学的热烈称赞。诗词伴随着许禹睿成长，诗词使他打开新的学习之门。在研读古典诗词的同时，他开始尝试诗词创作，用诗词来表达对人生的思考，对当下的观察，对未来的憧憬。造烛求明，读书求理。正因对古典诗词的热爱与追求，中华优秀传统文化成为他好学深思、积极上进的不懈动力。

音乐使人高尚。用音乐思考人生，用音乐赞美生活，用音乐传递正能量，既丰富自己的精神世界，又让世界更加精彩。热衷音乐，追逐梦想，进一步印证了青春理想、青春活力、青春奋斗。这就是中国精神和中国力量的生命力所在。北京大学石林同学热爱流行音乐，经常用音乐传递社会正能量，曾获得“网络新青年”的荣誉称号。他是北京大学新媒体研究院2017级直博生，在2017年获得校园十佳歌手大赛冠军，课余时间通过网络音乐平台发布过多张个人原创歌曲专辑，均获得校内师生及社会网友广泛好评。他是一个喜欢思考的人，结合专业知识和生活体验，以音乐作为传播方式，展示青年人积极向上的人生态度，传递大学生对社会的理性思考。他的音乐创作灵感源于生活，又贴近大学校园，带有一定的哲理性和浓浓的青春味，让同学们听后与之共鸣并产生积极反响。他说，追逐音乐梦一路并不平坦，第一次、第二次参加校园十佳歌手大赛都失败了，但他毫不气馁，越挫越勇，再学习再实践，继续参加第三次比赛，才获得冠军。

台上一分钟，台下十年功

台上一分钟，台下十年功。没有刻苦的学习，没有艰苦的训练，没有辛苦的付出，爱好特长，就会如一朵朵在头顶上飘荡的白云，远在天边不能落在手中，长在身上。所以，无论是读书，还是学艺，不能有半点偷懒，走不得半步捷径。一定要专心致志，苦下功夫，方能从台下走到台上。浙江音乐学院吴梦格同学是一个勇于追逐梦想的人，在踏入大学校门的那一刻起，她就确定了当一名主持人“站上舞台”的奋斗目标。为了实现心中的梦想，她先后主持过120多场活动，在实践中摸爬滚打成长。由于没有受过专业化学习训练，她只好笨鸟先飞，通过不断尝试、模仿、摸索的办法，学习再学习，努力再努力，实践再实践，一点一点地积累提高。每当接到主持任务，她都提前认真准备，一遍遍地修改串词，一遍遍地熟悉流程，一遍遍对着镜子进行肢体演练，往往需要几个不眠不休的夜晚，才换来舞台上的挥洒自如。她热爱主持节目，也能合理安排学习时间，专业成绩一直名列前茅，连续获得奖学金和“三好学生”称号。

艰难困苦，玉汝于成。学文如此，学武如此，将来工作事业同样如此。青春因磨砺而出彩，人生因为奋斗而升华。芭蕾难在练身，既要有先天的禀赋，又要有后天的自律；难在练心，跌倒了能勇敢地爬起来，不气馁，获奖了能保持谦虚，不飘飘然。浙江音乐学院武佳慧同学 4 岁开始学习舞蹈，她第一次接触芭蕾时，便被这种充满运动气息的舞蹈所吸引。考上大学后，她重拾童年梦想，勤奋苦练专业芭蕾。一路走来，虽然经历了许多困苦，但她从未气馁，而是勇往直前，坚持不懈。2019 年年初，她赴俄罗斯参加第二届“育才杯”国际艺术节暨莫斯科格涅辛国际舞蹈公开赛。起初，她因为不适应俄罗斯的环境，严重过敏，甚至进了当地的 ICU 病房。舞蹈选手需要充沛的体力，但因为身体和时差的原因，她感觉身体状态不佳，但仍未放弃。面对来自全世界的强手，她毫不怯懦，全力以赴，发挥出色，最终摘得该比赛成年组金奖，并获得俄罗斯四所世界名校研究生入学的 offer。

学无止境，精益求精。把一门技艺学深学透，把一项工作做实做出色，需要坚持理论与实际相结合，坚持传统与未来相结合，坚持传承与创新相结合。这样，我们才能创新发展，不断超越。清华大学孙秋爽同学热爱传统工艺，在四年的本科学习阶段，他的艺术作品获得多项艺术奖项。他攻读研究生之后，再接再厉，利用假期深入社会实际，向基层实践学习，拜人民群众为师，探寻适宜自身发展创作之路。在导师的指导下，他找到创作的方向，计划采取金属工艺，设计一盆“仙人掌”，展现自然生命力的美感。这个作品的制作过程十分复杂，他自始至终小心翼翼，反复琢磨思考，认真做好每一个细节，并用陶瓷添加了部分中国传统元素，展现了材料与工艺的美感，让作品更加富有内涵。经过几个月的创作和完善，终于实现当初的设计思路，作品一经展出，顿时好评如潮。

学以致用，用以促学。我们的所爱所好，不能仅停留在自娱自乐、自“嗨”自我的世界里，而是要从小我走向大我，从利己走向利他，运用所学所能、所专所长，做社会主义核心价值观的信仰者、传播者和践行者，为社会大众服务。传承、弘扬传统艺术，并将其与时代精神相融合，让更多人发掘并认可快板艺术的魅力，一直是北京大学朱景琛同学的心愿和努力的方向。2020年12月，新冠病毒疫情暴发初期，各种情绪充斥着人们的内心。他受到曲艺前辈的影响，决心用快板来鼓舞人心、提振精神。为了表达对北京大学援鄂抗疫医疗队的敬仰和歌颂，他创作完成快板《战“疫”风云》，引起了热烈反响。面对鲜花与笑脸，他牢记“习艺正心”，不忘“治学经世”，鼓足干劲，趁势而上，从快板到京剧、昆曲、相声，从班级院系到全校，奋力进行创作与表演，让文艺温暖心灵，让音乐疏导情绪，让歌声带来希望，积极传递校园文化正能量。

作者在大学时代，学过唱歌，习过吉他，练过书法，当过文艺部长，还喜欢打篮球、乒乓球、羽毛球，留下一串串美好的回忆。青春无限美好，大学生活弥足珍贵。我们要知之、爱之、惜之，在最美好的年华，做最有意义的事情。希望同学们：

1. 源于热爱，奔赴山河。当代大学生应当热爱青春、热爱生活，积极于生活中找寻自己所热爱的事务，并将其转化为坚持不懈，勤奋苦练的动力。并以兴趣结合人生理想目标，将梦想化为奋斗路上源源不断的动力，不断前行。

2. 学生社团作为志同道合、趣味相投学生的大家庭，当代大学生应树立正确的“社团观”，要摒弃“功利化”“娱乐化”等观点，在社团中通过交流爱好提高自身技能特长，通过社团各类活动，丰富日常活动，提高人际交往、活动组织等能力，使社团成为纯粹的“兴趣深化平台”。

3. 当代大学生，首先要以客观科学礼貌的态度对待中华民族传统文化，取其精华去其糟粕。其次要把握好“守”和“变”的关系，在扬弃继承过程中推动中华民族优秀文化创新。再次，要利用好“中”和“外”的特性，于国内外文化交流平台弘扬中华优秀传统文化，彰显民族自信。我们国家有很多优秀的文化传统，要保护好这些文化遗产，并在前人基础上进一步总结、传承和弘扬。

4. 当代大学生要锤炼品德，自觉树立和践行社会主义核心价值观，自觉用中华优秀传统文化、革命文化、社会主义先进文化培根铸魂、启智润心，加强道德修养，明辨是非曲直，增强自我定力，矢志追求更有高度、更有境界、更有品位的人生。

5. 当代大学生要怀着思考，参与文艺类活动，保持理性，辩证的思考事物，通过文艺作品表达自己的人生态度，传达着自己对人生的思考。将文艺创作与时代精神、哲学思考相结合，赋予作品生命，通过作品来传递校园情趣的同时，弘扬社会正能量。

6. 当代大学生要广泛参加体育运动，提升身体素质，在参与体育竞赛时，要发扬奥林匹克精神和中华体育精神，与自身比，追逐“更高、更快、更强”，同时要摆平心态、放下包袱，胜不骄、败不馁，享受运动中学习、交流的过程。

7. 当代大学生要将文化、体育运动中的收获应用于生活、学习、学生工作等各方面。将刻苦训练，拼搏向上的干劲、韧劲应用于学术研究中，推动学术深化；将“时代艺术”融入班级、学生组织管理中，打造“独一无二”的文化特色，引起共鸣，强化凝聚力。

8. 千帆竞发，勇进者胜，人生如同现场直播，没有从头再来，新时代新征程中，没有等待出来的幸福，只有拼搏出来的精彩。当代大学生要勇于砥砺奋斗，在披荆斩棘中开辟天地，在攻坚克难中创造业绩，用青春和汗水创造出“新奇迹”。

第五讲　交友恋爱之路

大学是青年人交流、交心、交朋友的重要阶段。同学们聚在一起，谈学习、谈理想、谈爱好、谈生活、谈未来，交流思想，分享经验，互相启发，有的彼此结下浓厚的友谊，成为志同道合的学友，还有的将友情发展成为爱情，成为携手求学的恋人。所以说，交友恋爱既是青年学子的情感需要，又是校园生活的正常现象，也是同学们健康成长的一条必经之路。我们要珍爱缘分、珍惜友谊、珍重感情，用青春的热情和青年的责任，走好这段美好的人生之路。

国家高度重视青年情感婚恋工作。2016 年 4 月，中共中央、国务院印发《中长期青年发展规划（2016—2025 年）》（以下简称《规划》），将青年婚恋作为青年发展的重要领域，明确了目标任务，制定了发展措施。为推动《规划》实施，健全青年婚恋的社会支持体系，2017 年 9 月 4 日，共青团中央、民政部、国家卫生计生委联合印发《关于进一步做好青年婚恋工作的指导意见》。提出要健全政府部门、群团组织、社会力量齐抓共促青年婚恋工作的协同推进机制，加强青年婚恋观、家庭观的教育和引导，培育诚信度较高、适合青年特点需求的多样化青年婚恋服务项目，开展青年性健康教育和优生优育宣传教育，不断优化完善青年婚恋生育相关政策，力争实现青年婚恋观念更加文明、健康、理性，青年婚姻家庭和生殖健康服务水平进一步提升，青年相关法定权利得到更好保障。要突出价值引领，把服务青年需求与引领青年践行社会主义核心价值观结合起来，帮助青年解决交友、择偶、婚姻等实际问题，强化青年对情感生活的尊重意识、诚信意识和责任意识，加强对青年婚恋观、家庭观的教育和引导；要强化公益导向，鼓励面向青年开展的公益性婚恋交友服务，打造诚信度高、公益性强的青年交友信息平台，提高青年获取婚恋婚育权益维护和公共服务的可及性，推动形成关心青年婚恋、促进青年成长的良好社会氛围；要坚持青年为本，适应青年多样化需求和差异化特点，拓宽青年交友交流的渠道，培育富有实效、内涵、特色的服务项目，扩大青年反映意见和参与评价的渠道，健全以青年满意度为核心的婚恋服务评价体系；要务求工作实效，以市、县（区）为工作主体，就近就便开展青年婚恋工作，密切政府部门、群团组织、社会力量的协同合作，促进基层婚恋婚育服务水平的提升，共同推动相关政策法规的完善和执行。①

大学生交友恋爱是青年交友恋爱的重要组成部分，情感需要和归属是青年大学生健康成长的必然要求。对此，我们要正确认识，引导大学生光明磊落地交朋友、谈恋爱。友情、爱情、亲情是人生的重要情感。从情感付出来说，亲情是不计条件、不求回报的阳光沐浴；友情是浩荡巨大、可以随时安然栖息的堤岸；而爱情则是与子偕老、相濡以沫的心灵照射。从情感归宿来说，友情是清心明目、纯洁真挚的，真正的朋友不仅锦上添花，更能在危难中雪中送炭；爱情则是高尚优雅的，真正的爱人不仅能在快乐时光里相娱相乐，更能在风风雨雨中相互扶持终生；亲情是血浓于水，手足情深，团结和睦，幸福生活。总之，这“三情”难

① 《中共中央国务院印发〈中长期青年发展规划（2016—2025年）〉》，《光明日报》2017年4月14日。

能可贵，我们要爱之惜之。

青春万岁，友谊天长地久

人生如果没有朋友，将会感到寂寞和孤单；生活如果没有朋友，就像饭菜缺少油盐，吃起来索然无味。交友不难，交好朋友却不容易。青年大学生处于人生道路的起步阶段，在学习、生活特别在交友方面，往往会遇到一些困惑，比如，什么是友谊，什么是朋友？需要从思想认识上加以指导。真正的友谊纯洁真挚，不夹杂私心杂念，不会虚伪矫作。真正的友谊地久天长，不会因为岁月的流逝而忘记，不会因为人生的际遇和地位变迁而陌生，不会身处异乡久久不见而淡漠，不会因为诤言诤语而走散。

吴宓与陈寅恪，老一辈先生们的友谊为当代大学生作出模范。吴宓从清华毕业后赴哈佛留学期间，结识也在哈佛留学的陈寅恪，两人年龄相仿，志趣相投，很快就成为无话不谈的好友。留学期间，两人不仅在文化学术上进行深入探讨，而且还在为人处世、恋爱感情等问题方面进行交流分享，互为朋友，互为师傅，互为家人。回国后，他们在清华大学成为同事，两人在工作上互相帮助、共同进步，在生活上彼此关心、嘘寒问暖。吴宓担任重要期刊《学衡》和天津《大公报》的文学副刊主编，拥有了可以影响文坛的阵地，陈寅恪提醒老朋友，要专心读书著作，不要为杂务所困扰，表达了一个诤友的真诚提醒。临近古稀之年，陈寅恪身体日显“疲态”，吴宓得知后即刻撰写书信，要赴广东探望他。陈寅恪收到信后，由于身体状况较差已不能提笔写字，他嘱托夫人代笔复信，详细告知友人到广州所应注意事项，甚为详尽，令人感动。

邓稼先与杨振宁的真挚友谊，同样是一段佳话。两人自幼就一起玩耍，友情在多年的同窗生活中不断升华。在艰苦残酷的抗战环境下，他们在野外躲避空袭，还一起探讨物理问题，一起背诵古文。抗战胜利后，两人选择攻读理论物理博士，立志科技强国，振兴中华。毕业后，邓稼先埋头苦研原子弹，加之“中美关系”问题，两位“挚友”多年未见。1971 年，杨振宁才实现了回国看看的夙愿，两位阔别 20 多年的老朋友终于在首都机场见面，两人相见如初，心情都非常激动。此后，杨振宁每次回国访问讲学，只要条件允许，都要看望邓稼先，畅叙友情。在邓稼先因病住院的一年里，杨振宁两次回国探视，回忆往事，交流研究，合影留念。回美国后，设法买来治疗癌症的新药，托当时驻美大使派专人迅速送往北京，交到邓稼先的手上。1986 年，“邓稼先与世长辞”的不幸消息让杨振宁难掩心中悲痛，在发给其妻子的唁电中说：“稼先为人忠诚纯正，是我最敬爱的挚友。他的无私的精神和巨大的贡献，是你的也是我的永恒的骄傲。”

朋友交往的基础是信任与尊重。对于大学生来说，成为一个受大家欢迎的人，成为一个被朋友接纳的人，自己首先要做到自尊、自重、自爱、自强；其次，待人以真诚，真是真实不假，诚是诚心不二。你以怎样的心地、态度、方式对待朋友，朋友将会以怎样的心地、态度、方式对待你。总之朋友是相互的，我们要学会付出和利他。北京语言大学曹国良、袁帅、陆非凡、林鸿皓、金志晟五位“好友”，坚持“自尊、自重、自爱、自强”，针对宿舍财务、生活、卫生等方面制定了《宿舍公约》，对宿舍进行科学有效管理，真正起到“好友约束”作用，避免形成个人坏习惯，导致宿舍矛盾产生，推动形成良好的学习、生活、工作环境。他们相处真诚，彼此信任，组队参加创新创业项目和学科竞赛，发挥各自所长，携手通力合作，多次获得市、校级奖项荣誉。他们立足专业研究方向，选择感兴趣的主题，结合最新时政热点，时常在宿舍里开“国际关系小型座谈会”，彼此开诚布公，畅所欲言，做到敢于提出新思路、新观点，又能虚心接纳他人意见建议。他们是舍友也是朋友，胜似亲人，视彼此为“亲兄弟”，他们搭建了一个具有温馨感、归属感和安全感的“家”，为实现人生梦想齐步共进。

同学们来自五湖四海、全国各地，一起来到同一所大学，在一个屋檐下共同学习生活，互相谈心交心知心，结下深厚的友谊，成为一生之中最为重要朋友，即使毕业后各奔东西，友谊同样天长地久。宿舍是大学生活的主要场所，班级是同学学习的基本单元，校园是集体生活的缩影。四年的大学时光，同学们可能有三分之一以上的时间在宿舍度过，几乎大部分时光与班级同学朝夕相处。学会与室友融洽相处，学会与班级同学沟通交流，彼此能够成为朋友，这不仅是大学生活的必修课，也是人生的成长课。华南师范大学杨婧、程金萍、李秋霞、陈妙玲不仅是班级同学和宿舍舍友，而且还是生活、学习上亲密无间的挚友。她们结伴享受大学时光，读读书、聊聊天、下下棋、泡泡茶，一起学书法，一起画油画，将学习融入生活，每到夏天晚上，她们还会带点零食和饮料，到宿舍楼顶吹吹风、看星星。大学三年，她们“穷游”的足迹遍布武汉、厦门、茂名、桂林等地。她们用激励学习的形式，结伴而学，相互监督，每逢考试来临之际，她们便在宿舍集中学习，互相分享学习资料，互相查漏补缺，经过一年的奋斗，她们四人占据了学院五个一等奖学金名额中的四个。她们还分别担任不同学生组织的学生干部，在宿舍的时候经常互相“取经”，探讨活动策划组织、活动宣传动员等细节问题，推动活动开展取得实效。遇到生活上的挫折，她们从不抱怨，互相支持鼓励，齐心协力渡过难关。有一次，陈妙玲的脚受伤了，走路困难，其他人就专门为她买了一辆单车，每天帮助她上课。下课后，三人轮流背着她爬上六楼，在大家的悉心照料下，她的脚伤很快就痊愈了。

好朋友，是能够让你“好起来”的人

成为一个优秀的人不容易，帮助他人成为优秀的人、一起成为优秀的人，更加难能可贵。好朋友的涵义，不仅是志同道合、志趣相投，而且是能够让对方“好起来”的人。大学生交友要交挚友、交诤友、交良友，在学习生活之中彼此加深理解认识，增进友谊情谊，共同成长进步。北京工商大学苗玉娇、王文颖、展远蓉、孙哲、朱禺芊、张雨欣，她们聚焦专业学习、学术科研，查阅文献，互帮互助。她们“和而不同”，拥有独具风格的“闪光点”。苗玉娇擅长“学玩分明”，劳逸结合，高质高效；王文颖擅长在课上抓住重点，课下“温故而知新”；展远蓉理科天赋强，学习兴趣浓厚，具有创新思维；孙哲擅长英语学习，喜爱阅读地道的英文阅读外刊、文献；朱禺芊擅长自我定位，制定周密的规划；张雨欣擅长提前谋划，拒绝拖延，执行力强。她们六人互相借鉴、掌握其他人好的学习方式、学习心得，推动携手进步，在欢声笑语中互相鼓励，理解包容、拼搏奋斗，全部“升研”。在课外之余，她们担任学生干部，相互分享有趣的故事，集思广益，推动学生活动顺利有效开展。她们在社会实践中彰显社会责任感，经常组队参与志愿服务工作，用青春的汗水将“互助、友爱”的阳光洒向校园的每一个角落，自觉服务广大师生。

大学生的主要任务是学习，大学是青年成长成才的加油站。朋友们在一起，不仅要会玩，更要会学，将好学上进作为人生的信条和青春的誓言，互相比学赶超，实现求学理想。朋友们在一起，日子一长，自然而然地形成独特的习气，这种习气是庸俗的还是健康积极的，关键要有人带一个好头。山东大学袁嘉锴、张昂、江飞、曾长发、陈帅、景昶衡六名同学，他们志趣相投，一起打篮球，一起读书学习，一起参加社会实践，六人变得亲密无间，情同手足。随着日子一天天过去，他们感到学习和就业有压力。大三寒假，张昂意识到"不努力的自己"势必无缘名校，他痛定思痛，下定决心提升自己，实现自己的"出国留学梦"。为理想奋斗的他起到了"带动一片"的效果，其他五人在他的号召下，深刻剖析自我，调整学习目标，列出作息时间表。他们相互鼓励，相互学习，相互督促，目标出国留学的三人集中精力从GPA、英语语言考试两方面入手，静心钻研，埋头苦读，提升专业成绩，利用课余时间，以英语单词为基础，强化听说练习。励志国内读研的三个人，早上八点之前到自习室学习，中午吃完饭直接回教室，晚上十点多才回宿舍，坚持"三点一线"，实在累了困了，他们就在桌子上趴一小会儿，然后继续坚持。大家相互鼓励，有不懂的随时讨论，有收获及时分享，最终大家都顺利实现了理想目标。其中，三人出国留学，三人考研成功。

有趣的灵魂终会走在一起。朋友啊，就是在你最需要帮助的时候，及时伸手的人；就是在你情绪低落、焦虑迷茫的时候，给你慰藉、指点迷津的人；就是在你面临困难挑战，给你信心和力量的人；就是在你取得进步成绩，为你鼓掌并提醒你不要骄傲的人。北京科技大学鲁西西、陈梦、陈天洋、张楠、罗欣睿、陈小萱是同班同学，也是彼此最真诚的朋友，她们坚持秉承"宽容与和谐、学习与研究"的人文精神，树立了"刻苦勤奋、持之以恒"的奋斗理念，相互协助，共同进步。当有人迷茫时，她们贴心安慰，相互探讨，分享自身经验心得，及时指点迷津。面对学术科技竞赛、英语大赛等活动挑战，他们彼此鼓舞指导，增强信心力量，取长补短，齐心协力，多次荣获国家级、市级竞赛奖项。她们热心服务同学，在党支部、学生会、班级、团委等各个部门担任学生干部，她们相互鼓励、相互支持，分享体会心得，共同策划活动，推动学生工作取得实效。她们积极参与社会实践与志愿服务，利用学习之余的时间，组队参与支教、讲解、敬老、生态保护等志愿服务活动，在过程中加深彼此之间的友谊，体悟“志愿”精神，彰显社会责任感。面对好友取得的成绩，她们送上祝贺，互相勉励、戒骄戒躁，向更高的目标努力奋斗。

暨南大学肖伊鸿、魏展航、陈泽峰同学，在一次偶遇中认识，得知不仅是同系校友，更是高中同校校友。这让他们倍感家乡的温暖，在学习上彼此勉励、彼此支持，共同上进，每个学期的复习周，“三个老乡”便会雷打不动地组团前往图书馆，勾画专业重点、考试重点，互相答疑解惑，提升专业学习的效率和质量。在日常学习中，三人“你追我赶，力争上游”，为了共同进步，他们定期分享好的学习资源、学习方法心得。在保研最艰苦的阶段，他们通力合作，相互分享，从不吝啬，当陈泽峰家中突生变故的时候，魏展航与肖伊鸿主动帮助他递交材料，修改答辩PPT，撰写答辩稿，他们没有独善其身的想法，虽然存在竞争关系，真诚互助也让这份友情变得更加可贵。陈泽峰学术科研能力强、肖伊鸿社会实践能力强、魏展航计算机能力强，学习之余，三人结合自身所长，联合组队参加国际数学建模竞赛。作为队长的陈泽峰制定了翔实的备赛计划，三人在英语水平、编程能力、文献数据、模型制作等方面苦下功夫研究，结合三人不同的能力所长，安排具体模块的攻克任务，从“0到1”研究，互相鼓励、互相支持，一路迈过“绊脚石”，打败“拦路虎”，最终收获了多项国际、国家级数学建模奖项。

爱情是青年人的情感需求，是大学的一道绚丽风景

青年人相识、相知、相爱，有许多机缘。爱是一种缘分，茫茫人海，两个人遇上了，对上眼，来电了，从此，你心里有我，

我心中有你。爱是学习动力，为了她，因为他，一起努力成为优秀的人，将读书学习、积极上进作为爱情的体现。爱是互相帮助，既然爱上他或她，就要互相学习，取长补短，以己之长，补其之短，助力对方实现梦想。东南大学仲晓波、陈程两位同学的缘分来源于“东南大学新生见面会”，见面会上，陈程遇到了温柔实在的“接待学长”——仲晓波，两人相遇、相识、相知、相爱，成为校园中令人羡慕的“恩爱鸳鸯”。真挚的爱情势必会经历磨炼，学习成绩优异的陈程获得保送清华攻读博士的机会，而仲晓波已入职“江苏电力”工作，一面是“清华梦”，一面是“男朋友”，但仲晓波鼓励她实现儿时的梦想，自已也会不遗余力奔向她。他制定详细的考研复习计划，每天结束忙碌的工作就集中精力埋头苦学直至深夜。他坚持每天深夜写一篇英文作文，发给正在德国参加联合培养项目的陈程，伴随时差，她细改指导，他研究提升，两人默契、幸福地互相鼓励、双向奔赴。功夫不负有心人，仲晓波作为唯一“非应届毕业生”如愿考入陈程所在的专业。同在“清华园”，两人的爱情更加稳定、成熟，两人在学术科研、社会工作等方面相互配合、相互支持，相互学习，相互进步。毕业后，两人坚定地选择回到南京工作，落脚在爱情与梦想最开始的地方。

或许因为一次偶然相识，或许是一场活动聚会，或许是一次学习交流，双方互相吸引和欣赏，产生爱情的火花，从而确定恋爱关系，开启爱之路。同时，大学生也应清醒认识到，求学是学生时代的主要任务，将爱情建立在学业上，将爱情与学生工作、志愿服务、社会实践等这些有助于青年成长的事情结合起来，这样的爱情才更有意义，将来才更值得回味。中国劳动关系学院陈冠林、刘雨薇同学在学校的一次志愿服务活动中偶然相见；一项又一项的志愿服务让他们逐渐相识；志愿者的身份和对志愿服务的追求，让两人逐渐相知；契合的观念和共同的爱好，让两人最终牵手相爱。两人在志愿服务中相互协作，相互指导，相互鼓励，将共同参与志愿服务活动当做约会，增强彼此的感情交流，在志愿服务中彰显社会责任感。他们坚定信念，选择参与北京冬奥会志愿服务工作，两人相互理解、相互支持。陈冠林爱好冰球，参与冰球测试赛志愿服务工作，而刘雨薇选择冬奥会通信中心志愿服务工作。冬奥会期间，两人服务区域分别在闭环内外，在此期间无法见面，两人将线下“约会”转到“线上”，彼此鼓励，交流每日的志愿服务心得，分享每日的趣事趣闻。两人不怕风险、克服困难，出色完成志愿服务任务，践行传承志愿精神，向外国友人讲述“中国故事”“志愿服务故事”，成为中华文化的传播者。

爱情是青年人的情感需求，也是青年人的精神家园。爱，是时时挂念，一日不见，如隔三秋，时常在心里想着对方，如同对方想着自己一样。爱，是丝丝的温暖，一堂课、一次自习、一场竞赛、一件衣物，彼此关心，互相照顾，洋溢着爱的阳光。爱，是一次漫长的修行，爱是美好的，又是艰苦的，要经过许多挑战、考验和曲折，才能苦尽甘来，水到渠成，成为真正的知心爱人。浙江工商大学徐鑫、潘梦婷两人在生活中互相照顾，惺惺相惜，一起上课、一起运动，陪伴支持彼此。积极上进的两人在学习上形成“你追我赶，比我赶超”的态势，建立在爱情与理想基础上的“拌嘴辩论”促进他们成长，同时进步。平凡的爱情支撑着他们走过一段又一段坎坷的路，在奋斗保研的日子里，他们相互协助、相互鼓励，从白天到黑夜，两人一直待在实验室里做实验。她着凉生病了，他会坐很久的车去医院陪伴她；他做实验累了趴在实验室桌子上睡着了，她便为他披上外套。在疲倦的保研“寒冬中”，两人成为彼此的那“一抹暖阳”。突如其来的新冠病毒疫情，让很多异地情侣没能坚持下来，而他俩却克服了这一难关，美好的爱情不在于一时的甜甜蜜蜜，而在于天长地久。两人报名参加中国大学生创新创业大赛，每天编写代码，准备方案，定时通过微信视频语音，缓解焦躁和压力，解决开发过程中的“bug”。

爱情令人幸福。关心照顾，风雨兼程，同舟共济，在茫茫人海之中找到知心恋人，从此，双方学习上有了帮手，心灵上有了交流。爱情使人成长，两人加深理解，能够换位思考，互相宽容包涵，坚定共同的理想追求，携手拼搏进步。西南石油大学唐苛腾、王倩楠同学起初沉浸于“甜蜜爱情”，在专业学习上比较迷茫，距离最初制定的保研目标渐行渐远。王倩楠看到身边的“才女”都在聚焦保研，她倍感压力，下定决心将精力用于学业上。在她的带动感染下，唐苛腾也确定了“追随女友，努力保研”的目标。两人制定了详细的保研学习计划，坚持早晨 8 点之前去图书馆学习，下课后继续回到图书馆，中午简单吃点，就在图书馆休息直到晚上 8 点才回到宿舍。他们坚持学习、恋爱不冲突，将“学习”作为一种约会形式，经常聚焦专业进行研讨，互相请教学术上的问题，相互促进。作为班级团支书与学生会部长的两人，在学生工作上相互支持，基于“为学生服务”的初心与浓厚学生工作兴趣的两人，经常聚焦学生心理、活动细节、工作方法进行交流，在讨论的过程中，宽容包涵，相互理解，对彼此的思想和性格有了进一步的了解和适应。“学习时一起学，学得好，玩耍时一起玩，玩得快乐”，两人利用周末的空闲时间，出校游玩，享受大自然美丽的风光，缓解学习上的焦虑与压力。最终两人顺利保研至西安交通大学，继续在校园里书写他们自己的爱情故事。

爱情是一首青春之歌，一起成长奋斗向未来

对于大学生来说，爱情是一首青春之歌，更是成长奋斗之中的一股力量。有了爱情的激励，有了恋人的鼓励，可以将自身的潜力和意志激发出来，敢于迎接学业路上一个又一个的挑战，矢志不渝，顽强拼搏，战而胜之。当我们品尝成功的喜悦时，能深深体会到爱情的美好。这就是爱的力量。南京财经大学程宇、刘佳怡面临未来选择，两人下定决心“执子之手，备战考研”，于是，两人结伴学习，让枯燥焦虑的考研，增添了温馨与力量。程宇擅长理科，负责制定两人数学科目的复习规划；刘佳怡擅长搜集资料、整理材料，负责公共课与专业课的笔记整理和复习规划。两人每天携手前往自习室学习，保持高强度、一致性的学习节奏。两人安心踏实，埋头苦学，勤学勤思，一起上网课，一起刷试题，针对学习中遇到的问题，共同答疑解决，加深对知识点的理解。艰辛疲倦的考研之路上，两人为了共同的人生理想，相互鼓励支持，并肩前进；学习之余，两人就一起跑步放松，做到劳逸结合。报考研究生前夕，身为江苏人的刘佳怡希望报考南京的院校，程宇得知后，选择理解和支持，他坚定选择与女友报考同一所院校，为了爱情留在南京。他们不负青春、不负韶华，努力拼搏、努力奋斗，最终分别以综合排名第一、综合排名第十的优异成绩，顺利考上南京农业大学研究生。

真正的爱情，不仅仅是停留在花前月下的卿卿我我，而且在人生成长路上，以梦为马，以事为基，进一步加深了解理解，增进感情，为了共同的理想，互相帮助，互相支持，一起携手奋斗，一起走向未来。南方医科大学陆宵彤、徐俊彦同学学习成绩都十分突出，是临床医学院的“双子星”。“医途”上的兴趣、理想让二人相识相知，随后相伴，走到了一起。两人围绕着未来，

确立了保研奔赴医学生最高理想殿堂——协和医院的奋斗目标。为提高成绩，他们在学习上进行了分工。陆宵彤喜欢在课上记重点，考试前钻研重点；徐俊彦知识面全面扎实，喜欢将所有医学书从头到尾阅览，然后再系统思考。两人在相伴学习专业学习的过程中，交流各自学习经验，做到取长补短、齐头并进。面对保研之路的艰辛，他们相互激励，每当遇到学习、工作上的压力时便会相互理解、相互倾诉，一同分担。经过两人的不懈奋斗，最终双双保研至协和医院。保研成功之后，两人没有选择游玩娱乐庆祝，而是携手投入到备战全国专业技能大赛的“炼狱”之中，每天专注临床医学领域，在理论学习、技能训练上下真功夫、苦功夫。因思维模式上的差异，两人经常为一个临床诊断、一个操作细节、一道综合思维题“吵架拌嘴”，也在“斗争”中不断进步。最终他们在比赛中荣获华南赛区一等奖、全国二等奖。

大学生谈恋爱，除了会玩，更要会学，还要会干。玩要玩出志趣，一起看电影、运动、音乐、读书、旅游等，培养共同爱好，有益身心健康。学要学模范，力争上游，成为同学们向往的学习标兵。干要干出实效，自觉将两人小世界融入集体大世界，在服务同学和集体的过程，升华爱情品格，不断成长进步。中南大学黄思壮与钟灵芝面对学习与生活中的压力，他们携手逛街、看看电影、打打球、读读书，放松身心，在堆积如山的医学课本中寻找共同的灵感，体验爱情的乐趣。在专业课程学习上他们相互沟通，互相答疑，每逢期末考试来临，他们就会在教学楼的角落一起默默背诵医学知识，相互问答，查缺补漏，达到巩固提升的效果。两人成为彼此的“提神剂”，相互监督，他打电话叫赖床的她起床，她及时阻止他的贪玩。两人担任学生干部，在学生服务中锻炼自身综合能力，扩大交际圈，避免被“甜蜜”的爱情所禁锢。两人的性格，一个快节奏，一个慢节奏。身为男生的黄思壮性格坚毅果断，敢想敢拼，而钟灵芝则遇事冷静，思考周全，两个不同性格的人也经常争执，“争辩”没有影响两人稳定的感情，反而使彼此更加理解、适应，她适当加快脚步，他也逐渐放慢节奏。他们携手共进，奔赴未来，两人以加权成绩专业前两名的成绩荣获国家奖学金，并分别保送至北京协和医院与北京大学人民医院。

大学生谈恋爱，许多时候谈的是梦想，是未来，是对美好生活的向往，对幸福人生充满憧憬，规划计划学业事业发展。因为梦想，因为未来，因为爱情，双方下定决心，相扶相伴，砥砺前行。中山大学孙栋、徐沛琳同学因班委工作相互欣赏，彼此吸引，时常交流高中生活、未来梦想和生活兴趣。由于志趣相投，两人在密切的交集中，顺其自然走到了一起。为了幸福的未来，他俩下定决心，坚定信念，制定详细的规划，共同冲刺保研目标。他们坚持早晨 8 点前去图书馆学习，每天准时在图书馆排队入馆，被誉为“追逐晨光的学霸情侣”。每当学习焦虑的时候，他们相互鼓励，督促提醒，安抚心情，继续携手在广袤的知识海洋中遨游探索。他们针对自身感兴趣、擅长的领域方向，彼此请教、互助进步。因为爱情，一日又一日枯燥的苦读变得充满快乐与幸福。爱情就像助力器一样，推动他们持之以恒地投入到专业学习之中。学习之外，他们还积极参加社会实践活动。一场场活动、一次次志愿服务，两人曾因为“活动细节”“学术问题”的分歧而争吵，但做到“理解、支持、包容”，在不断磨合之中增进感情。针对保研面试准备，他们共同研究自我介绍、面试风格、专业理论等问题，做到未雨绸缪，有备无患。他们将“一起变得更好”作为奋斗准则，一路同行，最终保研成功，顺利直博北大。

伟大的爱情，始终是家国情怀

伟大的爱情，始终是家国情怀，将小家融入大家，将小家与国家、民族、社会的责任担当结合在一起，当代大学生从老一辈的革命家、科学家的爱情美谈之中，可以得到教育和启发。钱三强、何泽慧夫妇二人被西方称为“中国的居里夫妇”，他们曾经是物理系的“同班同学”，也是清华园的“金童玉女”。为了“将日本侵略者打回日本”的共同理想，毕业后两人选择结合自身特长出国留学，学习外国前沿先进理论和技术。1945 年，国内抗战胜利的曙光在望，钱三强向心仪已久的“老同学”发出一份简约至极的求婚信：“经长期通信，向你提出求婚。如同意，我将等你一同回国，请回信。”何泽慧以同样简练的风格答复：“感谢你的爱情。我将对你永远忠诚。等我们见面后一同回国。”结婚后，已经在德国做过两年核物理研究的何泽慧，顺利进入了巴黎大学居里实验室，与钱三强成为同事。1948 年，钱三强与何泽慧怀着报国之心，放弃在法国的优越生活，毅然回国。1955 年，国家决定发展核力量后，钱三强成为规划的制定人，其后，夫妻俩共同参与了有关单位的组建。1960 年，钱三强担任技术总负责人、总设计师，直接负责原子弹研究的技术攻关，并为氢弹研制作理论准备，氢弹研发时，其中一个重要的数据由夫人何泽慧带人在实验室完成验证。我国原子核事业的发展，凝结着钱三强夫妇的智慧与心血，也见证了他们清淡如水却又矢志不渝的爱情，他们为我国原子核的事业奉献自己，执子之手，与子偕老，终其一生。

甘祖昌与龚全珍的爱情一直受后人称颂。“将军农民”甘祖昌，1957 年带领全家从新疆回到江西省莲花县老家当农民，他的夫人龚全珍是一位知识分子，跟随甘将军返乡扎根贫苦山区，投身教育事业，被习近平总书记亲切地称为“老阿姨”。1953年，饱受战火和岁月磨难的甘祖昌与龚全珍以革命为媒，成为相守一生的同志伴侣，在新疆工作时期，甘祖昌因遭敌特分子暗算导致产生脑震荡后遗症，为不影响工作，他向组织提出辞职，回乡务农，带着全家老少回到家乡沿背村当农民。回家才两天，甘祖昌就领着子女下地干活，亲自下田，用双手一抔一抔捞烂泥，带领乡亲们把200多亩冬水田改造成了良田；面对荒山，他动员大家撒石灰、盐巴，烧茅草、烟叶秆，再堆上烟囱里的黑灰，出工钱、出材料，改变土壤酸碱性，把“光头山”变成了“丰收岭”。他一生艰苦朴素，但对人民群众却非常慷慨，国家发给他的工资，也被他当作“集体财产”，几乎全部用于为家乡修水利、办工厂、慰问军烈家属和扶贫济困上。龚全珍响应丈夫号召，全心全意投入教育事业，通过教书育人的方式，和丈夫一样实现了为乡亲服务的愿望。甘将军离世后，龚全珍牢记丈夫的嘱托与两人毕生的理想，积极开展革命传统教育和理想信念教育，倾力捐资助学、扶贫济困，开办“龚全珍工作室”服务社区、服务群众。

大学生谈恋爱、谈理想、谈未来，这是美丽的青春风景，是美好的成长回忆，也是人生奋斗的必修课。真正的爱情，不会因为相隔千里而感到遥远，心中装着对方，虽在远方，却近在眼前。真正的爱情不会因为一时的离别而感到孤单。念念不忘，必有回响，只要真心相爱，就能始终形影相随，心心相印。真的爱情不会因为生活的苟且而感到迷茫，两人志同道合，为了家国情怀，为了崇高的理想一起奋斗，人生就有了意义。集美大学何竞杰和福州理工学院石子妤，两人的院校一个在厦门，一个在福州，两地相距将近300千米，但“异地”并未影响两人坚定的爱情。每逢节假日，他们便会一起去旅行，领略不同的风土文化。

为了保证身体素质较弱的石子妤能够顺利参军，平时稍微有点懒散的何竞杰一改往常作风，每天早上6点准时打电话叫醒她一起锻炼，同时他也暗暗地确立了“追随女朋友的步伐参军入伍”的目标。功夫不负有心人，经过层层选拔，两人双双入伍，走进军营一同穿上了世界上最美的迷彩服“情侣装”。入伍后，两人的距离由300千米变为了1 000千米，他们坚定信念，确立了“安心服役当个好兵，互相鼓励守护幸福”的目标。在部队中，两人在体能、兵种技能方面加强训练，在思想上相互鼓励，在励志为了共同“戍国卫边”的国防梦拼搏奋斗。他们不能打电话，只能通过微信表达对彼此的想念，既有鼓励的语音和缓解焦虑的趣闻趣事，也有表达思念的手写信，让人心中倍感温暖，充满力量，更加坚定保家卫国的信念。

甜蜜的爱情令人羡慕，有崇高理想的爱情，更令人激动和感动。青年大学生正处于读书学习的黄金时期，也是交友恋爱的机遇期，男女同学有缘成为恋人，将给学习生活带来精彩和惊喜，同时也增添一份责任。这份责任就是将爱情与事业结合在一起，让事业成为爱情的灯塔。清华大学刘志赢、覃若琳同学步入“清华门”不久，在一次参加学校志愿服务活动之中，偶然相遇，彼此留下深刻的印象，并保持联系交流。从小向往军营与大海的覃若琳，有着一个“海防梦”，因此十分佩服身为清华国防生的刘志赢，时常主动请教交流。相同的志向和兴趣，让两人的心越走越近，成为一对“清华情侣”。在刘志赢鼓励与指导下，覃若琳铆足了劲儿加强体能训练，扎实提升综合素质，郑重向驻校后备军官选培办递交了选拔国防生申请书，并顺利通过。两人携手许下“去海军书写人生，将事业与爱情之花继续绽放在大海，为祖国海防建设贡献青春力量”的爱情誓言。他们共同选择到海军大连舰艇学院，继续攻读硕士研究生。毕业后，刘志赢和覃若琳如愿分配到东部战区海军某驱逐舰支队，开启了逐梦深蓝的新征程。初上舰时，高强度的战备训练给刘志赢和覃若琳带来挑战，但他们扎根海疆、建功大洋的信念与决心没有丝毫动摇。从舰艇最基层的岗位干起，他们一心一意钻业务、强技能，不断超越自己。他们因过硬的军政素质，双双被支队表彰为“四有”优秀军官，相继成长为海军某舰副对空作战长和某舰副航海长。

总之，希望同学们能够做到：

1. 理性客观认识爱。感情应该是志同道合的灵魂相互吸引进而产生的一种关系，要端正正确的“恋爱观”“交友观”，不过度以物质为前提。无论是友情还是爱情，都要遵循平等自愿的原则。双向的欣赏与奔赴才是爱的最佳状态，应该在友情或爱情里得到更多快乐和自信，同时也要保持直面情感挫折的勇气和能力。

2. 恋爱交友要保持积极乐观的心态，在友情和爱情中获得更多幸福感，要乐交诤友，要具备听取逆耳忠言的肚量和知错必改的勇气，珍惜敢于批评帮助自己的朋友。要以包容的态度来对待差异，克服嫉妒、自私、占有欲等不良情绪，提升爱的感知力。

3. 好的友情和爱情要相互鼓励、相互支持、相互引导，共同进步，使人成长为更优秀的自己。要正确处理好恋爱、交友、学业、生活之间的关系，保证学业的首要地位不动摇。朋友、恋人之间可以设立共同的目标，相互帮助，共同提升，让情感成为促进学习的动力，在努力的过程中也让情感得到巩固和升华。

4. 将“个人理想”融入交友恋爱，彼此之间为了共同的理想，携手奋斗向未来。要将个人理想紧紧结合“中华民族伟大复兴中国梦”，在正确的爱情观、友情观的调动下，将责任担当与青春奋斗有机结合，将个人情感发展、理想目标融入祖国建设和社会发展的洪流之中。

5. 坚持同情心、同理心、同进步。朋友难免遇到很多的挫折和难题，要具备同情心，及时给予帮助，给予关心；朋友之间难免会遇到各种各样的摩擦，每一个人应具备一颗理解包容的同理心，真诚对待每个人，求同存异；一起参加比赛、社团活动、知识讲座，一起切磋交流学习心得，一起努力成为更好的个人，具备同进步的心态，促进友谊的小船牢固不翻。

6. 朋友之间、情侣之间要坚持同心同德，心往一处想，劲往一处使。来自五湖四海的朋友，要志同道合，围绕共同的理想目标，万众一心，协调配合，攻坚克难；要群策群力，发挥各自的长处和优势，互相出点子、想主意、谋推进，最终实现共同的目标。

7. 相遇是一份缘，相知是一首歌，相爱是一生情，恋爱要专一，向往“执子之手，与子偕老”，不过度以物质为基础，为了未来幸福的“小家庭”努力奋斗，彼此携手，相濡以沫，心心相印，风雨同舟。

8. 当代大学生要心怀感恩，珍惜身边出现的每一个人，好好珍惜友人与爱人，要学会换位思考，彼此理解，彼此支持。要保持初心，不要让岁月流逝、地位变迁、名利境遇改变真挚的友情、爱情。

第六讲　创新创业之路

青年大学生是社会上最富活力、最具创造力的群体，理应走在新时代创新创业前列。

习近平总书记多次勉励大学生要敢于做先锋，不做过客、当看客，让创新成为青春远航的动力，让创业成为青春搏击的能量，让青春年华在为国家、为人民的奉献中焕发出绚丽光彩。①

2013 年 11 月 4 日，习近平总书记调研中南大学时强调，我国经济发展要突破瓶颈、解决深层次矛盾和问题，根本出路在于创新，关键是要靠科技力量。要充分发挥高校人才荟萃、学科齐全、思想活跃、基础雄厚的优势，面向经济建设主战场，面向民生建设大领域，加强科学研究工作，加大科技创新力度，努力形成更多更先进的创新成果。②

2017 年 8 月 15 日，习近平总书记在给第三届中国"互联网+"大学生创新创业大赛青年学生的回信中，鼓励青年大学生扎根中国大地了解国情民情，在创新创业中增长智慧才干，在艰苦奋斗中锤炼意志品质，在亿万人民为实现中国梦而进行的伟大奋斗中实现人生价值，用青春书写无愧于时代、无愧于历史的华彩篇章。习近平总书记指出，广大青年要牢记"空谈误国、实干

---

① 《习近平：在知识分子、劳动模范、青年代表座谈会上的讲话》，《人民日报》2016 年 4 月 30 日。

② 《习近平在湖南考察时强调　深化改革开放推进创新驱动　实现全年经济社会发展目标》，《光明日报》2013 年 11 月 6 日。

兴邦”，立足本职、埋头苦干，从自身做起，从点滴做起，用勤劳的双手、一流的业绩成就属于自己的人生精彩；要勇于创业、敢闯敢干，努力在改革开放中闯新路、创新业，不断开辟事业发展新天地。①

2022年10月16日，习近平总书记在党的二十大报告上强调：加强企业主导的产学研深度融合，强化目标导向，提高科技成果转化和产业化水平。强化企业科技创新主体地位，发挥科技型骨干企业引领支撑作用，营造有利于科技型中小微企业成长的良好环境，推动创新链产业链资金链人才链深度融合。支持中小微企业发展。优化民营企业发展环境，依法保护民营企业产权和企业家权益，促进民营经济发展壮大。完善中国特色现代企业制度，弘扬企业家精神，加快建设世界一流企业。他指出，教育、科技、人才是全面建设社会主义现代化国家的基础性、战略性支撑。必须坚持科技是第一生产力、人才是第一资源、创新是第一动力，深入实施科教兴国战略、人才强国战略、创新驱动发展战略，开辟发展新领域新赛道，不断塑造发展新动能新优势。坚持创新在我国现代化建设全局中的核心地位，培育创新文化，弘扬科学家精神，涵养优良学风，营造创新氛围。扩大国际科技交流合作，加强国际化科研环境建设，形成具有全球竞争力的开放创新生态。②

为促进大学生创新创业，国家相关部委高度重视，出台一系列政策措施。2015年1月7日，团中央印发《关于高校共青团积极促进大学生创业工作的实施意见》要求，在党中央、国务院

---

① 《习近平总书记给第三届中国“互联网＋”大学生创新创业大赛“青年红色筑梦之旅”的大学生的回信》，《光明日报》2017年8月15日。

② 《中国共产党第二十次全国代表大会在京开幕　习近平代表第十九届中央委员会向大会作报告》，《人民日报》2022年10月17日。

关于大力促进大学生创业工作有关精神的指引下，坚持育人为本，坚持协同推进，充分发挥高校共青团在组织动员、资源整合、载体搭建、氛围营造等方面的工作优势，立足于创业意识培养、创业能力提升、创业实践锻炼等工作内容，建立健全高校共青团促进大学生创业工作体系，推动大学生勇于创新创业，努力造就大众创业、万众创新的生力军。2018 年 8 月 15 日，教育部在致大学生创新创业大赛全体学生的信中指出，大学生应在创新创业实践中，练就敢闯会创的过硬本领，把时代的召唤、创新的力量、青春的活力注入广袤的中华大地。2021 年 9 月 22 日，国务院印发《关于进一步支持大学生创新创业的指导意见》，为进一步推动大学生创新创业提供政策保障。

从初心出发，为什么创新创业

创业如同一次长途旅行，出发之前，先问问内心，我为什么要走向远方？是为了美好的风景，还是为美丽的姑娘？青年时代，正是树立理想抱负的时候，正是规划人生、选择职业的阶段，我们要时常问一问自己，我到底要什么？要过怎样的生活。想通了，选择创业奋斗，再苦也不觉得苦，再累也不觉得累，因为我热爱、我喜欢、我愿意。中国传媒大学陈桦同学在大学将要毕业的时候，思考了很多就业问题，认真审视今后自己想要的生活，决定自主创业。她凭借艺术和传媒专业背景，创办青年社交线上平台，研发新产品新业态，并做到工作生活化、生活工作化，每天工作 12 个小时以上，累并快乐着。功到自然成。经过不懈努力和探索，她的产品及服务逐渐获得市场的认可，成为国内调性最好的新生代娱乐社交 App，尤其是其中的互动体验模式，能够帮助用户提升价值，影响吸引大批的 90 后、00 后用户，推动全民娱乐及社交方式创新。作为中国 90 后娱乐社交平台创办者的代表，她成功入选了美国知名财经媒体福布斯发布的亚洲地区 30 位 30 岁以下商业领袖（Forbes 30 Under 30 Asia）榜单。

创业需要激情，但不需要一时冲动。凡事应三思而行，才能行稳致远。大学生决定创业之前，要冷静地问一问自己：我为什么要创业？我的方向在哪里？我准备好了没有？我有哪些资源条件？如果失败了怎么办？认真地把这些问题想明白、搞清楚了，那么我们的创业信心将进一步坚定和倍增。首都经济贸易大学张帆同学在大一下学期，创办了一个市场营销类社团，在“生产—市场—消费”的实践锻炼之中，一颗创业的种子默默地在他心中萌芽生根。针对外卖产品偶尔发生的食品安全问题，他决定推广销售绿色健康芽苗菜。起先，他加入了 CUEB＋首经贸创客社区创客实验室，学习创业基本知识，强化创业思维训练。然后，他借助学校给予的场地支持，在校园宣传推介，提高师生对芽苗菜的认知。接着，他组织专业化销售团队，建立公众号和微店平台，采取线上线下相结合的方式，逐渐扩大芽苗菜销售量，并从校内卖向校外，让更多的居民品尝到绿色健康的芽苗菜。从此，他的创业走上稳步发展的轨道。

创业需要情怀而且要能持久燃烧。这种情怀，可能源于我们的成长经历，可能源于我们对社会的观察体验，可能源于我们对时代的思考探索，可能源于我们对人生理想的追求，可能源于我们肩负的社会担当。这种情怀，如同一把火炬，在内心之中越烧越旺，从而转化为创业的激情热情，激励我们勇敢地迈出第一步。首都经济贸易大学张龙同学从小就受到爷爷的影响，在心里种下了“手握钢枪、保卫家国”的心愿种子。大学期间，他选择报名参军，以在大学生身份入伍。在军营中，他感受到了责任与担当，也体会了同甘共苦、生死与共的战友情谊。退伍前，他发现很多战友都为退伍后的出路发愁，像他这样退伍后还能够重返校园读书的情况并不多见。于是，他打算通过实施自己的创业实践计划，助力解决退伍军人就业难的问题。经过认真调研和思考，他与几个战友合作开办了一个青少年军事体验营。经过半年的努力，他们谈成了一个大项目，签约了 30 多家中小学校，提供学生社会实践教育基地。他说，尽管公益创业挣不到很多钱，但所做的事情却对社会发展很有意义，希望以创业基地为平台，采取军事教育实践的形式，使青少年增强体质、锻炼意志、茁壮成长，积极贡献青春力量。

大学时代，同学们的主要任务是学习，创业创新是大学教育的课程之一，我们要处理好创业与学业的关系，合理安排好两者的时间，不能顾此失彼。作为学生，首先要抓好学习，成绩不能落伍，课程不能挂科。在此基础上，将创业作为学以致用的途径，作为理论联系实际的桥梁，在实践中检验所学所能。广州大学叶梓雯同学初入大学，就把“十佳学生”当成自己学习的目标，经过四年的努力，她的平均绩点达到了 4.39，平均综测成绩 96.03，荣获国家奖学金并取得暨南大学的保研资格。学习之余，她将创新创业与志愿服务结合起来，加入了学生“绿益环保”社团，希望通过公益行动实现自我价值。之后，她成立了“追梦者”支教团队，远赴清远开展筑梦之旅。2017 年，她与朋友又成立了广州日晞教育咨询有限公司，并担任副总裁，延续“追梦者”公益理念，为山区孩子带来未来的“曙光”。通过参加创新创业大赛、市场调研、客户服务等途径，她的创业项目赢得了投资人的青睐支持。

从需求入手，找准创新创业方向

校园创业要面向同学们的需求，包括学习需要、生活需要、交友需要、成长需要，等等，开展深入细致的调查研究，找准创业方向和路径，专注一个领域，持久地做深做细，做出影响，做出品牌。杭州电子科技大学冯林源同学平时注重细节观察和思考，针对大学生交流交往的需求日益扩大的趋势，他发现新媒体领域的“商机”，联合朋友，成立团队，创办“口袋杭电”微信公众号平台。他的创业初衷是帮助同学们节省时间，帮助学生走出校外参与活动，拓宽青年交往交流视野。不久，“口袋杭电”推出的预约送水服务“刷水”功能，顿时刷爆朋友圈，当晚便收获了5 000名粉丝，随后又被资本青睐，获得了200万元的投资，很快“口袋杭电”推广到其他高校。创业过程中，他善于总结经验，专注于小而美的应用，持续开发“卖室友”“早起打卡”“弹幕互动”等应用小程序，已在4 000多个高校微信平台开启使用。他先后荣获浙江省第二届“互联网+”大学生创新创业大赛银奖、第八届浙江省大学生职业生涯规划与创业大赛本研组创业实践类一等奖。

树立机遇意识，培养发现机遇的眼光，提高抓住机遇的能力。这是创新创业者应具备的素质。机遇无处不在，但是大多数人往往是日用而不察。人与人的差别，在于面对色彩缤纷的世界，面对错综复杂的社会，面对时代发展趋势和稍纵即逝的机遇，你是否能看到？你是否有本事抓住？时时有机遇，处处皆学问。商机不仅只停留在商店里，同样存在于校园之中，有需求就有市场。从解决人们的痛点问题和幸福需求入手，我们可以找到开启商机的钥匙。出生于山村的广州大学谭品财同学是村里第二个大学生。本科学习阶段，他刻苦学习，探索实验，发挥自身理科创新能力较强的优势，积极参与各类物理、数学、工程等专业设计大赛，荣获27项国家级、市级奖项，积累了丰富的创新实践及团队协作经验，并希望有朝一日能够将这些创新成果应用于实际生活，为提高师生的学习工作质量积极作出贡献。他从校园人们匆匆的脚步之中，发现以单车代步的商机，于是与十几家单车店铺签订合作协议，与朋友合作租卖自行车，极大地便利师生出行，也带来较好的资金回报。通过“小创业”，他实现经济独立，大学期间未向家里要过一分钱。他还结合自身的成长经历，主动与家庭贫困的学子交流，传授创业创新经验，他们树立自信心，走上自强自主道路。

随着平台经济兴起，快递行业的业态发生了根本的变化，过去以中国邮政为主渠道，现在顺丰、京东等崛起，快递小哥在人们日常生活之中发挥重要的作用。大学校园、居民小区是快递业的集结地，这些地方人多物流多，有商机，潜力大。有需求就有市场，有市场就有生意。如果能看到这点，就找到创业的方向，从需求入手，从简单开始，从近处发力，不断创新发展壮大。上海应用技术大学段瑞同学大一时，他通过兼职和辛勤努力解决了读书期间的生活费用问题，没有向父母要钱。大二时，他开始接触快递行业，并认识到电商物流快速发展的趋势。于是，他和团队成员创办了学校快递共同配送服务站，统一管理校内快递。他每日六点起床，来往在公司与公司、小区与小区之间。天道酬勤，他们的项目《高校快递 24H 智能自助平台》获得了校创业基金项目支持立项，同时获得上海市大学生创业基金 20 万元支持。随后，他们注册了上海宝校信息科技有限公司，申请了“校邮宝”品牌，并与各个品牌公司加强合作，成功解决了居民收取快递时的诸多不便，实现经济效益和社会效益的双丰收。

一方水土养一方人，一方水土有一方水土的文脉。以文化传承、文明传播、文艺创作为途径，探索切合市场实际的商业模式，满足人们的精神需求和文化消费，这是很好的创业实践。大学期间，华南理工大学司徒汝盈同学在和一位商业顾问的交谈中与广绣结缘，她希望为中华民族优秀传统文艺的复兴贡献青春力量。她深入调研，几经辗转，到广绣的发源地，走访广绣大师、金针绣法的创始人，请教广绣历史文化知识，学习制作技艺。针对广绣现状及发展趋势，她积极探索创业模式，联系媒体进行广泛宣传，提升品牌影响力，拓宽市场渠道；她组织专家团队，创作广绣主题微电影，普及广绣知识艺术，让广绣进入千家万户；她加强与区域咖啡厅、书店合作，将广绣作品在店中寄卖，推进文化产业融合，大幅提高广绣销量；她以发展广绣创意文化产品为方向，以校企合作为抓手，在大学生和都市白领群体开展广绣技艺趣味化、艺术化教学，探索广绣发展的新路子，形成具有广州特色的文化产业链。

利用政策平台，积极探索创新创业路径

近年来，国家和地方出台了一系列促进大学生创新创业的政策措施。公共政策不仅是支持措施，更是指导行业发展的方向标。我们做事，要做顺潮流、正方向的事情，不要做逆潮流、反方向的事情。作为一名创业大学生，要把学政策、懂政策、用政策作为基本素质，并结合自身实际，找准创业的切入点，利用好政策红利，为今后创业开好头、起好步。江苏第二师范学院赵翔同学在学习之余，时常关注相关创业政策，并以政策为导向，科学策划个人创业项目，有计划地在不同时间节点进行尝试。比如在新生入学时，他协助学生社团宣传推介学习生活用品；在教师节期间，他到图书馆门前售卖盆栽等礼品。由于自身阅历经验不足，他创业屡受挫折，但他不畏艰难，勇往直前。在大三时，他通过对国家新政策的深入研究，敏锐抓住互联网电商直播带货的机遇，成立了自己的公司，借助微信公众号和淘宝店，一下子打开市场，初步实现创业梦想。接着，他借助创业项目，积极报名参加江苏

省“创青春”大学生创业大赛，并荣获铜奖。

中国“互联网+”大学生创新创业大赛等赛事活动，是为广大大学生创新创业提供展现才华的舞台，也是促进高校学子高质量创业的有效途径。同学们通过积极参赛，锚定创业方向，策划创业项目，组建创业团队，激发创业热情，全过程、全方位地学习实践现代商业逻辑，为再创业、持续创业打下坚实基础。首都经济贸易大学朱昱琳同学大一、大二连续两年专业学习总成绩都位居班级第一名，获得了学校学习优秀奖学金和优秀学生干部等荣誉，是同学眼中不折不扣的“学霸”。起初，她对创业没有深入了解，后来经学校推荐，报名参加中国“互联网+”大学生创新创业大赛，与小伙伴们一起策划项目，一起撰写商业计划书，一起彩排路演，内心的创业激情一下子被点燃起来。经过团队努力，她们获得了创新创业大赛三等奖，积累了一定经验。为推动自身创业再上新台阶，体验积累人生阅历，她随后成立了公司，亲自征战市场，不辞辛苦与客户洽谈商务，以青春的闯劲和诚信的服务，赢得了众多客户的“大拇指”，取得良好的经营业绩。

敢问路在何方？路在脚下。作为新时代的青年学子，在学好科学技术知识的同时，还要具有历史思维、文化情怀和世界眼光，以虚心的态度、宽广的胸怀学习吸收一切优秀文明成果，在文化的交流融汇之中，坚持文化自信，提升文化价值，转化为创新创业的灵感源泉。湖北大学李莹莹同学儿时便和“文化”结下了“不解之缘”，她出生于历史文化名城开封，同时酷爱研究中华优秀传统文化，以优异的成绩考入湖北大学国际文化交流专业。大学期间，她去过印度、土耳其留学学习。大学毕业后，她通过层层选拔，赴巴西圣保罗孔子学院担任汉语教师志愿者，并重新思考自己的人生方向。中外文化的交融，触发她内心创业的萌动，并基于在对外交流、文化传播等领域的背景和工作经验，她创办了“莹响力”网络交流平台，在全球范围内寻觅并筛选具有跨文化背景的优秀人才，通过全球联动和深度孵化，开展中外英才思想交流与商务合作，取得显著的业绩。她在 2018 年度全美华裔“30 位 30 岁以下优秀创业者”（AACYF 30 under 30）评选上，荣获时尚、传媒类杰出创业者称号，被人民网、中国新闻网等多家媒体争相报道。

对于创业者来说，除了激情、初心、人才、资金、市场、政策、平台等要素之外，技术和信用是创业成功的重要支撑。大学生创业，探索产学研协同创新、校企合作的途径，可以加快技术成果转化利用，提高市场竞争力。同时讲诚信、守信用、保质量，必将赢得同行的尊重和客户的认可。浙江海洋大学王小军同学大学四年坚持学以致用，将论文写在池塘中，他参加导师的泥鳅养殖研究团队，突破了泥鳅苗开口饵料技术、敌害防控技术等一系列制约行业发展的技术难关，将泥鳅幼苗培育成活率从 5%～10%提到了 55%以上，并将繁育成本降低了 60%。为加快技术成果转化应用，他决定在科研项目的基础上进行创业，并向亲戚朋友筹措 10 多万元开办了公司，将“为养殖户提供最优质的苗种，提供最优质的服务”作为经营宗旨，要求对每批泥鳅苗必须经过严格的质量检测，合格之后才能对外出售。有一次，一批泥鳅苗质量没有达到标准，王小军团队坚决不以次充好，损失了几万元。他们的主动担当让客户十分感动，也带来良好的社会口碑，赢得行业的尊重信任，许多家养殖场主动上门洽谈，希望签订技术推广合作关系。过后不久，订单如雪片一样飞来。

创新创业需要一股子劲，敢闯敢试敢拼

初生牛犊不怕虎，自古英雄出少年。青年是社会之中最具有生气、最有闯劲、最少保守思想的群体，是一支改变客观世界、

推动社会进步的有生力量。创新创业就需要一股子劲，不怕难、不怕苦，敢于迎接挑战，敢于战胜困难，敢于超越前人，敢于突破自我。科技创新是全球竞争中的“战略高地”。当清华大学王世栋同学打算涉足3D打印的时候，国际上已经有3D Systems和Stratasys等巨头企业。这些企业较早地就将专利申请下来，拥有潜在的核心竞争力。为了突破国际巨头的技术垄断，他仔细地对国内外3D打印技术进行对比和研究，怀着初生牛犊不怕虎的精神，以Prusa i3开源机型为基础起点，着手开展多项创新改进。经过一路披荆斩棘，他们终于研发出的第一代桌面级3D打印机，打印质量达到了国际顶尖水平。创业不到两年，他和他的团队取得一系列3D打印技术领域的丰硕成果，申请获得14项专利。有一次，扎克伯格来到中国，当他在清华大学见到这位名叫王世栋的同学时，扎克伯格用中文连夸“很厉害”。

青春是用来奋斗的，有奋斗就有成功，也会有失败。无论成功还是失败，这些经历都是人生的宝贵财富。当我们年老之后，回想起年轻时走过的路，必定心潮澎湃，久久难以忘怀。青年人立志于奋斗的人生，就要具有敢试敢闯的精神。世上没有十拿九稳、十全十美的绝对事情。我们试一试，闯一闯，说不定可以闯出一条道路出来。创业很多时候更像是一场冒险。山东潍坊学院吴超同学喜欢冒险，从决定走上创业这条路，他就想要闯出个名堂来。说干就干，在短短十几天内，他完成了创业调研、创建团队、申请立项等事项，以个人的行动力调动团队的创业热情。一路走来，有过质疑，有过嘲讽。尤其在刚开始创业的时候，连家里人都不支持，他只好四处兼职筹措资金，购买设备机器，参加技术培训，为创业走出重要的一步。在创业资金困难的时刻，他每天来回奔波，与欠款客户加强沟通谈判，最终使资金回笼，使项目正常运转。他说，创业带给自己最大的成长体会，就是敢于尝试他人不敢去做的事情，勇于坚持走过最难熬的时光，能够忍耐孤独无助的痛苦，珍惜并肩战斗的团队友谊，最终实现人生价值。

一个人在成长过程中，将会遇到一些“偶然”，往往由于这突如其来的偶然，让我们萌发初心，进入一条崭新的赛道，或者走向更加适合自己的人生道路。几年的大学生活，我们也会遇到类似的机缘，如同一颗种子埋在土壤里，在阳光雨露的照耀滋润下，逐渐生根发芽，茁壮成长为一棵树苗，随着时光流逝，将会有一天，长成一棵参天大树，挺拔茂盛，撑起一片天空。中国矿业大学冉蒙同学大二的时候，经老师推荐，成为中央电视台的一名实习生。这个契机，让她有机会参加一个创业项目的采访。她在这个过程中，既有压力挑战，又有经验积累，同时萌发了创业的初心。实习结束后，她根据自己的爱好和专业建立起“REMO视觉”工作室，面对资金、人力、器材、宣传等创业途中遇到的难题，她咬紧牙关凭借过硬的技术水平和良好的协调能力，一个一个地解决，并凭借信誉逐渐吸引了大量客户，使工作室运营步入了正轨，同时在首届“我为矿大代言”模拟招生宣讲大赛中取得优秀成绩。

武汉工程大学李升锐同学创立“橘子皮”也是一个偶然。他在创业初期考虑到学校还没有这样的团队，勇于去尝试，于是开始开发校园文化产品。和一群兴趣相投的同学，共同策划一个文创产品项目，弘扬生态文明理念，这是多么有意义的事情啊，这样的创业念头让他即刻行动起来。面对陌生的市场，产品的推广宣传是第一大难题。在学校和老师的帮助下，他创新的一些有关橘子皮的小程序逐渐在同学之间传播开来，创业项目取得初步成效。他以此为契机积极参与公益服务活动。2018年1月份的手绘落叶公益活动取得了非常好的反响，经过收集落叶、加工压平处理、准备绘画工具和召集志愿者等环节，活动最终义卖2 000多元，他将这些款捐给了孤儿院。从感兴趣到热爱，再到献身公益，他深入思考，勇于创新，用青春的奋斗和热爱，书写了大学生创业的绚丽华章。

格局有多大，事业就有多大

一个人，格局有多大，事业就有多大。所谓大格局，简而言之，就是胸怀天下，心系大众。做人做事，不仅想到自己，更要利及他人。大学生创新创业的过程，也是做人做事做格局的过程。只有处理好“小我”与“大我”的关系，兼顾利益与公益并协调，那么我们的创业之路将越走越宽。2012 年，黄冈师范学院张力铭同学接触到了世界最先进的视光学理念，并萌发了自己创业的梦想。在创业初期，他认真学习调研，将学习到的专业知识，创新运用到实践中去，成功开创眼健康管理模式，并融资 150 万元，建立起一个视觉训练为主的特色门店，为大众提供精准眼健康服务。为提高产品服务质量，他接着引进先进设备技术，将眼视光与数字化结合，采取眼健康排查、专业配镜、眼镜保险、售后服务等一条龙贴心服务措施，促进消费升级，实现业绩持续攀升。富而思源，富而思进。他十分关心、支持公益活动，免费为留守儿童检查眼睛，赞助支持预防孩子近视等。从小我走向大我，将实现个人价值与社会价值结合起来。

创业带动就业，创新创造价值。青年是时代发展最敏感的晴雨表。换一句话说，青年对时代发展趋势十分敏感。大学生创业，既要有一双慧眼，能够看到和把握时代潮流和国家需要，大胆创新，敢为人先，勇于突破；又要有一个嗅觉灵敏的鼻子，发现当下的市场需求和巨大商机，运用新技术、新业态、新模式优化产品服务，实现经济效益与社会效益的同步提升。临近期末，浙江农林大学程星星同学偶然看到同学们排队打印的火热现象，有的要打印期末复习资料，有的要打印课程作业和论文。她还细心观察到，虽然打印市场需求大，但是利润却不高，很多同学只打印几页资料，加上人工成本，利润是十分微薄的。为解决学生打印难的问题，她对全国 20 多个省市的 300 余所高校进行了调研，发现了问题的症结：一是打印时间受限、排队较长，传统的打印服务需要使用 U 盘等方式传输文件，增加了电脑被病毒感染的风险，而且电脑是公用的，同学们的个人信息安全得不到保障。二是缺少高效的学习资料分享渠道，同学们考公、考研等需要大量的学习资料，有时还需要跨年级、跨专业、跨院校的相关学习资料，但是目前高校里并没有一个统一规范的资料分享途径。于是，程星星找准时机，利用自己的积蓄和父母的赞助，成立了自己的公司。他们成功研发校园云打印设备，提供云打印解决方案，让同学们随时可以在线上打印，免去排队等诸多麻烦，同时还能够高效地进行学习资料分享。

创业，在局外人看来，好奇、好玩、好热闹。创业了，才知道创业很苦、很累、很艰难。俗话说，梨子是甜的还是苦的，尝过之后才知道。创业的道理同样如此，没有经过“九死一生”的创业经历，就不知道创业的辛苦。大学生创业，既要打理“生意”，又要兼顾学习。像陀螺一样，转个不停。所以说，创业如修行，受得了这样的苦，才能享得了这份福。武汉科技大学郑飞同学初入大学，他利用课余兼职来充实自己，不久萌生创业的想法。在大二时，他瞒着家里人接手了一家轰趴馆企业的股份，“入局”之后，他感受到了创业的艰辛。他每天白天在学校上课，晚上趁着空闲时间去轰趴馆打理生意，要忙到较晚才能回到寝室，往往累得倒头就睡。为了吸引客人流量，他使出浑身招数，风里来、雨里去，深入青年社区，广泛宣传推介，经过一番拼搏，轰趴馆的生意才慢慢好了起来。大二下学期，轰趴馆每月的收入已让郑飞经济独立，他不再向家里要钱，但他不自满，永远牢记当初吃过的苦。大三学期，他又发现一些驾校车少人多的商机，于是决定开发一个小程序来解决这个问题。这个小程序入驻几个驾校之后，即刻成为名副其实的驾考助手。

创业如同其他事业一样，前进道路上不可能一帆风顺，遇到挑战、遭受挫折是必然的。有时候，把事情想得糟糕些，到头来可能会主动些，即使出现更加严重的情况，也会坦然处之，行动上能积极应对，不至于惊慌失措。作为新时代的青年创客，要展现自信自强、刚健有为的精神风貌，在创新创业路上，经得起风雨、受得住委屈、扛得了摔打。首都经济贸易大学王其莘同学通过参加学校举办的就业和求职类讲座，对创业产生浓厚兴趣。他决定创建一个大学生职业发展联盟，为大学生的人生规划提供帮助和指导。创业初期，他通过家教途径助力部分学生找到成长方向，并通过他们口口相传，逐步培育打造出服务品牌。接着，他根据学生不同的需求情况，一对一地精准制定具体的辅导方案，经过悉心周到服务，学生的成绩、表现出人意料地超过预期目标，受到家长们大力赞赏。在初创顺利的鼓舞下，他注册成立公司，没想到受到外部市场环境的影响，业务量大幅减少，公司处于亏本的状态，启动资金基本被耗尽。但是他不放弃、不气馁，及时调整创业方向，投向新的市场项目，重新获得投资人的支持，通过奋力拼搏，最终他带领企业走出困境。

高校创新创业的目标，是为学生创造发展的平台和机会，培养一大批具有首创精神和创业能力、既有梦想又肯实干的时代新人，他们能够创造性改变现状，适应社会发展大趋势，大胆创新突破前进，百折不挠地将梦想变成现实。创新永无止境，创业永放光芒。总之，希望同学们能够：

1. 从生活细微处入手，充分观察生活，观察生活中的创新点、需求点，擅于抓机遇，结合自身的兴趣与热爱，设定具有科学性、可行性的目标规划，追寻人生理想。

2. 创新决胜未来，大学生要学会转变思维方式，向创业成功者取经的同时，要结合社会热点与新时代营销手段，创新设计理念与经营模式，打破传统束缚，让创业在创新中孕育生机。

3. 坚定理想信念，将个人创新创业与“伟大复兴中国梦”紧密结合起来，针对目前国家产业相对落后的领域通过科研创新，推动行业进步；针对社会目前存在教育资源不均衡、就业难等问题，探索公益性创业，实现人生价值。

4. 学会知行合一，理论联系实践，将专业理论融入创新创业，通过打破学科瓶颈，萌发创业“发展点”，通过反复的实践验证，总结现存的不足和漏洞，进行深入研究，推动创业向前发展。

5. 创业的道路上充满艰难险阻，“绊脚石”不可怕，关键是保持艰苦奋斗的态度，持之以恒去战胜艰难困苦。创造奇迹，实现梦想，离不开勤勤恳恳的付出和兢兢业业的投入，要坚定信念，吃苦耐劳，久久为功。

6. 创业过程中，要有时机意识，提前分析预见时机的到来，牢牢把握住时机，有效转化时机，学会联系与结合，化不利为有利，化寻常为不平常，化被动为主动，将客观资源转化为有利条件。

7. “单丝不成线，独木不成林”，创业过程中，要组建志同道合的团队，用共同的价值观、愿景追求、制度规矩将众人团结起来。要综合考虑个人特长优势，合理分工，人尽其才，人尽其用。

8. 在创业过程中，要秉承“诚信原则”，不可因一时利益背弃原则，做到诚信，“一诺千金”。同时要学会“见险知止”，要深入细致地调查研究，制定应急处置方案，做好日常的风险应对训练。面对风险，要坚定信心和决心，科学研判，统筹谋划，果断决策，抓早抓小抓关键，将风险消灭在萌芽状态。

第七讲　志愿服务之路

大学生发自内心积极主动地参与志愿服务，是新时代青年“牢记使命，勇于担当”的具体体现，是“奉献、友爱、互助、进步”志愿服务精神的实践弘扬，也是当代“雷锋精神”的生动写照。

党的十八大以来，党中央、国务院高度关心重视青年志愿者工作。习近平总书记两次主持中央深化改革领导小组会议，审议部署志愿服务工作，多次给青年志愿者回信，勉励青年志愿者弘扬奉献、友爱、互助、进步的志愿精神，以青春梦想、用实际行动为实现中国梦作出新的更大贡献。

2019 年 7 月 23 日，习近平总书记在致中国志愿服务联合会第二届会员代表大会的贺信中提出殷切期望，希望广大志愿者、志愿团队立足新时代、展现新作为，弘扬奉献、友爱、互助、进步的志愿精神，继续以实际行动书写新时代的雷锋故事。①

2022 年 4 月 8 日，习近平总书记在北京冬奥会、冬残奥会总结表彰大会上指出，要在全社会广泛弘扬奉献、友爱、互助、进步的志愿精神，更好发挥志愿服务的积极作用，促进社会文明进步。②

---

① 《习近平致信祝贺中国志愿服务联合会第二届会员代表大会召开强调　弘扬奉献友爱互助进步的志愿精神　以实际行动书写新时代的雷锋故事》，《光明日报》2019 年 7 月 25 日。

② 《北京冬奥会冬残奥会总结表彰大会隆重举行　习近平发表重要讲话》，《人民日报》2022 年 4 月 9 日。

2022年10月16日，习近平总书记在党的二十大报告上强调指出，把社会主义核心价值观融入法治建设、融入社会发展、融入日常生活。实施积极应对人口老龄化国家战略，优化孤寡老人服务，推动实现全体老年人享有基本养老服务。要引导、支持有意愿有能力的企业、社会组织和个人积极参与公益慈善事业，完善志愿服务制度和工作体系。[①]

党和国家高度重视志愿服务精神的建设与推进，党的十九届五中全会通过的《中共中央关于制定国民经济和社会发展第十四个五年规划和二〇三五年远景目标的建议》明确指出："提高社会文明程度要推动形成适应新时代要求的思想观念、精神风貌、文明风尚、行为规范，健全志愿服务体系，广泛开展志愿服务关爱行动。"[②] 教育部印发《学生志愿服务管理暂行办法》，进一步推进学生志愿服务工作科学化、规范化、制度化，要求学生志愿服务要遵循自愿、公益原则，学生要主动参与普及文明风尚志愿服务、送温暖献爱心志愿服务、公共秩序和赛会保障志愿服务、应急救援志愿服务以及面向特殊群体的志愿服务等，学生志愿者在志愿服务过程中要弘扬"奉献、友爱、互助、进步"的志愿精神。共青团中央制定《关于推进青年志愿服务工作改革发展的意见》，要求着力构建事业化推进青年志愿服务的工作格局，把培育、发展青年志愿服务组织作为基础性工作，充分借助互联网、社区等平台实现青年就近参与志愿服务，推动青年志愿服务法制化、规范化，确保青年志愿服务工作始终充满活力，凝聚起更多为实现中华民族伟大复兴中国梦、实现人民美好生活的向往而努

---

① 《中国共产党第二十次全国代表大会在京开幕　习近平代表第十九届中央委员会向大会作报告》，《人民日报》2022年10月17日。

② 《中共十九届五中全会在京举行》，《光明日报》2020年10月30日。

力奋斗的青春正能量。

志愿服务，顾名思义，可以理解为“志”是大志向、大格局、大境界，“愿”是发自内心的、纯粹的、主动的、自觉的思想和行动。我们为之付出一切，做到不求回报，不讲条件，不讲得失，不辞辛苦，在“服务”之中帮助他人、造福社会、升华灵魂。这些，恰恰是新时代大学生成长应该要的基本素养。

志愿服务是大学生服务社会的重要途径和方式之一

志愿服务是大学生服务社会的重要途径和方式之一。助力国家建设、经济发展、社会治理、文化繁荣、乡村振兴，需要一大批青年志愿者的力量和参与，有的是默默无闻、细水长流的岗位工作，有的是急难险重、冲锋在前的大事和大活动，等等。事无大小，件件有意义。用心用力做好一事，就是一事的价值。大学生在志愿服务一件件具体事情中，经受锻炼磨炼，不断成长成才。北京工业大学连欣康同学是北京市学生联合会驻会执行主席、北京市三好学生、北京高校优秀共产党员。他热心志愿服务，在首都新冠疫情“外防输入”的严峻形势面前，毫不犹豫挺身而出，报名参加北京市防控办第一批志愿者，为归国旅客办理手续。面对这个有一定风险的岗位，他克服心理恐惧，做好个人防护，以顽强的意志，认真细致做好每项工作，度过了紧张难忘的 13 天，累计为近 800 名入境人员办理了转接手续，参与转接密切接触者 2 人，帮助有特殊困难归国旅客 20 多人，圆满完成了各项任务。

青年大学生通过参加志愿服务活动，以及参与公益项目实践，打开了一扇扇观察社会之门，发现真实世界的样态，亲眼看见我们身边还有许多需要关心关爱的群体、弱者和困苦之人，将心比心，切身感受他们的遭遇、处境和心理需求，进而认识到，作为一个人，我们来到这世界上，不光只为自己而活着，而是要点亮自己，照耀他人，自觉崇德向善，秉承公益理念，力所能及地为社会多作贡献，这才是有意义的人生。宁波大学徐恬同学是“贵州省优秀志愿者”，她的志愿服务之路，最初源于读高中时参加的一次志愿者活动。当时她跟随老师到儿童福利院慰问，和孩子们一起玩游戏、识字母、唱儿歌，看到孩子们虽然身体有缺陷，但对幸福快乐的希望却从来没有消失。由此，她体会到，儿童是祖国的花朵，儿童更加需要浓浓的社会温情，更加需要心灵上的关怀。上大学之后，怀着关爱儿童的梦想，她和伙伴们为家乡贵州省安顺市的 20 名留守儿童，组织策划了一场公益冬令营。在当地政府的支持下，她们经历千辛万苦，最终获得圆满成功。她以此为契机，发扬志愿精神，持续开展了看护留守儿童、陪伴孤寡老人、照顾抗战老兵、组织返乡大学生服务家乡、参与爱心支教活动等，书写了一首首青春之歌。

大学生开展志愿服务，与社会上捐钱捐物等其他方式不同。大学生志愿服务最大的优势是，这一群体有知识、有文化、有热情、有情怀，具有强烈的爱国主义、社会主义、集体主义精神，能够满腔热情地为志愿服务对象，送上知识、送上文化、送上服务，用青春的理想和执着，践行社会主义核心价值观，履行社会责任。同时，志愿服务也是大学生理论联系实际，将书本知识转化为实际能力的“离合器”和“加油站”，在志愿实践之中健康茁壮成长。首都师范大学陈巍文同学先后两次赴河北阜平马兰小学开展支教活动。在支教工作中，他不仅为当地的孩子们讲授基础知识，还利用信息工程专业理论，编写计算机教材，完善设备设施，“软硬兼施”地改进教学方法，使当地的学生们便捷接受现代信息技术教育。同时，他发挥音乐特长，开设音乐课程，教孩子认谱识谱，学吹奏乐器，成立合唱小乐队，提高孩子的艺术修养。两年中，他用心用情有力，以质朴的情怀、奉献的精神和良好的素质，将论文写在支教大地上，引领大学生支教新风尚。

爱出者爱返，福往者福来。志愿服务活动同其他的公益活动一样，我们一切的善心善念善行，如同种下一颗颗善良的种子，总有一天，它们将破土而出，茁壮成长，成为一片森林，造福社会，造化风气。以志愿服务为途径，践行公益心，它会让你的心灵纯洁高尚，让你的心胸无私宽广，让你的心情愉悦快乐。投身公益事业，实践出真知，社会是舞台，它会让你变得更加优秀，更加强大起来。杭州电子科技大学金路亚同学勤勉好学，两年修完三年课程，获得多项奖项和奖学金，是同学们眼中的“学霸女神”。她心中有大爱，热心公益活动，积极参加公益实践和社会服务，以己之薄力，助人之急需，始终无怨无悔。为了方便陪伴患病儿童，她狠心将满头青丝剪去，宁愿光头，也要融入孩子们的内心世界。为了帮助视障者无障碍享受现代化生活，她加入视障陪跑员队伍，参加徒步喜马拉雅山脉公益活动，面临高原反应、体力耗费、气候异常等极限挑战，她没有停止脚步，一直陪伴视障者跑到终点。此时此刻，她望着一位位视障者轻松又快乐的样子，感到无比的自豪，觉得自己又成长了一些。

学习雷锋好榜样，传承志愿精神

学习雷锋好榜样，传承雷锋精神，做一名当代雷锋，这是新时代大学生的青春宣言。我们要像雷锋同志那样，坚持正确的道德认知，加强道德修养，投身道德实践，用真善美来充实灵魂，努力成为一名高尚纯粹的人，做一颗永不生锈的螺丝钉，在建设社会主义国家和实现伟大民族复兴的征途之中，服务人民，奉献社会。中国石油大学（华东）朱晓剑同学从小受雷锋精神的教育激励，坚持主动服务师生，像一名勘探尖兵，冲锋在前，吃苦在先，以自己实际行动，传承当代“雷锋精神”。在新冠疫情防控期间，他坚守志愿服务的初心，成为山东省济南市长清区的社区抗疫志愿者。他不顾个人安危，挨家挨户排查，连续加班加点，统计整理社会爱心人士的捐赠物资，及时分发救急物品，奔赴主要街道组织消毒、排查车辆、登记来往人员等，全身心投入到这场“人民战争”中去，在国家和人民需要的关键时刻彰显青春担当，为疫情防控注入了强大正能量，得到居民群众的一致称赞，并使越来越多的当地青年加入志愿队伍中来。

一个人的成长，离不开众人的帮助和指导。当我们长大之后，要怀着感恩之心，回报社会，自觉奉献。这种人人为我、我为人人的精神，是志愿精神的重要内容，也是社会文明程度、社会进步的标志之一。作为青年大学生，我们要将志愿精神作为提高人生修养的必修课，无论将来走多远，都不要忘记来时的路，不论将来能飞多高，都不要忘记脚下这片土地，曾经生我养我育我的地方。上海理工大学吕显云同学热心公益。上大学以来，她从身边小事做起，平时主动帮助同学解决困难，积极参加校园献血、社区防疫、医院护理等志愿活动，每周坚持到残疾人家中，为他们的子女提供学业辅导，风雨无阻。临近毕业，同学们面临读研和就业的选择。出生于四川大凉山的她，从西部深山走出来，知道西部缺少什么、需要什么。“落其实者思其树，饮其流者怀其源”。为了支持家乡的发展，为了帮助更多贫困家庭的孩子成长，她决心大学毕业后回到西部去，于是报名大学生志愿服务西部计划，期望扎根西部基层，让青春在党和人民最需要的地方绽放绚丽之花。

大学生志愿服务，要将社会需要与个人实际紧密结合起来，需要什么就做什么，适合什么就做什么。横向上，主动参加不同领域、不同岗位的志愿项目，尽己所能奉献社会；纵向上，抓住重要的时间节点，如在“雷锋月”扎实开展志愿服务，积极付出，发光发热。南京工程学院陈心怡同学是一名中共党员，2020年新冠疫情防控期间，她以志愿者身份，主动参加所在社区的抗疫工作，与社区工作人员昼夜奋战在基层一线，充分展现青年党员在关键时刻挺身而出的担当。同时，她利用多媒体平台，开设“战‘疫’”专栏，宣传广大青年抗击疫情的先进事迹，引导校园疫情防控舆论，动员更多同学参与志愿服务中来。她认为，做好党员的表率作用，就是要清楚肩负的责任与使命，努力地帮助他人，为社会多作贡献。她知行合一，积极主动地参与“敬老爱老”“雷锋月”“疫情防控”等多项志愿服务，在默默的奉献中大力弘扬志愿精神，让青春在一点一滴的小事中闪光。

共产党员是一面旗帜。学生党员在志愿服务工作中，要发挥先锋模范作用。带头服务，积极主动地参与到志愿活动中去；带头奉献，不怕苦，不怕难，不怕累，身先士卒，冲锋在前，自觉奉献；带出队伍，组织带领同学们，加强团队自身建设，培养志愿服务专门队伍，提升专业能力，传播志愿力量，推动社会文明进步。南京邮电大学王佳丽同学是一名学生党员，她学业优秀，严于律己，多次获得奖学金。她将志愿服务作为践行党员先锋模范作用的重要途径，2019年7月，她积极响应“三下乡”号召，走进国家级贫困地区湖北恩施，扎根农村基层，开展了为期15天的支教活动。2019年8月，她带队参加第十届世界大学生领袖研讨会，并以志愿者的身份，发起青年倡议，号召青年积极参与全球治理实践活动中去。2020年初，在新冠疫情期间，她带头参加“做公益家教，致敬最美逆行者”志愿活动，与驰援湖北一线的医护人员家庭结对子，为其子女提供公开课堂、学业辅导、科普教育、陪伴守护等线上公益服务。她还多次发起爱心义卖活动，主动捐款捐物，为山区儿童带去关心温暖。

祖国和人民的召唤，就是志愿服务的方向

报名参加西部计划志愿者，到祖国最需要的地方去，为祖国人民奉献青年力量，这是新时代青年的豪迈声音。青年时代是充满理想和激情的，让理想唤醒内心，让信念激发斗志，无论未来是阳光万丈，还是风雨交加，无论前方是平坦途，还是多歧路，我愿意，我选择，我奉献，我坚持，日夜兼程，砥砺前行。对外经贸大学高金雨同学看到西部计划志愿者的宣传海报，高原、蓝天、白云、历史、文化，这一幅幅画面，如同一声声远方的呼唤，她决心到最艰苦的地方历练，在最艰苦的地方奉献青春。于是，她做通父母的思想工作，经过层层选拔，只身来到西藏，从事自治区纪委办公厅文秘工作。她克服高原反应，深入实际调查研究，了解当地风土人情，较快地转变角色。不久，她调入了自治区纪委监委法规室。因为专业和语言不通，她从零学起，虚心向身边领导和同事学习，参与起草了多篇重要政策文件，牵头编写了自治区纪委监委规范性文件汇编，受到大家的一致赞扬。展望未来，她决心继续做一朵普通的格桑花，在雪域高原上，美丽绽放。

老人和儿童，这“一老一小”是社会上最需要关心关爱的两大群体。老人年纪大了，身体虚弱衰退，精神孤独寂寞，需要有人陪伴交流。儿童是祖国的花朵，是民族的未来，他们无忧无虑，天真活泼，对世界充满好奇，需要悉心养育，教导其健康成长。在这两大群体之中，孤寡老人和留守儿童，最需要关怀和照顾。大学生有知识、有文化、有热情、有心地，是志愿服务“一老一小”的合适人选。我们要积极创造机会条件，通过多种服务途径和方式，与“一老一小”心连心、手牵手。老人与大学生一起，想起自己的青春岁月，像是看到自己儿女的模样，感情是亲

切的。孩子们与大学生一起，好像见到老师和哥哥姐姐们一样，心情是快乐的，肯定是听话的。华中科技大学肖文铉同学学习成绩优秀，是国家奖学金获得者。学习之余，他主动投入志愿服务中，花许多时间精力陪伴孤寡老人和留守儿童，给他们带去关心和温暖。作为一名医学专业的学生，救死扶伤是光荣的使命，志愿服务是实现光荣梦想的途径之一。肖文铉将所学的专业知识与志愿服务结合起来，经常走进医院，为老年和儿童患者讲授医学科学知识，加强心理疏导和情绪安抚，增强他们战胜病魔的信心，被誉为“白衣帅哥”。

读书改变命运。农村的孩子，走出大山，走入城市，走向幸福，考上大学是重要的一条路。耕读人家，每天都在为生计而奔波。在这样的境况下，上好学，读好书，考上大学，真不容易。能走出来的，都是佼佼者。所谓穷人家的孩子，早当家，早成熟，早成长。与此同时，我们看到广大乡村还有许多学子，正在渴望得到更好的教育，期待考上更好的学校，他们更需要社会支持和关怀。这是大学生志愿服务需要关注支持的重要领域之一。温州大学叶雪珍同学是一名土生土长的农村孩子，经历过农村式教育的她，深知农村教育的普及度不高，所以她立志做乡村教育的守望者，给留守孩子带去最好的教育。怀抱着乡村教师梦，叶雪珍加入学校“知心姐姐”志愿团队，并担任社团负责人。她发挥师范生的专业优势，带领队员开设八大类教育扶贫课程，3 年累计开设 600 余节线下课程，服务 6 000 多名儿童。她还搭建了线上公益服务平台，开辟乡村儿童“微舞台”，给孩子们创造展示自我的机会，增强他们的自信心和上进心。线上线下教育平台吸引了越来越多的农村儿童前来学习，她成为远近闻名的“知心姐姐”。

用学习的心态去做志愿服务，将会发现处处皆学问。一件小事，一项具体工作，蕴含许多道理，细微之处见精神。用求知的心境去做志愿服务，将会发现人人皆师傅，每个人都有独特的故事和传奇，三人行必有我师。学而不厌，学无止境。把人当书读，见贤思齐，我们的人生将越来越厚重。用善良的心地去做志愿服务，将会发现事事皆美好，身边的一草一木、一山一水、风土人情竟是如此的友好和善。广州航海学院莫洁明同学带着“我要到西部去”的执着和信念，在大学毕业之际参加了大学生志愿服务西部计划，踏上了前往西藏的征途，被分配到林芝市道路运输管理局工作。思想上，她把志愿服务当成实践锻炼，把接手的任务当成学习机会，积极主动地抢活干。生活上，她克服水土不服的挑战，学习了解当地风土人情，很快适应新的环境。工作上，她保持认真细致严谨的作风，从日常的点滴小事做起，虚心向同事们学习。两年的时间过得飞快，临别时，她说志愿工作收获满满，永远忘不了林芝市的纯洁美好，永远忘不了西藏人民的淳朴热情，永远忘不了朝夕相处的同事朋友，希望未来还能够有机会前往西藏工作。

投身志愿服务，要心到、身到、情到

搞好志愿服务，一要“心到”，认识到其意义价值，萌发公益心，去掉私心杂念，真心实意地，发自内心地热爱志愿工作。二要“身到”，下定决心，就要积极行动起来，说到做到，不空谈，不妄想，身体力行，奋身投入实践中去。三要“情到”，用真挚且炽热的情感，热爱志愿工作和服务对象，自觉奉献青春力量。山东科技大学尉英坤同学一心热爱志愿服务活动，上大学后不久，就加入青年志愿者协会，多次参加火车站、敬老院、聋哑儿童学校、图书馆、假期交通岗、老年活动中心等志愿服务活动。为将志愿“心”转化为具体实在的“行”，大一暑假，他带着“携手西部，阳光同行”的愿望，赴甘肃省开展为期一个月的支教，为乡下的孩子带去前沿科技文化信息。支教结束后，他与各大高校志愿者组织举办了支教图片展、视频展和“一帮一”资助活动，吸引更多的人了解西部地区的教育现状，建立了长效帮扶机制。情有所系，心有所往。大二暑假，他参加学校组织的“三下乡”社会实践活动，再赴西部地区支教，并结合专业知识，为支教地学生创作话剧，用现代文艺的方式，表达了对大山孩子们的真挚热爱。

大学生开展志愿服务，既要参与有组织的大活动、大项目、大平台，又要坚持从细微处做起，从小事做起，从自己做起，将“奉献、友爱，互相、进步”的志愿服务精神转化为一种成长理念，转化为一种生活习惯，转化为一种学习方式，做到时时不忘，日日践行，人人参与，事事见功。在入校之后三年多的时间里，山东财经大学刘玉豪同学将志愿服务当成一门大学自修课。大一，他加入了大学生心理健康协会，通过服务学生心理建设，打开志愿服务之门。大二，他参加多种志愿者活动，如迎新、体育项目裁判工作等，并考取了部分资格证书，努力提升服务的专业化水平。大三，他利用参加“创青春”比赛的机会，联系兄弟院校，形成工作合力，扩大志愿服务的覆盖面。助人者，人助之。他通过积极参加志愿活动，以及参与各类比赛竞赛、社团活动等，学到了知识，丰富了阅历，增长了见识，更加坚定了向书本学习、向老师学习、向实践学习的方向，更加发奋努力，逐步成长为一名品学兼优的优秀大学生。

做好志愿服务工作，要发挥组织平台的作用，组织起来才有力量，集中资源办大事，调动大家积极性办好事。要发挥骨干带头作用，师兄师姐带师弟师妹，大手拉小手，传帮带比学赶超，传承志愿精神。要发挥团队协作作用，互帮互助，协调配合联动，提升团队影响力，凝聚更多的青春力量。天津大学许全军同学是该校第一个获得中国青年志愿者优秀个人奖的在校学生。他在担任天津大学青年志愿者协会主席期间，以协会为平台纽带，组织发起暖冬义卖、为爱捐赠等系列公益活动，为孤儿院的孩子们送去生活用品，捐赠爱心服装，建立服务联系点；他协助老师组织400名优秀志愿者，顺利完成第十三届全运会、天津夏季达沃斯论坛、首届世界智能大会等多项大型活动的保障任务，向国内外展现了津城青年的良好风貌；他带队前往河南多个贫困地区走访调研，建立天津大学社会实践基地和北洋梦想教室，推动天津大学与贫困地区的教育交流，并发起“云支教”志愿服务项目，探索“互联网+”教育远程助学新模式，让更多的农村孩子也能学习最新知识。

大学生志愿服务，要力戒形式主义。无论是组织者还是参与者，都不要有观众看戏的心态，而是要有演员入戏的定位，运用自己所学所能，结合专业知识，把志愿服务做实做新做到位。有条件的大学生，还可以在试点示范的基础上，进一步提升发展建立工作基地平台，凝聚一批团队力量，将志愿服务做长做久，做出规模，做出影响。南京师范大学孙安利同学从小热爱参加公益活动，是南京市博物馆“荣誉讲解志愿者”，她把志愿服务的热情带入了大学校园。为把扶贫服务项目做实，她寻找志同道合的伙伴们，组建科研小组，深入陕西省西乡县调研，顶着烈日，走村串户，访问贫困农户，详细了解他们的经济状况和现实需求，分析存在的问题，提出精准帮扶的政策建议。为学习借鉴发达国家摆脱贫困的经验，在江苏省政府奖学金的资助下，她赴美国宾夕法尼亚大学参加“21世纪政府管理与社会”暑期研修班，探讨公共政策与贫困治理等问题，进一步拓宽了思路和格局。回国后，她运用学到的社区服务理念，在南京市朝天宫民族小学创建了志愿服务基地，开发阅读治疗课程，希望能为儿童心理教育贡献一份力量。

青年公益情怀，将成为生命中的一首首笛歌

志愿服务实质是爱心。人类命运共同体，让我们与服务对象同根同源，同命运同呼吸。青年人的成长离不开家人、亲人、师友一路的关心支持，离不开社会时代所提供的发展环境。人人为我，我为人人。我们要心存感激，心怀感恩，以志愿服务为途径，践行大爱精神。用自己的所能帮助他人的不能，用自己的火把点燃他人的灯光，照亮他们的前程，为社会带来一片光明。华东理工大学孙江同学是一名阳光大男孩，大学期间多次参与志愿服务活动，累计志愿时长超过 850 小时。他印象深刻的一次活动是大一时，他前往贵州榕江乐乡村进行为期半个月的暑期支教活动。农村生活虽然贫困，但是阻挡不住孩子们读书求知的热情。他刚到村里，就立即被孩子们围住了，望着一双双渴望知识的眼睛，他俯下身子，询问孩子们的想法，用心用情，寓教于乐，珍惜每天与孩子们相处的快乐时光。离开时，他想的不是这里条件有多么艰苦，而是这 15 天的支教能带给孩子们一束知识之光。回到学校后，他依然挂念着山里的孩子们，决定脱手不脱钩，坚持支教到底。为克服短期支教的弊端，他结合当地实际，探索依智支教的模式，成立“蔚蓝计划”支教项目，发挥学科专业优势，继续点亮山区孩子的梦想。

当我们决心选择奉献，就必然无怨无悔。这种选择源于内心，它如同一种行为习惯，不是想起来才去做，而是持续坚持去做，不是被人安排才去做，而是积极主动为之。它，如同一个声音在召唤，山再高，路再远，风再大，浪再急，也在所不辞，奋不顾身，飞奔响应，这就是志愿精神的魅力所在。浙江工商大学

李莹莹同学刚入大学，就积极参与各种志愿服务活动，大一、大二时累计志愿服务 230 小时，无偿献血 1 300 毫升，并进行了人体器官捐献自愿登记。将近大学毕业，她报名参加西部志愿计划项目，前往西藏自治区那曲市政府办公室工作。因高原反应，她头痛，流鼻血，走路的时候多说几句话就会喘不上来气。而这一切都没有击垮李莹莹的决心，反而让她更加坚定服务那曲的信念。她不怕辛苦，一心扑在工作上，有时加班到晚上十二点才回到宿舍。由于工作表现出色，她先后获得那曲市人民政府办公室“优秀志愿者”、那曲市 2019—2020 年度大学生志愿服务西部计划“优秀志愿者”、西藏自治区 2019—2020 年度大学生志愿服务西部计划西藏专项“优秀志愿者”等荣誉称号。

现在青春是用来奋斗的，将来青春是用来回忆的。青年时代参加的活动、经历过的事情，将是一生的记忆，一生的财富。当我们老了之后，回想起当初的青葱岁月，自然会心潮澎湃。大学时候，我们参加的志愿服务活动，树立的公益情怀，都将成为生命中的一首首歌，激励我们成长为顶天立地的时代新人。北京师范大学冯智莹同学是师生心目中的“爱心天使”“义工达人”，曾获“志愿者之星”“七星志愿者”“志愿服务奖”“京师风尚奖”等荣誉。她先后多次参与志愿活动，大一、大二就累计在一线志愿服务时长达 209 小时，赛会类志愿服务时长 50 多小时，支教授课总时长累计超过 80 小时。利用学习之余，她组织创办“鹤童公益”项目，每周坚持前往北京月坛街道陪伴照顾孤寡老人。利用寒暑假，她回家乡吉林开展敬老养老志愿活动，并总结转化为创新创业项目，争取政府和社会资源支持，推进“社区互助养老”模式落地。她还赴贫困地区进行支教，将所学的知识和爱心，奉献给可爱又纯朴的农村孩子们，在乡村课堂上，不断升华自身的人格，留下美好的青春回忆。

情有所归，方能心有所系，身有所往。我们读过的书，听过的话，交往过的人，做过的事，时不时会在心中掀起一丝丝波澜，引起共鸣共振，触动了思想，直抵灵魂深处，令人神往。志愿服务实践活动同样如此，可是当我们真正到位入位时，才发现之前想的与眼前看到的不一样，之前看到的与手中做的也不一样。但是，我们决不后悔，更不回头。我们坚信，只有荒凉的沙漠，没有荒凉的人生。哪怕在沙漠里种树，也要种出一片森林。广东石油化工学院张雪莹同学高中时读了《习近平的七年知青岁月》，深受教育启发，一直渴望能有机会到农村去锻炼生活。大四时，她在父母的支持下，报名参加西部计划志愿者项目，从南方城市坐 60 个小时的火车来到了新疆，开始志愿服务之旅。张雪莹的志愿项目是“沙漠种树”，主要任务是将一棵棵树苗栽种在沙地里，然后培土浇水，随后在周围垒起简易的护栏，加强日常巡查，防止野外动物破坏。她们就是这样日复一日，扎根在沙漠里，与树为伴，与沙为友，只想让面前这片土地变成绿洲。两年里，她走出寂寞煎熬，经历了许多磨难，见证了这里从一无所有到一点点变绿，庆幸当初的选择。她说，选择了志愿服务，就选择了辛苦付出，为人民服务，为边疆作贡献，是她一生宝贵的精神财富。

总之，从事志愿服务活动，就是心中有爱，自觉奉献，无私付出；就是以己之力，给人方便，成人之美；就是团结友爱，互帮互助，共同进步，让世界更加美好。希望同学们：

1. 作为新时代青年大学生要积极响应党和国家号召，有担当作为，弘扬和践行社会主义核心价值观，走出校园、走出家门、走出课堂，走进社区、走进乡村、走进基层，为他人送温暖、为社会作贡献，助力新时代建设与民生保障，彰显当代青年理想信念、爱心善意、责任担当。

2. 当代大学生要主动参与重大活动保障、西部建设等志愿服务活动，助力祖国、社会建设发展的同时，开阔视野，增长知识，提高素质，完善自我，同时彰显新时代中国青年大学生的素养与时代担当精神。

3. 大学生志愿者在志愿服务过程中要弘扬“奉献、友爱、互助、进步”的志愿精神。要弘扬社会主义正能量，脚踏实地无私奉献，让“赠人玫瑰，手有余香”成为自己的目标。提高志愿服务的认同感、参与感，并在志愿服务活动中，磨砺自己的品性，提高自身的综合能力。

4. 当代大学生参与志愿服务要求“实”，深入志愿服务活动，避免“刻舟求剑”“异想天开”，避免走马观花、蜻蜓点水，真正的沉下身、扎下根，坚定初心，扛起使命，在活动中提高志愿服务质效。

5. 当代大学生要树立正确的志愿服务观，调整心态，以持之以恒、乐于助人的心态去面对志愿服务活动，将此看为实现人生价值的有效途径，提高参与的热情，同时摒弃恒心不足、易于满足、功利心较强的缺点，转变单一提供帮助服务的思维，在活动中加强学习，推动双向受益。

6. 当代大学生要从自身出发，发挥自身专业优势和青年的创新性，将自己的专业融入志愿服务活动，推动志愿服务质量的提高，在实践中打磨自身专业素养，同时要针对活动中的不足和问题，及时反省，发挥创新性，针对漏点难点，解决服务的“瓶颈”，继续延伸服务。

7. 在课外实践中，要学会“两手号脉”。去往陌生的环境，要结合自然地理环境和当地人群特点，根据贫困根因、工作受阻本因，“两手把脉”，一手掌握宏观政策，一手针对实际情况，对症下药，治标治本，推动实践取得成效。

8. 当代大学生要在实践中坚定“为民服务”的思想，要用好“调查研究”，要坚持到群众中去、到实践中去，倾听基层群众所想、所盼、所急、所期，要深入研究分析，由此及彼、由表及里，在尊重规律的基础上，结合实际调研情况，科学研判，将实践调研成果转化为“实在”的发展“新助力”。

第八讲　基层实践之路

积极投身基层实践，去西部支教，去扶贫攻坚，去振兴乡村，于基层一线见世面、经风雨、长见识，读懂无字之书，读好社会大学，把论文写在大地上，这是大学生成长成才的重要途径之一。

2018 年 5 月 2 日，习近平总书记在北京大学师生座谈会上，强调希望当代大学生扎根中国大地了解国情民情，在创新创业中增长智慧才干，在艰苦奋斗中锤炼意志品质，在亿万人民为实现中国梦而进行的伟大奋斗中实现人生价值，用青春书写无愧于时代、无愧于历史的华彩篇章。①

2020 年 7 月 8 日，习近平总书记在给中国石油大学（北京）克拉玛依校区毕业生的回信中，勉励全国广大高校毕业生志存高远、脚踏实地，不畏艰难险阻，勇担时代使命，把个人的理想追求融入党和国家事业之中，为党、为祖国、为人民多作贡献。②

2021 年 4 月 19 日，习近平总书记在清华大学考察时强调，广大青年要肩负历史使命，坚定前进信心，立大志、明大德、成大才、担大任，努力成为堪当民族复兴重任的时代新人，让青春

---

① 《习近平在北京大学考察时强调　抓住培养社会主义建设者和接班人根本任务　努力建设中国特色世界一流大学》，《光明日报》2018 年 5 月 3 日。

② 《习近平回信寄语广大高校毕业生　把个人的理想追求融入党和国家事业之中　为党为祖国为人民多作贡献》，《光明日报》2020 年 7 月 9 日。

在为祖国、为民族、为人民、为人类的不懈奋斗中绽放绚丽之花。①

2022年4月25日，习近平总书记在中国人民大学考察时强调，立足新时代新征程，中国青年的奋斗目标和前行方向归结到一点，就是坚定不移听党话、跟党走，努力成长为堪当民族复兴重任的时代新人。希望广大青年用脚步丈量祖国大地，用眼睛发现中国精神，用耳朵倾听人民呼声，用内心感应时代脉搏，把对祖国血浓于水、与人民同呼吸共命运的情感贯穿学业全过程、融汇在事业追求中。②

2022年10月16日，习近平总书记在党的二十大报告上强调指出，我们坚持精准扶贫、尽锐出战，打赢了人类历史上规模最大的脱贫攻坚战，全国八百三十二个贫困县全部摘帽，近一亿农村贫困人口实现脱贫，九百六十多万贫困人口实现易地搬迁，历史性地解决了绝对贫困问题，为全球减贫事业作出了重大贡献。要发展乡村特色产业，拓宽农民增收致富渠道，巩固拓展脱贫攻坚成果，增强脱贫地区和脱贫群众内生发展动力。全面建设社会主义现代化国家，最艰巨最繁重的任务仍然在农村。坚持农业农村优先发展，坚持城乡融合发展，畅通城乡要素流动。加快建设农业强国，扎实推动乡村产业、人才、文化、生态、组织振兴。巩固和完善农村基本经营制度，发展新型农村集体经济，发展新型农业经营主体和社会化服务，发展农业适度规模经营。必须坚持问题导向。问题是时代的声音，回答并指导解决问题是理论的根本任务。我们要增强问题意识，聚焦实践遇到的新问题、

① 《习近平在清华大学考察时强调　坚持中国特色世界一流大学建设目标方向　为服务国家富强民族复兴人民幸福贡献力量》，《人民日报》2021年4月20日。

② 《习近平在中国人民大学考察时强调　坚持党的领导传承红色基因扎根中国大地走出一条建设中国特色世界一流大学新路》，《人民日报》2022年4月26日。

改革发展稳定存在的深层次问题、人民群众急难愁盼问题、国际变局中的重大问题、党的建设面临的突出问题，不断提出真正解决问题的新理念新思路新办法。万事万物是相互联系、相互依存的。只有用普遍联系的、全面系统的、发展变化的观点观察事物，才能把握事物发展规律。①

同学们要贯彻习近平总书记的指示精神，积极响应党和国家的号召，通过“西部计划”“基层治理计划”“研究生支教团”“三支一服”等途径，奔赴祖国和人民最需要的地方，扎根基层实践，积极参与支教支农、乡村振兴、基层治理等重点工作，在助力乡村青年人才成长、助推乡村社会建设、帮助乡村困难学生学业、帮扶乡村青年创业等方面建功立业。

社会是一所大学，基层是最好的课堂，人民群众是最好的老师

青年学子把个人理想追求融入党和国家事业中去，主动扎根基层、担当奉献，应用所学的知识和专业技能，服务乡村振兴，推动农业发展，助力农民增收，自觉在基层实践之中磨砺成长。这样的青春，值得回味，这样的学子，值得点赞。北京科技大学肖祥应同学是一名从贵州农村走出来的大学生，自小体会农村生活的艰难，希望有机会帮助乡亲们脱贫致富，为家乡奉献青春力量。有一年暑假，他回到家乡，看到大量的农产品滞销，乡亲们愁容满面。于是，他打算利用电商平台帮助老乡们售卖。随后，他找到一名粉丝量较大的同学合作，以“农户＋电商＋网红”带货的营销模式，组建北科大“黔小哥”青年返乡创业实践队，参加学校组织的“青年红色筑梦之旅”活动，赴贵州铜仁开展电商

① 《中国共产党第二十次全国代表大会在京开幕　习近平代表第十九届中央委员会向大会作报告》，《人民日报》2022 年 10 月 17 日。

助农活动。经过一番努力，他们成功帮助家乡将滞销农产品销售一空，并利用这个契机，推动建立一个网红直播基地，培养了一批农村青年致富带头人，立足“生态”根基，以“红色教育”“网红营销”为抓手，助力乡村振兴。

对于青年学子来说，社会是一所大学，基层是最好的课堂，人民群众是最好的老师。我们到基层实践中去，到人民群众中去，把一线实际工作当成考场，把组织交予的任务当成考卷，聚精会神地答好题，努力考出好成绩。要倍加珍惜锻炼机会，在摸爬滚打中增长才干，在层层历练中积累经验，在真刀真枪之中提高能力，以自己的真才实学交上满意的答卷。对外经济贸易大学王菁雯同学在校期间担任校女篮队长，率队获得CUBA（中国大学生篮球联赛）北京大学生女子篮球比赛第四名的好成绩。临近毕业，在其他同学都在着手出国、考研、求职高薪企业之时，她选择扎根基层，报名参加选调生，毅然回到家乡，担任村党支部书记助理，协助开展脱贫攻坚、乡村振兴工作。她把基层当成新的课堂，将在篮球队中培养出来的冲劲、狠劲、韧劲应用到基层工作中，化压力为动力，较快适应农村工作生活。她注重调查研究，走村串户，熟悉掌握村里人口、经济发展、民俗民约、组织建设等基本情况，做到心中有数，不讲外行话；她从当地农村实际出发，认真学习党的“三农”政策，探索壮大农村集体经济的有效实践路径，引导农民增收致富；她协力推进民生建设，积极争取上级政策项目支持，千方百计解决村民烦心事、忧心事；针对基层疫情防控，她组织成立“红蓝”志愿服务队，带领引导党员和团员青年，积极发挥先锋模范作用。

到祖国和人民最需要的地方去，这是新时代大学生的强音。区域发展不平衡与城乡发展不平衡的现状，一直是困扰中国发展的突出矛盾和现实问题。破解这些难题，既需要从体制机制、政策措施等方面发力，又需要一大批人才和智力资源支持。有需要就有舞台，只有当青春同党和人民事业高度契合时，青春的光谱才会更绚丽，青春的能量才能充分迸发。北京大学张栋杰同学曾获得“北京市优秀毕业生”“北京大学优秀毕业生”“北京大学十佳学生党支部书记”“优秀支教教师”等荣誉称号。读研期间，他怀着坚定的信念，前往新疆乌鲁木齐县水西沟镇中学支教一年。执教的班里60%的学生是哈萨克族，他下功夫记住每一名学生的姓名，认清每一名学生的脸庞，认真备课讲课，丰富课堂内容，提高授课质量，努力教好每一名学生。一年里，他带领学生学习国学经典，探索数学奥秘，遨游世界地理，开展文体活动，指导同学们德智体美劳全面发展。他还积极联系新疆北大校友会，为支教学校捐款四万多元，支持家庭困难的孩子完成学业。利用暑假期间，他带领孩子们到北京进行游学活动，让农村孩子们走出大山，拓宽学习视野。

十年树木，百年树人。青年人的成长，像树的成长一样，向下扎根，向上攀登。不管树长得有多高，根永远扎在土里。年轻人到基层墩一墩苗，把基础搞扎实了，后面的路才能走得更稳更远。大学生作为未来栋梁之材，要以基层为大课堂，拜人民为师，拜实践为师，上下求索，了解社情，倾听民意，找准工作的切入点，以创新的精神，扎下根来，久久为功，示范带动一大片。西安交通大学张凡同学大学毕业后，报考选调生，主动到甘肃省镇原县郭原乡工作，担任王咀村党支部书记助理。基层服务期满后，他爱上了这片土地和淳朴的人们，决定继续留在村里工作，与乡亲们一起，为摆脱贫困而奋斗。面对千头万绪的农村工作，他深入调查研究，探索以党建引领推进乡村治理的方法，协助村党支部制定《党员积分管理办法（试行）》等相关制度，发挥基层党组织的战斗堡垒作用。他积极推动村党支部与中央党史和文献研究院办公厅结对子，通过开展支部共建的方式，拓展脱贫致富的新路径、好方法。经过广大干部和村民的共同努力，王咀村发生天翻地覆的可喜变化。望着村民一张张幸福的笑脸，张凡的心里暖洋洋的，几年来辛苦的汗水终于初见成效。

心有所系，情有所往。脚有多长，路有多远

我们脚下的神州大地孕育了 5 000 多年的中华文明，见证了悠久历史的峥嵘岁月，祖国的山山水水、一草一木都焕发着那么一种精神，那么一股力量，牵引着无数青年学子，走向西部边陲，走入民族地区，走进基层实践一线，用纯粹的心地，用炙热的青春，把实践当课堂，用专业特长，把论文写在大地上，以青春之画笔绘就山河丹青。中国美术学院金雨娴同学担任学生会主席，以身作则，带头组织参与志愿服务，推动校园公益课堂建设，推进公益课堂进社区，曾获第四届中国青年志愿服务公益创业赛金奖。大学毕业之际，她决定到民族地区工作，继续传承志愿服务精神，在基层一线实现人生的价值。她从点滴小事做起，利用艺术学书法专业的优势，勇挑重担，主动要求担任美术教师，开设书法课、艺术赏析等课程，教授 12 个班级共 500 多名学生，学习中华优秀传统文化，弘扬民族团结精神，向孩子们传递正能量。

青年学子走入基层实际，用脚步丈量祖国大地，用眼睛发现中国精神，用耳朵倾听人民呼声，用内心感应时代脉搏，目睹许多真实真切的情况，经历过许多具体的事情，参与推动一些工作实践，进一步增强使命感和责任感，牢记党的教诲，立志民族复兴，坚定人生的成长方向。山东师范大学闫芸同学在参加研究生夏令营期间，对民族教育产生浓厚兴趣，萌生了前往民族地区支教的想法。经过报名、选拔、考核等程序，她终于踏上支教之

旅。她倍加珍惜支教这个难得的机会。教师是人类灵魂工程师，在贫困地区支教，要从扶贫先扶志入手，帮助孩子们从小埋下奋斗的种子。她接触到社会各个阶层形形色色的人，运用专业知识进行性格分析，建立科学模型，指导开展学生心理辅导工作，积极传道授业解惑，引导他们树立正确的世界观、人生观、价值观，强化心灵塑造，做到自强自立。这段基层经历，让她进一步认识到基础心理教育的重要性和必要性，决心回母校继续攻读心理学博士，将来在理论上深入探索前沿知识，在实践上让更多的孩子们阳光快乐、好好学习、天天向上。

心有所系，情有所往。脚有多长，路有多远。作为新时代的大学生，是有理想、敢担当、能吃苦、肯奋斗的青年一代。在党和人民的召唤下，在理想信念的指引下，无数学子胸怀国之大者，牢记使命担当，到新时代新天地中去施展抱负，追逐梦想，建功立业，让青春在基层实践之中绽放绚丽之花。湖北经济学院孙琳同学已找到深圳高薪工作岗位，无意间得知政府招收援藏专招生，她认为新征程中的年轻人应该有理想、有抱负，敢于踏出"舒适圈"，到祖国边疆探索人生理想，为西部建设贡献青春力量，于是她果断放弃已签约的工作，决心援藏，成为学校历史上首位应届毕业援藏女生。在抵达西藏不久后，高原反应让她极度不适，每天早上鼻子都会流血，嘴唇与指甲都是紫色的，强烈的日光使她眼睛刺痛难忍。面对这些挑战，她凭借顽强的意志，一点点地克服，一步步地适应。工作上，面对繁重的任务，她虚心向领导同事请教，潜心钻研业务，较快进入工作角色。她担任包村干部，积极贯彻落实党的大政方针，深入实际了解群众所思、所想、所盼，认真撰写调查报告，为领导决策提供参考。两年间，她走访了负责联系的 13 个村 1 967 户，联系群众达 8 162 人，做到家家户户全覆盖。她还积极对接母校，通过工作事迹宣讲、援藏计划解读等方式，号召更多的学子加入援藏队伍，为实现西藏的跨越式发展出计出力。

调查研究既是科学的工作方法，又是重要的作风要求。大兴调查研究之风，要从青年学子做起，在青年时代养成。青年大学生的成长，除了勤读万卷书，还要行走万里路。要利用假期实习、社会调研等机会，深入基层实际，深入人民群众中去，了解国情、社情、民情，扎扎实实地调查研究，读懂“中国”这本大书。电子科技大学张伊焘同学勤于田野调查，大学期间发表了5篇高水平论文，并荣获全国大学生城市管理竞赛本科生组全国一等奖。为锤炼自己的能力作风，他主动到成都市新都区政法委实习，立足岗位职责，专注网格化管理领域，积极开展实践调研，形成10多万字的研究报告，为当地政府公共管理提供决策参考，并转化为具体措施应用于实际中去，取得良好社会效果。毕业前，他希望能够成为一名有情怀、有热情和有创造力的公职人员，为基层治理与社会建设多作贡献。于是，他放弃了加利福尼亚大学圣迭戈分校的 offer，考取选调生回到故乡基层，担任村党支部书记助理，决心将所学的专业知识助力家乡振兴发展。

学习“泥腿子精神”，增进与人民群众的深厚感情

青年学子心怀梦想，到西部去，到基层去，到祖国和人民最需要的地方去。理想的呼唤，如同远方的呼唤，理想是美好的，现实是骨感的。大学生有志于远方，一方面，要过好心理关，事先应有足够的心理准备，把困难想象得大一些，克服起来将会轻松些；另一方面，要过好现实关，尽快适应基层工作生活，转变角色，将知识转化为能力，在实践中学真知，求真理，悟真情，加强磨炼锻炼，增长本事才干。荆楚理工学院陈青同学大学时期担任班级班长，曾获评优秀学生干部、优秀团员、优秀共产党

员、优秀毕业生。临近毕业，她积极响应党和人民的号召，报名参加西藏专项招录计划，奔赴西藏自治区山南市贡嘎县吉雄镇工作。从荆楚大地到雪域高原，她开始感觉很不适应，但仍以坚强意志咬紧牙关，努力克服高原反应。她全身心投入工作，较快完成从一名大学生到基层工作者的角色转变，协助镇党委开展系列党建活动，创新党建方式方法，提高党建工作的规范化水平，逐步成长为熟练党务的工作骨干，得到了上级党组织的充分肯定，连续 3 年获得西藏自治区山南市贡嘎县“优秀党务工作者”荣誉称号。

基层就是我们的大学。青年学子到基层去，一要过好生活关，许多大学生来自城市，对基层生活、农村生活，需要尽快适应和习惯，最起码做到听得懂老百姓的话，老百姓也能听得懂你说的话；二要过好思想关，基层讲具体，讲实际，讲现实，我们学会换位思考，理解和适应基层同志处事的方式，与大家打成一片；三要过好能力关，一个地方有一个地方的风土人情，一个村落有一个村落的风俗文化，我们要怀着学习的心态，较快地融入当地工作生活；四要过好作风关，拜人民群众为师，将知识转化为技能，将情怀转化为实效，将一时支教转化为长久的帮扶。宁波大学徐晴同学的曾祖父牺牲在抗日前线上，父亲、伯伯都是戍国卫疆的军人，她从小受父辈们影响，骨子里有一种“报效祖国”的情怀。大学期间，当她看到贫苦山区孩子期待的眼神，听到学校支教团的感人事迹时，她决定也去西部支教。刚到支教地，由于干旱缺水，宿舍没有配置热水器，她将长发剪成短发，用水壶烧热水来洗澡，努力克服生活上的困难。为帮助贫困孩子们过冬，她组织开展了“公益在黔行，温暖在寒冬”公益活动，募集了一些衣物和 1 万多元爱心资金，及时将衣物、棉被、文具等暖冬物资送往贫困家庭。此外，她还通过公益组织、爱心机构筹集了1 000多册图书，在支教学校建立图书室，打造书香校园。支教结束后，她回到学校攻读研究生，心里仍然挂念这一群山里的孩子们，继续通过寄送学习资料、开辟网络课堂等途径，推动学校教育资源源源不断地输入支教学校，积极探索永不掉队的支教模式。

大学生到基层实践，无论支教支农，还是当助手当副手，都要珍惜机会，临事以敬，用心用力地做好每一件事，切实做到位，做出实效。要处理好理想与现实的关系，既要仰望天空，有理想，有追求，又要脚踏实地，讲实际，讲具体。要从小事做起，从易处入手，从近处起步，能做什么就做什么，不好高骛远，不眼高手低，以真才实学和扎实的作风，赢得基层人民群众的认可。南京师范大学刘文曦同学曾获得江苏省“大学生十大年度人物”、江苏省“优秀共青团员”荣誉称号。因成绩优异，她被保送至新闻与传播学院读研究生，并入选第二十二届研究生支教团。怀着感恩之心，为尽自己所能帮助西部地区的孩子们实现人生理想，她利用假期到四川省德阳市绵竹市侨爱道行中学支教，担任历史、地理2门课程的教学工作，并负责2个班级学生的日常管理。她从一件一件小事做起，利用自己的专业优势，举办播音主持知识讲座，着力提高当地学生的普通话水平；她指导同学们制作短视频，分享交流体会经验，拓宽学习的视野和途径；她组织成立学习小趣，组织同学们走向社会，走入大自然，在社会实践和自然观察之中，加深对课本知识的理解掌握。

基层情况错综复杂，做好基层工作，非常不容易。大学生到基层实践锻炼，一要学习基层干部“泥腿子精神”。为了造福一方发展，为了服务一方百姓，基层干部风里来、雨里去，不辞辛苦，攻坚克难，在平凡的岗位上做出不平凡的业绩。我们要学习他们无私奉献精神和做群众工作的本领。二要增进与人民群众的感情，坚持以人民为中心的发展思想，培养与人民群众同甘共苦、共同奋斗的革命情操，更加发奋学习，积极向上，早日成为堪当民族复兴重任的时代新人。上海财经大学吴胜男同学是“90后”女博士，她围绕国家区域发展重大战略，将学术研究与田野调查紧密结合起来，调研的足迹遍布长三角、珠三角、成渝地区双城经济圈、黄河流域等地 36 座城市，用老百姓听得懂的语言，向基层干部群众宣讲政策，认真撰写完成 10 篇内参专报，为政府决策积极建言献策，脚下的厚茧终于换来丰硕的学术成果。武汉生物工程学院姜文同学大学期间，每年夏天，都会按照学校暑假社会实践活动要求，积极参加家乡蕲春县组织举办的实践锻炼活动。有一年，蕲春县遭遇多轮强降雨袭击，位于赤龙湖畔的蕲州镇沙径村汛情告急。姜文担任大学生志愿者服务队队长，带领该镇 14 名大学生志愿者，赶紧投入到安置点建设及安置群众服务工作中去。他们 20 天坚守防汛一线，重活累活抢着干，主动巡堤守堤护堤，助力家乡群众安全度过汛期，并在战天斗地的风雨之中，领会到基层干部群众是最可爱的人。

走进基层一线见世面，经风雨，长才干

青年成长成才，是从无知到知，从知到智的过程。读书行路，博见多闻，红尘炼心，生死悟道。我们越深入基层，就越能发现生活的真实，越能看见社会人生百态，越能体会人情冷暖。从而，更加清醒认识到自己是谁？努力为了谁？进一步坚定以人民为中心的发展思想，学好本领，为民奋斗。北京城市学院李虎同学[①]是一名学生党员，他利用假期，到河南固始县幸福社区参加“服务社区群众、共筑健康家园”义诊活动，指导帮助那些行

① 资料来源于北京城市学院个人专访。

动不便的老年人做好日常保健和科学用药。有的老年人听力下降，听不清楚医生的话语，他就在老年人身旁，趴在他们的耳朵边上，一遍又一遍地重复着医生的叮嘱，直至他们听清楚为止。有的老年人眼睛花了，看不清楚医生的诊断处方，他就一个字、一个字地重抄一遍，工工整整地交给老人。有的老人身患疾病，心理比较敏感，他就用温和的语气和耐心的态度解释，让老人感受到国家和社会对他们的关爱。特别是在义诊活动中，社区党员言传身教，教会他如何与群众沟通，才能把工作做到群众的心坎上。让他懂得作为一名党员，必须从群众中来到群众中去，全心全意为人民服务。

青年时代是一个人最有激情、最有闯劲、最有力气的时候。做新时代的追梦人，决心投入到基层实践中去，就要大胆地去闯，大胆地去试，大胆地去实践，敢于推开那一扇门，勇于迈出第一脚，善于干成一件事。无论前方多么艰难险阻，相信有题必有解，办法总比困难多。用实际行动去证明自己，用实绩去展现能力。这就是青春最好的注脚。三峡大学郭原东同学为了响应国家"一带一路"建设，毅然报名参加赴斯里兰卡援建工作。当时斯里兰卡政局动荡，家人对此极力反对，他也有所顾虑，为防万一还买了人身保险。经过一番思考和准备，他坚定地踏上了前往斯里兰卡孤儿院辅导孤儿的旅程。他结合当地历史文化，寓教于乐，引导孩子们参与课外活动，排练游戏和表演节目，受到孩子们的热烈欢迎。援建归国后，他利用暑假，又投身到偏远山区开展扶贫专项工作。为解决上访户反复上访的问题，他协助基层干部，详细解读国家法律政策，与上访群众耐心沟通交流，打通思想疙瘩，取得良好的社会效果。

青年学子走进基层一线见世面，经风雨，长才干，你们既是参与者、实践者，又是推动者、宣传者，向基层宣传党和政府的好政策，为群众带去新科技、新信息，同时通过你们的亲眼所见、亲身所闻、亲身经历，讲述基层干部群众艰苦奋斗的故事，讲出基层发展的所思、所盼，讲好青年学子的担当情怀，吸引更多的社会资源参与、支持，为全面推进区域协调发展，凝聚蓬勃力量。长江大学刘杨同学学习认真刻苦，一次性通过大学英语四六级考试，并获得“鸿萌”一等奖学金、国家励志奖学金。她注重实践创新，积极参加各类专业学术相关的比赛活动，曾获“创青春”第十一届挑战杯大学生创业计划竞赛国家级铜奖、省级金奖。她坚持学以致用，先后两次到湖北省宜昌市兴山县水月寺镇郑家埫村开展扶贫调研。作为农学院志愿服务队队长，她将扶贫调研作为一次劳动竞赛，带领伙伴们从制定项目方案、设计调查问卷，到招募队员、开展培训，再到实地翻山越岭、走家串户做调研，最后整理数据、撰写报告，将学农爱农为农的情怀，全身心投入到实践中去，并加强成果转化，撰写多篇调查报告在中国青年网上发表，引起广泛的社会关注。

你对生活付出汗水，生活将报你以微笑。你真心对待别人，别人也将以真诚回报你。青年学子到基层中去，要主动融入群众，听懂群众的话，学习他们淳朴的情怀，体会他们的难处，了解他们的所思、所想、所盼，尽心尽力地协助地方为他们做好事、办实事、解难事。当书卷气越来越少的时候，我们与老百姓的心就越来越近了。自然而然“外人”成为“亲人”。湖北民族大学谢林凤同学在校期间多次荣获“三好学生”“优秀学生干部”“优秀班长”等称号，毕业后她经过选拔，成为一名大学生村官。工作之初，她翻山越岭入户访谈，熬夜加班撰写材料，在繁重的工作和巨大的压力下，也曾经对自己的选择产生过怀疑。随着时间流逝，村民把她当“闺女”看待，让她感受到了家的温暖，体会到基层是人生奋斗的大天地。于是，她从小事做起，利用自身较好的计算机办公水平，举办村干部电脑培训班，努力提升他们电脑办公能力。她从大处着眼，为发展壮大村集体经济，她依托电商平台，开展直播带货，将当地农产品院远销上海、广东等地，引导农民走上致富道路。自此，她将他乡当作故乡，将村民当作亲人，恪尽职守，真抓实干，奋斗在脱贫攻坚的最前线，取得了令人称赞的实绩，被评为“最美鹤峰人”。

一次基层实践，一生的美好记忆

青年学子从大学课堂和书本知识中走出来，走进大街小巷，走入田间地头，直接聆听人民群众的期盼和呼声，将课本知识应用到实际中去，把论文写在中国大地上，留下一串串美好的青春足迹。清华大学五道口金融学院何龙江博士曾获得国家奖学金、北京市优秀毕业生等荣誉，他说：“作为一名在北京读书的大学生，首都提供了良好的成长环境和学习平台，让我不断学习进步，为此我始终在思考着，如何把自己的所学所能，回报给这座伟大的城市，尽一份绵薄之力。”心有所系，行有所往。他在“民声北京”首都治理大调研活动之中，敏锐地关注到老龄化背景下的社区养老问题。他花了近半个月的时间，从早到晚蹲守在超市、商店、医院门口，细致观察老年人买菜购物、保健娱乐、医疗服务的行为特征，开展访谈和问卷调查，发现社区普遍存在养老设施不完善、老年人购物困难、独居人口较多等突出问题，并运用专业知识，对国际上其他国家和地区社区的养老状况做了科学分析，形成专项调查报告，提出居家养老、医养结合、完善政策、日常走访、心理疏导等建议，受到有关部门的高度重视并转化为政策措施。

青春怎样度过？这是广大青年学子想到的一个问题。让我们的青春有意义、有价值，选择与努力同等重要。这样的选择，可能是经过长时间的理性思考，可能是阅读了一本书，或者听取一席话、经历一件事之后的顿悟。无论是理性还是感性，既然选择了，就不后悔，坚信自己的选择，坚定奋斗的脚步，相信城市有城市的机遇，农村有农村的天地，只要我们努力拼搏，青春一定精彩。清华大学谭雪峰同学临近大学毕业时，在一次校党委副书记与少数民族同学的座谈会上，听到党组织号召同学们到基层实践锻炼的倡议，他的就业观念发生了改变。他立志回到故乡，扎根基层，助力家乡脱贫攻坚。心动不如行动，他说服了家人与女友，毅然放弃高薪工作，回到家乡当一名选调生，并被组织选派到石柱县鱼池镇山娇村党支部担任第一书记。为发展壮大农村集体经济，他深入开展养殖柴鸡项目调研，向家里亲戚借了 10 万元钱，推动项目启动实施，示范带动农民走上增收致富道路。为帮助农民工追讨工程款，他陪着几十名农民工，在寒冷中坐了一个通宵，终于讨回工钱，让他们高高兴兴回家过年；为发展生态旅游，他不辞辛苦，一而再、再而三做拆迁工作，终于解决长期困扰的交通难题。

一个人，不管走多远，都不要忘记，我们来时的路；无论飞多高，都不要忘记，我们脚下的这片土地。仲恺农业工程学院陈润书同学在大二的时候，他被选派往基层乡镇，协助村党支部书记开展扶贫工作。工作期间，他为了准确完成 228 人的扶贫信息系统信息录入，每天需要步行六七个小时，进村入户排查和登记造册，同时力所能及帮助村民做些实事，受到领导和群众的一致好评。由于表现出色，他被党组织吸纳成为一名中共预备党员。自此，他一直将党徽佩戴在身上，时刻以一名党员的身份，更加严格要求自己，决心用实际行动回报组织。临近毕业，他得知家乡正在选聘选调生，他放弃了深圳的高薪岗位，毅然回到家乡工作，扎根基层奉献青春。当有人问到为什么做出这样的选择时，他说："农村是充满希望的田野，是干事创业的广阔舞台。作为一名新时代的青年党员，应不忘初心、牢记使命，到基层去，到一线去，到农村去，为建设农业强国多作贡献。"

一次基层实践，一生的记忆；一次活动机缘，一生的选择。青年学子到基层一线中去，到艰苦地方去，才会发现祖国大地上，还有一些欠发达地区，还有一些困难群体的存在，这些地方和人们需要政策、资金、项目，也需要科技、文化、人才。大学生到他们中去，带去青春朝气，带去知识信息，带去信心希望。同时，我们在服务群众的实践之中，进一步发现自身的价值，把与祖国血浓于水和与人民同呼吸共命运的情感，将贯穿于学业全过程，融会于事业追求中，在一次又一次的基层选择之中，让理想和人格得到升华。上海工程技术大学刘洋同学作为一名机械专业的"工科男"，大学生活可谓是丰富多彩，他既写过文章，又打过辩论，还搞过科研，留下一张张令人羡慕的成绩单。回首走过的路，让他最难忘和收获最多的，是一次又一次深入基层参加的公益活动。大一大二时，他怀着激情与梦想，拎着大包小包，前往江西姚源小学，参加"满天星"支教行动，为山区的孩子们带去知识和希望，助力他们茁壮成长。大三时，他再次选择支教，并担任支教队长，他秉承"勤奋、求实、创新、奉献"校训，言传身教，将自己以往的经验传授给队友们，努力提高团队的整体水平，实现"聚是一团火，散是满天星"的支教目标，受到乡亲们的一致好评。大四毕业之际，他又放弃了南方丰厚年薪的就业机会，选择赴西藏基层工作，决心为西部建设贡献青春力量。

纸上得来终觉浅，绝知此事要躬行。作为青年学子，趁着青春年华，积极投身于基层实践，认认真真地读好社会这本"大书"，通过经风雨、见世面、长本领，为今后人生成长打下坚实基础。总之，希望同学们：

1.“基层支教”是教育扶贫、教育助力乡村振兴的一种方式，大学生作为高素质群体，要善于发挥自身定位优势，用“知识”为乡村孩子点亮理想的“灯塔”，推动教育振兴乡村。

2. 扎根基层的大学生要忍得住孤独，耐得住寂寞，脚上沾点儿泥、身上带点儿土，才能坚定理想和方向，同时要守得住初心，脚踏实地，艰苦奋斗，将大学专业所学应用于基层建设之中，在基层“大熔炉”中淬炼成钢，用青春汗水书写独属于自己的绚丽华章。

3. 基层支教的大学生，要注重教育“里面”，补足专业基础，高质量高效率完成既定教学任务，同时注重孩子的心理建设和未来领航，引导孩子树立正确的世界观、价值观、人生观。

4. 扶贫攻坚、乡村振兴工作要避免随波逐流，盲目下手，要沉下身子，走出办公室，到乡间田野，用眼观察、用手触摸、用脚丈量、用心分析，充分调查村情及相关自然、经济规律，尊重客观规律，在此基础上开展相应工作。同时要讲求实干，将理论与实践相结合，注重实践，有实践的能力和勇气，在实践中提高处理问题和解决问题的能力。

5. 基层要走好群众路线，要经常性走进寻常百姓家，访民情，知民意，懂民需，根据村民实际需求、痛点、难点，对症下药，把工作做实、做细、做好，精准推动乡村振兴，避免“假大空”与“形式主义”，真正取得实效。

6. 要克服“躺平”心理、“佛系”心理，坚定理想信念，要发扬“功成不必在我，功成必定有我”的奋斗精神，当开路先锋、主力队员，干出一番事业，在基层充分发扬“老黄牛”精神，趁年轻、体力好、精力旺盛，瞄准目标，全力以赴，拿出一股子劲，敢闯敢试，勇于担当。

7. 推动学习伴随终身，在基层要拜人民为师、拜实践为师，提升自身组织协调、调查研究、应急处突等综合能力。同时，要持续加强农业、管理、文旅等相关学科学习，将所学应用于基层建设、产业发展当中。

8. 要勇于创新，要针对基层管理、产业发展等方面的不足，利用自身专业所学，结合地域实情，采取创新性的工作方式方法，探索创新基层组织建设，开拓乡村振兴的新路子。

第九讲　社会担当之路

伟大的中华民族，从来没有被灾难和困难吓倒。在抗击新冠疫情中，广大青年大学生挺身而出，有的奔赴一线，抗击新冠病毒感染的；有的主动报名，参与基层疫情防控；有的通过专业所学，协助疫情防控；也有的身患疾病，同病魔顽强作斗争，康复后投身疫情防控战。他们舍生忘死，冲锋在前，不怕牺牲，充分展现了新时代青年学子勇于社会担当的模样。

2020 年 2 月 21 日，习近平总书记回信勉励在首钢医院实习的西藏大学医学院学生，称赞他们冲锋在前、英勇奋战，用行动诠释了白衣天使救死扶伤的崇高精神，勉励他们珍惜学习时光，练就过硬本领，毕业后到人民最需要的地方去，以仁心仁术造福人民特别是基层群众。①

2020 年 3 月 2 日，习近平总书记在考察清华大学医学院时强调，人类同疾病较量最有力的武器就是科学技术，人类战胜大灾大疫离不开科学发展和技术创新。要把新冠病毒防控科研攻关作为一项重大而紧迫任务，综合多学科力量，统一领导、协同推进，在坚持科学性、确保安全性的基础上加快研发进度，尽快攻克疫情防控的重点难点问题，为打赢疫情防控人民战争、总体

---

① 《习近平回信勉励在首钢医院实习的西藏大学医学院学生　到人民最需要的地方去　以仁心仁术造福人民特别是基层群众》，《光明日报》2020 年 2 月 23 日。

战、阻击战提供强大科技支撑。①

2020 年 3 月 16 日，习近平总书记在给北京大学援鄂医疗队全体“90 后”党员回信中对青年大学生表示了赞扬：“在新冠肺炎疫情防控斗争中，你们青年人同在一线英勇奋战的广大疫情防控人员一道，不畏艰险、冲锋在前、舍生忘死，彰显了青春的蓬勃力量，交出了合格答卷。广大青年用行动证明，新时代的中国青年是好样的，是堪当大任的！”同年，习近平总书记在青年五四寄语中指出，面对突如其来的新冠肺炎疫情，全国各族青年积极响应党的号召，踊跃投身疫情防控人民战争、总体战、阻击战，不畏艰险、冲锋在前、真情奉献，展现了当代中国青年的担当精神，赢得了党和人民高度赞誉。②

2020 年 9 月 8 日，习近平总书记在全国抗击新冠肺炎疫情表彰大会上发表重要讲话指出，在这次抗疫斗争中，青年一代的突出表现令人欣慰、令人感动。参加抗疫的医务人员中有近一半是“90 后”“00 后”，他们有一句话感动了中国：2003 年“非典”的时候你们保护了我们，今天轮到我们来保护你们了。长辈们说：“哪里有什么白衣天使，不过是一群孩子换了一身衣服。”世上没有从天而降的英雄，只有挺身而出的凡人。青年一代不怕苦、不畏难、不惧牺牲，用臂膀扛起如山的责任，展现出青春激昂的风采，展现出中华民族的希望！让我们一起为他们点赞！③

2022 年 4 月 8 日，习近平总书记在北京冬奥会、冬残奥会总结表彰大会上发表重要讲话指出，在世界百年未有之大变局叠加新冠

---

① 《习近平在北京考察新冠肺炎防控科研攻关工作时强调　协同推进新冠肺炎防控科研攻关　为打赢疫情防控阻击战提供科技支撑》，《光明日报》2020 年 3 月 3 日。

② 《习近平回信勉励北京大学援鄂医疗队全体“90 后”党员　让青春在党和人民最需要的地方绽放绚丽之花》，《光明日报》2020 年 3 月 17 日。

③ 《全国抗击新冠肺炎疫情表彰大会在京隆重举行　习近平向国家勋章和国家荣誉称号获得者颁授勋章奖章并发表重要讲话》，《光明日报》2020 年 9 月 9 日。

肺炎世纪疫情背景下举办冬奥会、冬残奥会，面临的风险挑战前所未有。我们坚持底线思维、问题导向，增强忧患意识，把防范化解风险挑战摆在突出位置，把困难估计得更充分一些，把风险思考得更深入一些，下好先手棋，打好主动仗。我们全方位梳理排查各领域、各环节风险点，建立常态化工作机制，不断发现问题，及时研究解决，积极妥善应对，确保了赛事安全顺利举办。①

2022 年 10 月 16 日，习近平总书记在党的二十大报告上强调指出，面对突如其来的新冠肺炎疫情，我们坚持人民至上、生命至上，坚持外防输入、内防反弹，坚持动态清零不动摇，开展抗击疫情人民战争、总体战、阻击战，最大限度保护了人民生命安全和身体健康，统筹疫情防控和经济社会发展取得重大积极成果。我们展现负责任大国担当，积极参与全球治理体系改革和建设，全面开展抗击新冠肺炎疫情国际合作，赢得广泛国际赞誉，我国国际影响力、感召力、塑造力显著提升。②

国家兴亡，匹夫有责。社会有难，青年勇于担当。同学们，我们要认真贯彻习近平总书记的指示精神，发挥青年突击队和生力军的作用，铭记初心，担当使命，投入到新冠疫情防控战、阻击战、攻坚战，为打赢抗疫战争贡献青春力量，在继续弘扬伟大抗疫精神、战胜各种困难挑战之中，不断成长进步。

关键时刻，青年学子挺身而出

一个人、一个家庭、一个单位，乃至一个国家、一个民族、一个社会，总会遇到一些突如其来的事件、变故和灾难。这时

① 《北京冬奥会冬残奥会总结表彰大会隆重举行 习近平发表重要讲话》，《光明日报》2022 年 4 月 9 日。

② 《中国共产党第二十次全国代表大会在京开幕 习近平代表第十九届中央委员会向大会作报告》，《光明日报》2022 年 10 月 17 日。

候，需要有人挺身而出，不怕艰险，将重任扛在肩膀上，攻坚克难，奋勇前行。这种人，我们称之为“脊梁”，有了这么一批“脊梁”，天就不会塌下来，即使塌下来也不怕。青年学子，可贵之处在于我们具有这种担当精神，从而转化为思想和意识上的积极主动，并即刻付诸行动。2020 年年初，新冠疫情突如其来。北京大学韩雨廷同学在大年初一“请战”返京，担任志愿者团队学生组长，赴中国疾病预防控制中心从事疫情数据分析工作。初到驻地时，面对疫情进展瞬息万变的严峻形势，急需加紧进行数据分析，为科学决策提供参考。她主动承担疫情数据监测夜班的繁重任务，夜以继日地编写程序，经过艰苦奋战，终于实现运用系统化程序提升工作效率的目标，将原来需要 10 位工作人员一整夜的工作，缩短到 3 个人在 1 个小时内即可完成。这项技术得到了领导和专家的高度认可，并在很长时间内成为疫情监测的“利器”。她及其带领的志愿者团队也因此荣获北京大学医学部青年文明号称号。

一个时代有一个时代的特征，一代青年有一代青年的气质，一代大学生有一代大学生的使命与担当。新时代的青年学子，骨子里头总有那么一股子劲儿，在关键时刻，能挺身而出，站出来、豁出去、扛起来、顶上去，在实现伟大梦想的征途上，自觉担当重任，让青春绽放异彩。2020 年初，疫情的日益严重令广东医科大学肖畅同学十分不安。作为医学院的学生，他深知基层防控的重要性，于是毫不犹豫地报名参加了当地社区组织的志愿者活动。在担任志愿者期间，肖畅和其他志愿者们被分配到澄海区各个重要卡口负责为过路车辆、人员检测体温，询问行程。即使下着暴雨、刮着寒风，他依然坚守在岗位上，聚精会神，毫不马虎。时间久了，一些经常载货经过卡口的车主已经认识这位高瘦的男孩，不用开口问就主动探出头来测体温，并自报行程轨迹，表示对他的感谢。几个月的风雨兼程，他用实际行动证明：作为一名新时代的青年，他在家乡和人民需要的时候站了出来，展现了新青年的精神风貌；作为一名医学生，他跟随医务人员冲锋在抗疫最前线，用专业素养助力抗疫战役；作为一名中共预备党员，在疫情面前，他顶得上、靠得住、干得好，捍卫群众的生命安全，与人民共渡难关。

新时代中国青年不畏难、不惧苦，危难之中显精神，关键时刻见真章，总能够在祖国和人民需要的时候挺身而出，自觉扛起责任，无私奉献，无畏向前，彰显青年一代应有的闯劲、锐气和担当。青年大学生作为中国青年的主力军，有理想，有知识，有担当，有情怀，没有被困难所吓住，没有因劳累而厌烦，反而在难中修心，急中生智，苦中有乐。上海外国语大学王畅博士在疫情防控攻坚战中，主动报名，穿上厚重的防护服之后，立即奔赴浦东机场防疫前线，成为首批“突击队员”。因志愿者召集令下得很急，驻场没有专业翻译人员，于是指挥部临时决定，让她从原本跟车集中转送的工作安排中“火线转职”，负责旅客信息登记点的登记与翻译工作。她不负众望，顺利完成翻译任务，即使遇到小语种语言服务障碍时，她都能通过电话联系日语、韩语翻译与旅客进行三方沟通，耐心地向外籍旅客解释说明防疫流程，得到旅客们的理解赞许。由于机场需要 24 小时值守，志愿者工作也是 12 小时白班与 12 小时夜班轮流倒。面对连续作战、通宵工作的压力，王畅化身机场的“开心果”，抓住等待航班落地的间歇，在每位队友的防护服上写了名字，还描绘了害羞的向日葵、漂亮的蝴蝶、加油的小兔子、萌萌的小猪等卡通画，给大家带来了欢声笑语，缓解紧张疲劳，鼓舞团队士气，鼓励大家一起加油，把驻守任务完成好。

实现伟大的梦想，必须要经过伟大的斗争。筚路蓝缕，荆棘从生，在奋斗的征途中，将会遇到各种困难。伟大的中华民族，一代又一代有理想、有追求、有责任、有担当的热血青年，总在危险时刻，挺身而出，不怕牺牲，英勇拼搏，砥砺前行。山东大学邓传耀同学是山东省千佛山医院的一名护士，也是学校护理与康复学院的在读研究生。她说，研究生的学习提升了自己的科研能力，而护士长的工作又给予了自己接触临床的机会，这可以将理论与临床很好地结合起来，为护理专业的发展作出应有的贡献。生活中的她是个充满艺术细胞的人，热爱主持、演讲、读书和旅游，能够将兴趣爱好与专业知识结合起来，曾荣获中华医学会肠外肠内营养护理学组演讲比赛一等奖、中华医学会肠外肠内营养微课大赛二等奖。面对武汉发生的严峻疫情，她主动请缨，向学校递交了前往一线的请愿书并得到批准。随后，她跟随山东省第三批援湖北医疗队驰援武汉，定点支援华中科技大学附属同济医院中法新城院区。在这段特殊的日子里，她每天穿着厚厚的防护服，戴着三层外科手套和护目镜，水雾凝结成了水珠，在护目镜上流下了一条缝，她便透过这条缝看出去，小心翼翼，镇定地为病人打针抽血。平时，她还利用艺术特长，加强与患者沟通交流，安抚他们的紧张恐惧情绪，成为大家快乐的“白衣天使”。

青春担当，就是担难、担险、担重

青春担当，就是经世济民，大德大爱。大爱不分男女老幼，不分贫富贵贱，蕴含崇高的人道主义精神。青年一代，有许多人读过毛泽东同志写的《纪念白求恩》，被白求恩精神感动和激励。新时代青年，要继续学习和发扬白求恩精神，站在人类命运共同体的高度，加强国际合作协同，汇集全世界的青春力量，助力早日战胜“疫魔”。在疫情防控阻击战中，浙江中医药大学叶涵荃同学出生在西班牙，祖籍温州文成，父亲是较早一代的移民。寒假期间，她回到西班牙首都马德里，不料新冠疫情爆发，且已在西班牙全境蔓延。眼看患者人数呈指数型增长，她在与父母商量后，主动联系了塞韦罗·奥乔亚医院，表示愿意增援。疫情防控期间，她和同事们创新俯卧辅助治疗方式，显著提高患者呼吸能力。但是，调整患者的姿势需要两位护士、两位护工以及一位医生协作，工作量非常大。一天忙碌下来，她经常累得身体像散了架似的。由于防护物资紧缺，上午和下午班次的口罩需要佩戴 7 小时，夜班的口罩则需要佩戴 10 小时。她忍受着长时间佩戴口罩带来的不适，从不提过高的要求。

勇于担当，既要担难、担险、担重，又要担小、担细、担实，立足本职岗位，以高度负责的精神，认真细致地做好每项工作，完成每一件任务，在细微之中显精神，在具体事项之中见韧劲，在攻克一个又一个的难关之中大展身手，在日复一日的平凡之中彰显格局。湖北工程学院张悦同学是一名多才多艺的乐观女孩，是孩子眼中温柔的美术老师，更是冲锋在抗疫前线的大学生志愿者。在校园里，她是学生心中的“暖心人”，担任美术与设计学院团总支副书记，为学生做好事、做实事。在课余时间，她还兼职过小学、初中的美术老师，深受孩子们的喜爱。岁末年初，新型冠状病毒肆虐全国，她主动联系村党支部书记，要求和志愿队伍一起投入到防控战斗中，共同抗击疫情。一开始，当家人知道她要报名参加志愿者活动时，出于存在病毒感染风险的考虑，十分担心。后来，她用坚定的态度和无畏的勇气说服亲人，表示在社会需要的关键时候，必须扛起青年人的责任担当，既是为国，也是为家。在疫情防控中，她的工作主要是给村民测量体温，并登记造册，及时跟踪更新。她对待工作认真细致，坚持不掉落一人，不遗漏一事。为了提高村民的防控意识，她在测量体温的同时，还积极宣传防护知识，时常提醒村民做好自我防护，叮嘱大家戴口罩、勤洗手、不扎堆。每天工作结束后，她感到口干舌燥，汗水淋漓，但从不抱怨，从不言苦。

担当不是心里怎么想，嘴上怎么说，而是立即行动起来。党和人民有需要，社会民生有需求，这就是行动的信号，这就是使命的召唤。我们不要仪式，更不要犹豫，而要迅速响应，从身边做起，从现在做起，从可行之处做起，主动作为，贡献力量，奉献青春。2020 年初，新冠疫情牵动着每一位国人的心。鲁东大学曹金章同学在接到学校为抗击疫情延期开学的通知后，以大学生党员身份向村委会请缨参加村镇疫情防控工作，并被安排即刻参与防控工作。疫情就是命令，防控就是责任。他负责的防控检查点位于镇的边界上，白天来往车辆很多，需要认真做好每一个环节防控工作。车辆来时，要先检查车辆通行证，然后给车内每位人员量体温，对车辆进行消毒，车辆登记后才能放行。如果有行人，要检查通行证、量体温、登记等工作，并提醒行人尽量不要出门走动和出门时戴好口罩等事项。令他紧张难忘的事件有两回。一次是夜间九点，检查过往的一辆车，由于第一次参加这样的工作，没有经验，检查流程动作稍有些缓慢，耽误了车主送货的时间，心里十分过意不去。另一次是遇到镇长和县长巡查各个防控检查点，他根据疫情防控要求，仍然严格进行例行检查。当地领导赞扬他说："曹金章同学作为青年大学生，在家乡群众危难之际，牢记使命，敢于担当，主动参与疫情防控工作，为保家乡平安，打赢疫情防控阻击战、攻坚战贡献力量，真是好样的孩子。"

大学生有理想、有追求、有知识、有主见、有潜能，在一定的环境和条件下，他们的激情将会被激发，潜力将被唤醒，从而产生一股无畏的勇气和力量，转化为一种克服困难、解决问题的能力，从旧我走向新我，从平凡走向卓越，走向新的胜利，走向新的未来。2020年初，浙江宁波理工学院钱辰瑛同学起初与大多数人一样，对于“新型冠状病毒”这个突然出现在大众眼前的字眼并不是特别在意，直到几天、几周后，她看着新闻里疫情地图上的“红色”开始扩散，看着疫情数字每天都在增加，看着这个原本热闹的春节越来越安静，才开始忧虑起来，她劝说家人戴起口罩，心里却还是放不下些什么。她左思右想，打算为社会疫情防控做出力所能及的贡献。她决定根据《人民日报》提出的疫情防控“48字守则”，结合个人绘画特长，创作一组抗疫漫画。经过几天几夜的奋战，她终于完成这一“杰作”。漫画通过活泼生动、直观有力的方式，表达了举国一心抗击疫情的决心，引导大众重视新冠疫情，多洗手、戴口罩、不串门、不聚集，受到媒体的广泛关注并应用到防疫宣传中去，产生了良好的社会效果。

青年突击队，越是艰险越向前

世事无常，人间有爱。在风急雨斜之中，总有一大批挡风挡雨人，以血肉之躯为社会安宁驻守；在天崩地裂的时候，总有一大批逆行者，不惧牺牲，挺身而出，逆流而上，为保护人民生命财产奋不顾身；在雷鸣电闪中，总有一大批青年突击队，日夜兼程，越是艰险越向前，以青春的生命和热情，谱写一首首为国为民奉献之歌。在防范新冠疫情这场无硝烟的战争中，天津大学王秋萍同学担任大竹镇洋坑村第一书记，带领村“两委”班子和党员，放弃春节假期，驻守在洋坑村疫情防控第一线，全力以赴守护全村730户2 830名村民的生命安全。为了确保疫情防控工作落实到位，她组织召开了村委会会议，挨门逐户讲解疫情防控知识并排查登记外出返乡人员信息，及时掌控流动人员信息数据，为科学防控做到心中有数。为了排查风险人员，她准备了新春慰问的礼品，上门慰问从湖北武汉等地回来的务工村民，叮嘱其做好自我隔离和防范措施，尽量控制活动范围和减少接触其他人员，平安度过疫情潜伏期。为了避免群众集聚，她通过张贴防范倡导书、小喇叭广播广泛宣传，反复叮嘱村民减少外出，缩小活动空间。当她了解到一位村民患有糖尿病多年，每天饭前必须注射胰岛素，由于疫情防控道路封阻，无法购买胰岛素，病情逐渐严重，她立即到医院帮助购买胰岛素，让老人病情及时得以缓解。

青年突击队不只是一个响亮的口号，也不只是一个光荣的称号，它是一种担当精神，有了这种精神，面对困难，敢于顶上去、冲出去、干出来；它是一股青春力量，有了这股力量，可以组织一切资源，解民忧、疏民困、暖民心，切实帮助解决人民群众最直接、最迫切、最需要的困难，解决一个一个具体又实在的问题。这种精神和力量，激励青年学子自觉奋勇拼搏，突击冲锋陷阵，践行青春使命。浙江城市学院徐永镇同学在寒假抗疫期间，加入家乡抗“疫”青年突击队。他担任突击队副指挥，主要负责巡查卡点和慰问乡里特设的观察户，每日上门量体温，运送饼干牛奶、方便面等物资。元宵节将至，为给坚守一线的执勤人员送上温暖祝福，他和小伙伴在元宵节当天大早，送去热气腾腾的汤圆，让大家深受感动，体会到虽然疫情阻断了回家路，但却阻断不了团圆路，病毒隔离道路，却隔离不了爱与温暖。突击队还了解到，由于受疫情影响，道路管控，卡点众多，乡里过去畅销的草莓将面临卖难，预计损失达 30 万元。于是，他们迅速组建了一支小分队，每天中午利用执勤午休时间，到草莓基地开展抖音直播，帮助农户销售草莓，妥善处理好疫情防控和农产品销售的问题。

面对社会危机，作为青年人，我们绝不能袖手旁观，更不能有事不关己、高高挂起的旁观心态，而是要有国家兴亡、匹夫有责，社会有难、担当有我的格局胸怀，尽己所能、尽己之力，能做什么就做什么，做一事就是一事，奉献一点就是一点，相信我们所学的专业知识和技能，就是战胜困难的有力武器。北京信息科技大学徐云岫同学是一名大四学生，因临近毕业，待在家里做毕业论文设计，时常在新闻里看到新冠疫情防控的相关报道。随着开学时间的到来，一些同学在社交网络上讨论“什么时候才能开学啊，什么时候才能返校啊”，等等。为了配合解释防范疫情风险暂时不能返校的规定，他结合自己的专业知识，制作了一个直观的科普视频。在这个视频中，展示了学生在教室集中上课、在餐厅集中就餐、在宿舍自由活动的情况下，一个病毒携带者可以在较短时间内，迅速将病毒传播给大多数学生，令人触目惊心。这个短短3分钟的有趣视频，说明了学生还不能返校集中上课的科学原因。这一小视频一经转发，迅速被《人民日报》《新闻联播》《光明日报》《中国教育报》等媒体报道和转载，累计阅读量超过1.6亿次，对稳定学生情绪起到了积极的作用。

养兵千日，用兵一时；读书十年，用书一朝。青年大学生在社会危急事件之中，运用专业知识解决实际问题，并在人民群众之中传播科学技术、文化知识和文明成果，将“治事”与“强心”相结合，对积极化解社会危机、战胜困难险阻起到生力军的作用。在抗击新冠疫情战役中，北京中医药大学曹凤同学始终奋战在一线，学以致用，帮扶社区，助力前线，彰显着中医药学子的专业自信与使命担当，让中医药的作用惠及基层，造福更多群众。在新冠疫情暴发之际，她主动报名参加基层社区卫生防疫志愿组织，在各个主要道路执勤测量体温，跟随当地村医入户调查，参与捐款活动。随后，她发现社区生病的老人无法出门，就医是个大难题。她决定利用自身的专业优势，采取点对点中医诊疗的办法，定期到村民家里为他们进行针灸推拿治疗，这让“足不出户”的居民们病痛缓解，并普及此次新冠病毒感染引发肺炎诊疗方案中有关中医的预防治疗内容。她的针灸效果较显著，使病患的疾病状况得到缓解，免疫力得到增强，生活品质得到改善，更加坚定了他们抗击新冠疫情的决心和信心。

家国情怀，让爱国主义旗帜永远飘扬

青年一代不怕苦，不畏难，不惧牺牲，用肩膀扛起如山的责任，展现青春激昂的风采，展现出中华民族的希望，这是习近平总书记对青年的肯定和期待，也是无数大学生在抗疫斗争之中的舍生忘死、救死扶伤的生动写照。事实证明，大学生的思政课，不是抽象枯燥的照本宣科，而是具体又生动的奋斗实践，在血与火的感知中，进一步坚定信念，洗涤灵魂，强化责任，升华人生。武汉科技大学方佳慧同学本计划跨年旅行，突然身体发烧不舒服。起初情绪低落的她，在父母老师的鼓励下，积极配合治疗，渐渐走出被病魔笼罩的阴影。住院期间，她发现不少一线医护人员家中子女正面临着升学压力，于是立即联系学校团学组织，成立“小老师”志愿团队，积极为医护人员子女进行学业辅导，减轻医护人员压力。她通过线上支教，为孩童答疑解惑，与孩童心连心，分享生活中的喜怒哀乐，被孩子们亲切地称为“小姐姐”。随后不久，她康复出院，第一时间响应武汉市政府倡议，毫不犹豫作出了捐献血浆的决定，捐献了300毫升的血浆。返校后，她被推举担任青年志愿者服务总队队长，率领团队不忘初心，继续帮助辅导医务人员子女学习，为疫情防控作出贡献，被共青团中央、中国青年志愿者协会授予“全国抗击新冠肺炎疫情青年志愿服务先进个人”。

为打赢疫情防控攻坚战、阻击战、总体战，广大大学生没有畏惧、没有退缩、没有躲闪，迎难而上，投身抗疫一线，冲锋在前，勇于担当。这些壮举，不只是青年学子个人请愿出征，还有的是全家一齐出动，涌现出许多父子、母子、父女、母女联手抗疫的感人事迹，从中可见中华大地上，处处家国情怀。我们以实际行动再次证明家国天下，有国才有家，有家才有国。当疫情袭来之时，山东省日照市东宅科村党支部积极动员组织党员群众参加防疫点值守工作，人手十分紧缺。在这关键时刻，山东管理学院葛兴辉同学挺身而出，邀请母亲主动报名参加基层防疫工作。母子俩第一时间奔赴防疫站值守岗位，连续两个多月，坚守在村口，对外来车辆和人员进行登记排查，抽空入户对村民进行体温测量、发放防疫传单、街道消毒等。他们坚持每天帮助村委会整理上报信息，认真做好被隔离人员的情况记录工作，以及统计疫情防控物资的发放情况，及时为隔离人员派送新鲜蔬菜和水果，并做好心理疏导工作。同时，他们还利用网络平台，积极宣传普及防疫知识，不断提高村民自我防护意识，坚持人们科学战胜“疫魔”的信心和决心。母子“齐上阵，战疫情”的事迹得到了日照广播电视台的宣传报道，对稳定当地疫情防控形势产生了积极的影响。

一方有难，四方帮忙。为应对新冠疫情，上海理工大学熊沛琪同学作为班级团支部书记，主动在班级群里发起了“健康打卡、积极学习、支援防控”倡议，希望通过线上打卡，相互鼓励，缓解同学居家隔离的焦虑情绪。在防疫物资最紧缺的时候，她和家人几经努力，向周围群众发放了多方筹集来的口罩两百余个，并打电话给每一位亲朋好友，请大家不传谣、不信谣。在她的鼓励和支持下，身在湖北武汉的舅舅主动请缨，提前返乡回家，立即深入一线开展志愿服务。随着疫情有所缓和，她接到复学复课通知，她又第一时间申请返校做防疫志愿者，协助学院统计、梳理重点地区同学情况以及困难学生情况，并组织开展“线上抗疫党员故事”宣讲，制作“抗战一线人员”宣传画，录制“为中国加油”的主题视频，努力营造良好氛围，为学校顺利复学作出积极贡献。在她的带动下，班级中超过三分之一的同学投入到疫情防控工作中来，她本人荣获 2019 年上海大学生年度人物。

在疫情的影响下，大学校园学习生活的计划安排被打破，一些课程由线下调整为线上，一些活动由现场转变为“云上”，同学们较多时间居家学习，承受学业、身心和交往等多重压力。在这种情况下，还能够积极主动去担当作为，这真不容易。青年人遇上百年未有之变局，主动参与抗疫斗争，如同上了一堂生动的爱国主义课，在担重担难的抗疫实践之中，用眼睛发现中国精神，用青春践行中国精神。上海健康医学院米尔卡米力·艾孜木同学临近升入大三之际，收到学校发来的通知，他被告知受疫情影响，暂时不能从新疆喀什返校。面对这种突发情况，他没有恐慌烦躁，更没让自己“闲着”，而是利用临床医学专业知识，立即投入家乡防疫一线。面对线上学习的压力，他虚心向老师同学请教，逐步适应新的教学方式，同时继续前往医院帮忙，经常加班到深夜才回家。因接触疑似患者，他被隔离 14 天，其间，面对等待检测结果的焦灼与惶恐，他没有打消战疫的决心，反而更加坚定了战胜困难的决心。隔离结束后，他又投身疫情防控中，被同学们称为“钢铁战士”，并荣获上海大学生年度人物。

奋斗的青春最美丽，奉献的青春最值得

奋斗的青春最美丽，奉献的青春最值得。只有进行了激情奋斗的青春，只有进行了顽强拼搏的青春，只有为人民作出奉献的青春，才会留下充实、温暖、持久、无悔的青春回忆。年轻时，面对艰难险阻，我们苦过、累过、哭过、笑过，留下一串串的记忆。事隔多年再回想起来，这是何等豪迈和光荣。鲁东大学昝葆峥同学响应号召，积极投入疫情防控工作中，争做疫情防控一线

志愿者。他先后在莒南县筵宾镇人民政府疫情防控办公室、莒南北站和莒南集前社区开展志愿活动，帮助政府做好外来人员数据统计、测温检测和防疫宣传工作，积极参与家乡疫情防控捐赠活动，用自己在学校勤工助学的工资向临沂慈善总会捐款。当地群众对他诚恳、耐心的态度竖起大拇指，纷纷为他点赞。特别是在疫情严峻的关键时刻，他冲在防控一线，面对感染风险，丝毫不退缩，坚持给自己申请较多任务，站岗执勤，扫码测温，为社区定期喷洒消毒水。面对领导交办的每一项任务，他都认真对待，没有丝毫懈怠，用心用力做到位。面对并肩战斗的同事们，他自觉奉献，主动承担夜间值班任务，迎着黑暗守护家乡的安全，为其他工作者争取更多休息时间。

同人民一起奋斗，青春才能亮丽；同人民一起前进，青春才能昂扬；同人们一起追逐梦想，青春才能无悔。面对突如其来的疫情，面对可能发生的危险，青年学子不躲不闪，迎难而上，不需要被动安排，不需要做思想工作，而是主动作为，积极抢着活干，经过一番刻苦磨炼，长了本事，强了意志，感觉一下子长大了，一下子成熟了。由此可见，青年人的成长，要在事中磨，要在苦中修，经过千锤百炼，练就过硬本领和钢铁意志。新疆农村基础教育师资力量相对薄弱，疫情暴发后，部分教师无法及时回到岗位，当地教育领域受到严重影响。烟台大学迪丽萨尔·阿卜拉同学是新疆维吾尔族学生，她第一时间报名返乡，与乡里 30 余名大学生一起走进教室，开展了为期一个月的志愿教学服务工作，用实际行动展现青春担当。她负责为巴什兰干乡中心小学二年级二班的 36 名小学生授课，每天早晨九点准时到岗，开展一天的教学工作，同时她注重细节，在课间休息时间，安排学生们排队去洗手。等到中午午饭时间，她会把饭菜拿到班里，一一分给同学们吃。她虽未返“校”，却常在“校”，从大学到小学，

“学生”与“老师”的身份转换，点燃了迪丽萨尔的工作责任感。一个月以来，她在“疫”中支教，践行青春担当。竭尽全力提高教学质量，为孩子们打造梦想的船桨，助力孩子们向未来远航。

每一代青年，都有每一代青年的际遇和机缘，都要在自己所处的时代条件下谋划人生、创造历史。人生漫漫，岁月变迁，风云际会，我们可能会遇上一些际遇和机缘，也可能会遇上所料未及的危难和挑战。面对好运和厄运，我们要做到好时不得意，坏时不慌张。化好事为长久，化危难为机遇，在辛劳之中体会充实的人生，在挥洒汗水之中珍惜青春的美好。福建三明学院庄诗瑶同学是一名南安市的返乡大学生，疫情发生后，她放弃寒假的休息时间，申请成为南安市疾控中心的一名大学生志愿者。志愿服务期间，她利用所学专业知识，主动承担起公众号的信息采集与编辑工作，用照片和文字记录下了防疫一线每个感人的瞬间。她穿起志愿者的小红袄，协助仓管员做好应急物资的管理和发放，确保物资准确无误地送到每个单位。尽管每天都要着手紧张繁重且劳累的工作，但是她感到无比的充实和愉快，切实体会到为打赢此次新冠病毒疫情战役各行各业付出的巨大努力。她的勇敢付出和无私奉献，受到当地政府和群众的一致好评。福建南安市在感谢信中写道：“庄诗瑶同学在工作中能吃苦耐劳，认真负责，勇于担当，为遏制疫情扩散贡献了自己的一份力量，很好地展现新一代青年的精神面貌!”

一个人，忙过才知闲的真趣，累了才睡得更香。我们在年轻时候，经过大风大浪，走过艰难困难，这将是一生的财富。“天将降大任于是人也，必先苦其心志，劳其筋骨，饿其体肤，空乏其身，行拂乱其所为，所以动心忍性，曾益其所不能。”极限的条件，使我们将自身的潜能发挥出来，重塑自我，脱胎换骨，走向新生。沧海横流，方显英雄本色。自 2020 年大年初五起，身处湖北宜昌的广东石油化工学院彭世亮同学就奔赴小区抗疫一线参与防控工作。他顶着感染风险，每日为社区群众志愿服务一直忙到很晚才回家。第二天清晨起来，他赶紧先往各家各户配送生活必需品，然后在小区门口对进出人员测量体温，还要统筹调度相关人员物资，有时接打电话连水都顾不上喝一口。他坚守岗位默默奉献，谦虚低调，虽然长时间参与高强度的志愿工作，然而从未对班主任和身边朋友提及过。他认为，自己作为入党积极分子和学校青协会长，应积极主动响应学校号召，勇于担当作为，做好力所能及的工作，这是应该的。他将服务社会的刻苦意志转化为学习向上的动力，专业成绩一直名列前茅，且爱好广泛，品学兼优，是同学们学习的榜样。

大学生的社会担当和责任感，是培养新时代“四有”新人的重要内容，也是大学生成长成才的基本素质。一个人的成长和命运，总是同国家民族社会发展紧密相关。目前，我国疫情防控取得重大决定性胜利。我们要倍加珍惜抗疫斗争的重要成果，继续讲好中国抗疫故事，坚定必胜信心，在新时代新征程上披荆斩棘，奋勇前行。作为新时代青年学子，要认清时代发展趋势，深入了解国情社情民情，勇于担当，奋发有为。总之，希望同学们：

1. 当代学生要将“爱国主义精神”转化为实际行动，在祖国与人民危难之际，能够向前冲，关键时刻，顶得上，靠得住，打得赢。必须带着对人民生命的敬畏，坚守“生命重于泰山”的理念，做到“家国情怀，责任如山”。

2. 投身社会担当，要坚持“以人为本”，将“生命健康”放在第一位，要尊重生命、珍爱生命，要坚持以人为本的崇高追求，坚持人民主体地位，牢牢坚守以人民为中心的根本立场，要尽量服务保障好矜寡孤独群体的日常生活需求。

3. 疫情期间，要铭记初心，担当使命，积极投入新冠病毒疫情防控战、阻击战、攻坚战，于基层巡逻、扫码测温、核酸检测等平凡岗位，彰显新时代大学生“不惧危险，冲锋在前”的奉献与担当精神，同时要把“安全”放在首位，加强个人防护。

4. 要善于利用自身专业所学，参与疫情防控常态化，例如利用中医所学，让群众足不出户解决杂症小病；利用新媒体所学，制作宣传视频，宣传防控措施；利用艺术所学，制作漫画，向孩童传递“戴口罩”的必要性；利用新媒体软件，进行线上支教，为贫困地区学生点亮前行的灯塔。

5. 疫情并不可怕，关键是坚定信念，树立打赢疫情防控攻坚战的决心和信心。同时要上好“疫情防控阻击战”这一堂实践大课。要强化自身生命教育、信念教育、科学教育与道德教育，进一步树立正确的世界观、人生观、价值观，树立坚韧不拔、从容不迫的奋斗精神，厚植赤诚仁爱、心系天下的家国情怀，真正与祖国共成长。

6. 坚定民族自信，积极通过线上形式参与全球疫情防控战役，坚守全球命运共同体，彰显大国担当与中国青年的高尚品质，弘扬“团结协作，担当利世”的新时代全球抗疫精神。

7. 要将专业学术、科学研究作为重要抓手，做到科学防疫。要将理论所学应用于疫情防控阻击、构建疫情防控铜墙铁壁，缓解疫情防控引发的社会重点难点问题，推动打赢疫情防控人民战争、总体战、阻击战。

第十讲　劳动锻炼之路

大学生作为社会主义的建设者和接班人，关系着国家和民族的未来，大学生的劳动素质和劳动能力直接决定了他们能否担当民族复兴的大任，以及能否成为合格的社会主义接班人。加强劳动锻炼有助于大学生形成正确的人生价值观，磨炼意志，锤炼品德，锻炼体魄，增强荣誉感，提高抗压能力，培养艰苦奋斗的优良作风，提升心理和生理素质。同时有利于德育、智育、体育、美育、劳育的协调发展，在劳动中使大学生的人格和认知能力得到充分发展和培养，推动将“劳动精神”内化于心、外化于行，并在劳动锻炼中坚定人生理想，实现人生价值。

1985年冬天，时任厦门市委常委、副市长的习近平同志与大学生亲切沟通，讲述他的劳动故事：做知青的时候，大冬天下到粪池里起粪，因为冬天粪池里结着冰碴，但也得下去起粪，一方面需要沤粪，再一个粪池快满了，不起出来也装不下。去起粪就得把鞋子脱了，把裤腿挽起来，光着脚跳进去用铁锹一锹一锹往上起，冰碴把腿和脚划出一道道血印子。起粪的时候弄得满身既有汗水又有粪尿，混在一起，又湿又臭，冷风一吹，全身冰凉。越到后面越难受，既考验体力也考验毅力。总书记强调：下乡要过五关：跳蚤关、饮食关、生活关、劳动关、思想关。劳动关是关键的一步，只有跨过了劳动关，树立了“自找苦吃”的想法，才能砥砺思想，让你的思想更加靠近老百姓，也让老百姓更加信赖你。[①]

1990 年 7 月下旬，北京大学 30 多名学生赴福州开展为期 10 天的社会实践活动，时任福州市委书记习近平同志获悉后非常重视，利用晚上休息时间到实践团驻地看望大家并座谈，他强调："生活不容易"，年轻人只有经历了"生活关""劳动关"的考验，最终才能体会到马克思主义、社会主义真正含义。不要认为学校中学到的知识是高超、万能的，只有到社会中与群众打成一片、扭到一起后，产生了社会责任感，才能获得真知灼见。[②]

2007 年 5 月 20 日，时任上海市委书记的习近平同志在同济大学百年庆典大会上勉励同济学子：坚持做到实现自身价值和报效祖国、服务人民相统一，树立远大理想和脚踏实地、艰苦奋斗相统一，学习书本知识和投身社会实践相统一，在实现中华民族伟大复兴中谱写壮丽的青春之歌。[③]

2010 年 1 月 22 日，时任中共中央政治局常委、中央书记处书记、国家副主席习近平同志来到华中科技大学视察，勉励大学生：要志存高远、脚踏实地，勤于学习、增强本领，在服务人民、服务社会的实践中，努力把自己锻炼成为德智体美劳全面发展的合格人才。[④]

2013 年 4 月 28 日，习近平总书记在全国劳动模范代表座谈会上发表重要讲话强调：人世间的美好梦想，只有通过诚实劳动

---

① 《习近平同志提倡年轻人要"自找苦吃"——习近平与大学生朋友们（三）》，《中国青年报》2020 年 5 月 11 日。

② 《习书记傍晚与我们社会实践团座谈——习近平与大学生朋友们（五）》，《中国青年报》2020 年 5 月 18 日。

③ 《习书记勉励我们"同舟共济、自强不息"——习近平与大学生朋友们（三十六）》，《中国青年报》2022 年 4 月 8 日。

④ 《习主席参加我们的"主题党日"活动——习近平与大学生朋友们（十三）》，《中国青年报》2020 年 6 月 15 日。

才能实现；发展中的各种难题，只有通过诚实劳动才能破解；生命里的一切辉煌，只有通过诚实劳动才能铸就。实现我们的奋斗目标，开创我们的美好未来，必须紧紧依靠人民、始终为了人民，必须依靠辛勤劳动、诚实劳动、创造性劳动。“一勤天下无难事。”必须牢固树立劳动最光荣、劳动最崇高、劳动最伟大、劳动最美丽的观念，让全体人民进一步焕发劳动热情、释放创造潜能，通过劳动创造更加美好的生活。①

2014 年 4 月 30 日，习近平总书记在乌鲁木齐接见劳动模范和先进工作者时指出：劳动是一切成功的必经之路，实现我们确立的奋斗目标，归根到底要靠辛勤劳动、诚实劳动、科学劳动。②

2015 年 4 月 28 日，习近平总书记在庆祝“五一”国际劳动节暨表彰全国劳动模范和先进工作者大会上发表重要讲话强调：劳动者素质对一个国家，一个民族发展至关重要。劳动者的知识和才能积累得越多，创造能力就越大。让劳动光荣、创造伟大成为铿锵的时代强音，让劳动最光荣、劳动最崇高、劳动最伟大、劳动最美丽蔚然成风。一切劳动者，只要肯学肯干肯钻研，练就一身真本领，掌握一手好技术，就能立足岗位成长成才，就能在劳动中发现广阔的天地，在劳动中体现价值、展现风采、感受快乐。③

2016 年 4 月 29 日，习近平总书记在知识分子、劳动模范、

---

① 《习近平同全国劳动模范代表座谈时强调　充分发挥工人阶级主力军作用依靠诚实劳动开创美好未来》，《光明日报》2013 年 4 月 28 日。

② 《习近平在新疆考察时强调　紧紧依靠各族干部群众共同团结奋斗　建设团结和谐繁荣富裕文明进步安居乐业的社会主义新疆》，《人民日报》2014 年 5 月 1 日。

③ 《庆祝“五一”国际劳动节暨表彰全国劳动模范和先进工作者大会隆重举行》，《人民日报》2015 年 4 月 29 日。

青年代表座谈会上发表重要讲话，勉励大家："人生在勤，勤则不匮。"幸福不会从天而降，美好生活靠劳动创造。素质是立身之基，技能是立业之本。要立足岗位学，向师傅学，向同事学，向书本学，向实践学。劳动没有高低贵贱之分，任何一份职业都很光荣，无论从事什么劳动，都要干一行、爱一行、钻一行。希望我国广大劳动群众，以劳模为榜样，爱岗敬业、勤奋工作、锐意进取、勇于创造，不断谱写新时代的劳动者之歌。①

2018 年 4 月 30 日，习近平总书记在给中国劳动关系学院劳模本科班学员的回信中强调：劳动最光荣、劳动最崇高、劳动最伟大、劳动最美丽。全社会都应该尊敬劳动模范、弘扬劳模精神，让诚实劳动、勤勉工作蔚然成风。②

2018 年 9 月 10 日，习近平总书记在全国教育大会上发表重要讲话时强调：要在学生中弘扬劳动精神，教育引导学生崇尚劳动、尊重劳动，懂得劳动最光荣、劳动最崇高、劳动最伟大、劳动最美丽的道理，长大后能够辛勤劳动、诚实劳动、创造性劳动。要努力构建德智体美劳全面培养的教育体系，形成更高水平的人才培养体系。全党全军全国各族人民要在中国共产党的坚强领导下，同心同德，开拓进取，用辛勤劳动创造中国人民的美好生活、创造中华民族的美好未来，继续同世界各国人民一道构建人类命运共同体。③

2019 年 7 月 16 日，习近平总书记到内蒙古大学考察，与大

① 《习近平在同知识分子劳动模范青年代表座谈时强调　紧跟时代肩负使命锐意进取　为共同理想和目标团结奋斗》，《人民日报》2016 年 4 月 30 日。

② 《习近平给中国劳动关系学院劳模本科班学员的回信》，《人民日报》2018 年 5 月 1 日。

③ 《习近平在全国教育大会上强调　坚持中国特色社会主义教育发展道路　培养德智体美劳全面发展的社会主义建设者和接班人》，《光明日报》2018 年 9 月 11 日。

学生亲切交谈，临别时，习近平总书记叮嘱同学们：学生要好好干，好好学，好好干就是好好学！要注意身体，多锻炼。[①]

2020 年 4 月 30 日，习近平总书记在给郑州圆方集团全体职工的回信中强调：希望广大劳动群众坚定信心、保持干劲，弘扬劳动精神，克服艰难险阻，在平凡岗位上续写不平凡的故事，用自己的辛勤劳动为疫情防控和经济社会发展贡献更多力量。[②]

2020 年 11 月 24 日，习近平总书记在全国劳动模范和先进工作者表彰大会上发表重要讲话时强调：要开展以劳动创造幸福为主题的宣传教育，把劳动教育纳入人才培养全过程，贯通大中小学各学段和家庭、学校、社会各方面，教育引导青少年树立以辛勤劳动为荣、以好逸恶劳为耻的劳动观，培养一代又一代热爱劳动、勤于劳动、善于劳动的高素质劳动者。[③]

2021 年 4 月 30 日，在“五一”国际劳动节到来之际，习近平总书记在致全国广大劳动群众的节日祝贺中指出：希望广大劳动群众大力弘扬劳模精神、劳动精神、工匠精神，勤于创造、勇于奋斗，更好发挥主力军作用，满怀信心投身全面建设社会主义现代化国家、实现中华民族伟大复兴中国梦的伟大事业。[④]

2022 年 3 月 30 日，习近平总书记在参加首都义务植树活动时，勉励新时代大学生：要德智体美劳全面发展，不能忽视

① 《习近平在内蒙古考察并指导开展“不忘初心、牢记使命”主题教育时强调　牢记初心使命贯彻以人民为中心发展思想　把祖国北部边疆风景线打造得更加亮丽》，《光明日报》2019 年 7 月 17 日。

② 《习近平给郑州圆方集团职工回信勉励广大劳动群众　弘扬劳动精神　克服艰难险阻　在平凡岗位上续写不平凡的故事》，《光明日报》2020 年 5 月 1 日。

③ 《全国劳动模范和先进工作者表彰大会隆重举行》，《光明日报》2020 年 11 月 25 日。

④ 《在“五一”国际劳动节到来之际　习近平向全国广大劳动群众致以节日的祝贺和诚挚的慰问》，《光明日报》2021 年 5 月 1 日。

“劳”的作用，要从小培养劳动意识、环保意识、节约意识，勿以善小而不为，从一点一滴做起，努力成长为党和人民需要的有用之才。[①]

2022 年 4 月 27 日，习近平总书记致信祝贺首届大国工匠创新交流大会举办时强调：我国工人阶级和广大劳动群众要大力弘扬劳模精神、劳动精神、工匠精神，适应当今世界科技革命和产业革命的需要，勤学苦练、深入钻研，勇于创新、敢为人先，不断提高技能技术水平。[②]

2022 年 5 月 10 日，习近平总书记在庆祝中国共产主义共青团成立 100 周年大会上发表重要讲话时强调：新时代的广大共青团员，要做刻苦学习、锐意创新的模范，带头立足岗位、苦练本领、创先争优，努力成为行业骨干、青年先锋；要做敢于斗争、善于斗争的模范，带头迎难而上、攻坚克难，做到不信邪、不怕鬼、骨头硬；要做艰苦奋斗、无私奉献的模范，带头站稳人民立场，脚踏实地、求真务实，吃苦在前、享受在后，甘于做一颗永不生锈的螺丝钉。[③]

2022 年 6 月 8 日，习近平总书记在四川宜宾学院考察时，勉励大学生：幸福生活是靠劳动创造的，大家要保持平实之心，客观看待个人条件和社会需求，从实际出发选择职业和工作岗位，热爱劳动，脚踏实地，在实践中一步步成长起来。要自觉践

---

① 《习近平在参加首都义务植树活动时强调　全社会都做生态文明建设的实践者推动者　让祖国天更蓝山更绿水更清生态环境更美好》，《光明日报》2022 年 3 月 31 日。

② 《习近平致信祝贺首届大国工匠创新交流大会举办强调　勤学苦练深入钻研勇于创新敢为人先　为推动高质量发展实施制造强国战略贡献智慧和力量》，《光明日报》2022 年 4 月 28 日。

③ 《庆祝中国共产主义青年团成立 100 周年大会在京隆重举行》，《光明日报》2022 年 5 月 11 日。

行社会主义核心价值观，努力做到德智体美劳全面发展。①

2022年10月16日，习近平总书记在党的二十大报告上指出：坚持多劳多得，鼓励勤劳致富，促进机会公平。在全社会弘扬劳动精神、奋斗精神、奉献精神、创造精神、勤俭节约精神，培育时代新风新貌。②

为贯彻习近平总书记的重要指示精神，各级部门高度重视新时代大学生劳动教育工作。

2020年3月20日，中共中央、国务院印发《关于全面加强新时代大中小学劳动教育的意见》，提出以习近平新时代中国特色社会主义思想为指导，全面贯彻党的教育方针，落实全国教育大会精神，坚持立德树人，坚持培育和践行社会主义核心价值观，把劳动教育纳入人才培养全过程，贯通大中小学各学段，贯穿家庭、学校、社会各方面，与德育、智育、体育、美育相融合，紧密结合经济社会发展变化和学生生活实际，积极探索具有中国特色的劳动教育模式，创新体制机制，注重教育实效，实现知行合一，促进学生形成正确的世界观、人生观、价值观。“意见”强调一是把握育人导向，坚持党的领导，围绕培养担当民族复兴大任的时代新人，着力提升学生综合素质，促进学生全面发展、健康成长。二是把准劳动教育价值取向，引导学生树立正确的劳动观，崇尚劳动、尊重劳动，增强对劳动人民的感情，报效国家，奉献社会。三是遵循教育规律，符合学生年龄特点，以体力劳动为主，注意手脑并用、安全适度，强化实践体验，让学生亲历劳动过程，提升育人实效性。四是体现时代特征，适应科技

① 《习近平在四川考察时强调　深入贯彻新发展理念主动融入新发展格局　在新的征程上奋力谱写四川发展新篇章》，《光明日报》2022年6月10日。

② 《中国共产党第二十次全国代表大会在京开幕》，《光明日报》2022年10月17日。

发展和产业变革，针对劳动新形态，注重新兴技术支撑和社会服务新变化。五是深化产教融合，改进劳动教育方式，强化诚实合法劳动意识，培养科学精神，提高创造性劳动能力。六是强化综合实施，加强政府统筹，拓宽劳动教育途径，整合家庭、学校、社会各方面力量，家庭劳动教育要日常化，学校劳动教育要规范化，社会劳动教育要多样化，形成协同育人格局。七是坚持因地制宜，根据各地区和学校实际，结合当地在自然、经济、文化等方面条件，充分挖掘行业企业、职业院校等可利用资源，宜工则工、宜农则农，采取多种方式开展劳动教育，避免“一刀切”。①

2020 年 7 月 16 日，教育部印发《大中小学劳动教育指导纲要（试行）》强调，一是强化劳动观念，弘扬劳动精神，将劳动观念和劳动精神教育贯穿人才培养全过程，贯穿家庭、学校、社会各方面。注重让学生在学习和掌握基本劳动知识技能的过程中，领悟劳动的意义价值。二是强调身心参与，注重手脑并用。把握劳动教育的根本特征，让学生面对真实的个人生活、生产和社会性服务任务情境，亲历实际的劳动过程。三是继承优良传统，彰显时代特征。在充分发挥传统劳动、传统工艺项目育人功能的同时，紧跟科技发展和产业变革，准确把握新时代劳动工具、劳动技术、劳动形态的新变化。四是发挥主体作用，激发创新创造。关注学生劳动过程中的体验和感悟，引导学生感受劳动的艰辛和收获的快乐，增强获得感、成就感、荣誉感。鼓励学生在学习和借鉴他人丰富经验、技艺的基础上，尝试新方法、探索新技术，打破僵化思维方式，推陈出新。②

① 《中共中央国务院关于全面加强新时代大中小学劳动教育的意见》，《光明日报》2020 年 3 月 27 日。

② 《教育部印发大中小学劳动教育指导纲要——劳动教育成为“硬核”要求》，《光明日报》2020 年 7 月 16 日。

劳动最光荣，幸福是奋斗出来的

习近平总书记指出，把青年一代培养造就成德智体美劳全面发展的社会主义建设者和接班人，是事关党和国家前途命运的重大战略任务，是全党的共同政治责任。近年来，各地高校开展了形式丰富、富有新意的劳动锻炼主题项目，教育引导青年大学生树立“劳动最光荣、劳动最崇高、劳动最伟大、劳动最美丽”的观念，并把劳模请到校园作专题报告，鼓励组织学生走出去访问优秀劳动者，追寻劳模足迹，感悟劳动之美。复旦大学组织各院系支部的成员围绕生活园区自行车摆放、垃圾分类指导和楼宇文化建设等方面，开展了18个园区党支部实践服务项目；同济大学组织各学院结合专业特色，重点开展特色劳动实践项目，充分发挥劳动教育的综合育人作用；华东师范大学各书院将劳动教育有机融入志愿服务和社会实践活动，组织多语种学生党史宣讲团、大学生“追光”科普宣讲团、人工智能科普剧走进幼儿园及中小学等活动；华东理工大学针对学生勤工助学的不同岗位需求，开展礼仪、咖啡、摄影等专项技能培训，帮助同学们掌握劳动技能；上海交通职业技术学院举办“情系社区，牵手新场”劳动教育系列活动，推动志愿服务活动日常化、服务内容专业化、服务内容特色化；上海第二工业大学连续两年开展“劳模心·劳动美·中国梦”劳动教育活动月活动，引导大学生爱劳动、会劳动、懂劳动。各高校通过搭建各类实践平台，拓宽劳动教育渠道，丰富活动内涵，让学生在劳动实践中得到体悟和收获。

勤劳是人的基本品质。劳动创造生活，劳动创造未来，劳动创造幸福。大学里，我们要把劳动当成一种学习，向实践学习，读好“无字”之书。要把劳动当成一种成长，劳其筋骨，饿其体肤，自力更生，自强自立。要把劳动当成一种奉献，在服务师生、利他助人的付出之中升华品格。福建师范大学黄艺超、刘昱点同学因为家庭生活困难，只好依靠自己努力的劳动挣取生活费、学费，借助学校提供的图书馆勤工助学岗位，主动参与校园劳动。刘昱点担任图书助理，她精准了解所负责区域的全部书籍存放位置，当同学来借书籍的时候，她便主动上前，指导帮助同学做好图书借阅登记。在工作中帮助同学的同时，她也认识了很多不同专业的朋友，经常互相分享喜欢的书籍。一次偶然的机遇，在辅导员的推荐下，黄艺超也成为图书馆勤工助理，出生于农村的他，渴望读书，他不仅将图书馆助理这个角色作为劳动岗位，更作为“求学圣地”，既可以节省找书的时间，也能够及时阅读最新出版的理论书籍。在老师与图书馆工作人员的指导下，他慢慢在劳动中学会了如何成为一名合格的图书馆助理。平时一次又一次与人交流，也让他逐渐提升了自身的人际沟通能力与协调处理能力。在校园劳动中，他们切实体会到助人为乐、无私奉献的精神，既收获了友谊，也提高了个人综合能力。

劳动最光荣。通过劳动，我们认识到不劳而获的可耻，明白世界上没有一件事是可以轻轻松松就能成功的。体会到胜利的果实不是随随便便就可以得到的，必须靠自己真才实学，凭借日复一日、年复一年的劳动付出，才能有所收获。因此，我们要在内心深处尊重劳动、向往劳动、热爱劳动。广东海洋大学缪南亨同学在广东省一个贫穷的小山村里长大，从小过着艰苦的生活。小学初中时，懂事的他看到父母的辛苦，主动到农田劳作，不怕苦、不怕累，不论寒冬酷暑，尽力分担父母的辛劳。步入高中，他发奋学习，考上大学，成为村里为数不多的大学生，获得奖励 2 000 元。高考后的暑假，他到工厂打工，每天参与 10 小时“体力劳动”，用自己辛勤的汗水赚钱攒学费。在这个过程中他不仅明白了劳动的艰辛和父母的不易，也让他明确了“靠自己的劳动挣钱”“发奋读书回报父母、社会”的目标。步入大学，他主动咨询师兄兼职问题，在校内参加食堂勤工俭学，在校外参与辅导、发放宣传单等兼职。同时他时刻不忘学习是第一要务，珍惜来之不易的学习机会，刻苦奋斗，埋头苦学，靠着自己的努力成为班级的第一名，荣获国家励志奖学金、校一等奖学金。大学四年，他用校内外兼职获得的“劳动报酬”、奖学金承担了自身的学费、生活费，未向父母要过一分钱，他收获了“劳有所得”的喜悦，也提升了自身的人际沟通、服务他人、时间管理等能力。

青年学子要学习和发扬新时代劳模精神，担负时代使命，在担当中历练，在尽责中成长，让青春在新时代改革开放的广阔天地中绽放，让人生在现实中国梦的奋进追逐中展现出勇敢奔跑的英姿，努力成为德智体美劳全面发展的社会主义建设者和接班人。走出大学“象牙塔”，中国石油大学甄世阳同学怀着理想与专业情怀，投身于煤电行业。从懵懂无知到从容淡定，他在劳动中不断汲取力量，推动自身羽翼丰满，成为集团公司劳动模范。他坚守“实践出真知”，严谨务实，辛勤劳动。面对集团公司刚成立不久，亟需建章立制的任务要求，他主动请缨，起草编写各项管理制度、岗位安全操作规程等 100 多页 5 万余字。面对富有挑战的项目，他发扬科学精神，坚定信念，统筹谋划，分步实施，艰苦奋斗。针对具体细节问题，他发扬工匠精神，精准施策，靶向发力，攻坚克难，任劳任怨。他参与重大科研项目，为早日得出准确的实验数据，他带领大学实习生不分昼夜，加班加点，连续奋战 18 天，提前 2 天完成矿物杂化颜料产品 4 种规格 3 个温度段的煅烧试验，按时完成科研任务。一路走来，作为一名大学生职工，他用奋斗的姿态，成为时代的追梦人，彰显了“敬业爱岗、争创一流、艰苦奋斗、勇于创新、甘于奉献”的劳模精神，为企业高质量发展、国家煤电行业建设贡献了青春能量。

劳动最崇高，可以立德，可以增智，可以强身

劳动最崇高。这是因为劳动不仅创造美好生活，而且创造社会价值。青年学子将劳动锻炼与社会实践、志愿服务、基层调研结合起来，读万卷书、行万里路、交万个朋友，深入体察劳动人民的生活，倾听他们的呼声、需求，激发起与他们一起同甘共苦、为人民幸福而奋斗的情怀。北京交通大学宫啸同学将劳动精神融入公益服务，大学四年，矢志不渝坚持，倾心倾力投入，在公益劳动中弘扬社会主义核心价值观，为更多的人带来温暖和爱，他热衷社会实践，崇尚公益劳动，汇聚社会力量，参与共圆山区儿童读书梦想等一系列活动，并得到团中央未来网、北京卫视等媒体报道。暑期社会实践中，他前往贫困的宁夏西海固山区开展实践调研，他跟随农民在干燥的地里牵牛耕地时，听到农民儿子的梦想：想要一本属于自己的新华字典。这种“小梦想”让他感到震撼，他进行了详细的实地调研，发现有成百上千个孩子家庭困难，拥有学习书籍便是他们“梦寐以求”的“愿望”，他将此次劳动心得转化为开展公益服务的不竭动力，组织参与“西海固启蒙助学公益计划”，他和团队成员制定了详细的公益行动方案，不怕苦不怕累，在周围社区、高校宣传动员，收集书包、文具、书籍，背回集中点，清理干净，打包之后寄给孩子们，为远方山区的孩子们送去了一抹抹暖阳。

劳动可以立德，可以增智，可以强体，可以育美。我们在劳动实践中，学会勤俭，学会感恩，学会助人，学会谦让，学会宽容，学会自省，学会自律，遵循职业操守，提升职业素养，传承职业精神，为今后卓越的人生事业打下坚实的基础。山西卫生健康职业学院付欣煜同学是一个00后女孩，从小便是爸妈的“掌上明珠”。毕业后选择与专业对口的养老护理职业。她系统复习

自身专业所学理论、技能，进行详细的应聘准备，最终以优异的成绩通过应聘考试。入职后，她主要负责失智失能老人的照护工作。她的日常工作是协助老人排便，护理老人洗澡，面对异性老人，她克服“脸皮薄”“排斥”等心理，切实把职业职责放在第一位。她坚持“依靠专业所学，辛勤劳动，切实服务好老人，推动养老行业发展”。失能老人较多需要护理，失智老人需要时刻照顾，繁重的工作使她感到疲惫不堪，但她时刻提醒自己，要尊重职业，用辛勤的劳动实现自我价值。而且照护失智老人有风险，她曾被咬、被打，父母多次劝她辞职，她却选择继续坚持“为老人精心服务”，在平凡的岗位上践行自己不平凡的坚守。在工作劳动中，她也获得了成长，看到失智老人把自己当成女儿的时候，她提醒自己要“珍惜身边眼前人，好好孝顺父母”，父母的爱是永恒的。

劳动是做事，劳动也是做人，劳动就是老老实实地做好人、做好事。实现伟大的中国梦，要靠全体人民辛勤劳动。作为青年学子，我们要自觉树立辛勤劳动、诚实劳动、创造性劳动的观念，彻底抛弃投机取巧、粗心大意、马马虎虎、得过且过的错误认识。否则，将华而不实，站不住，行不稳，走不远。临近毕业，北京师范大学陈晓锋同学为了结合专业所学，在劳动中提升适应工作的能力，他利用寒假时间前往一家外资市场研究咨询公司进行“劳动锻炼”。初入社会的他怀着在劳动中“多学习，多锻炼，增长才干”的目标，本想跟随年长、资历老且高学历的“老师傅”进行学习、工作，但让他没有想到是，他的项目经理却是一个仅仅比他大两岁、本科学历的、看起来还没有自己老成的“小师傅”。作为研究生的他，心怀骄傲，心理上的不服气让他失去了动力，全然忘记了要脚踏实地劳动。正是由于这种漫不经心、得过且过的态度，他在统计一次重要数据时出了错。这时他赶紧向自己的“小师傅”讨教，端正自己的工作学习态度，在“小师傅”的帮助下重新进行数据统计，终于准确纠正过来。通过这段时间的劳动锻炼，他深刻地明白了“脚踏实地”的道理，作为青年人不能只是仰望星空看未来，更应该弯腰低头看脚下，做人如此，做学问如此，唯有经过辛勤努力，脚踏实地，才能实现理想。

好逸恶劳是人性的弱点，也是人之常情。从劳动态度上来说，有积极的，有消极的；从劳动心理上来说，有主动的，有被动的；从劳动习惯上来说，有经常性的，有随意性的。青年人体力精力充沛，累了，睡一觉，力气又回来了。作为青年学子，要牢固树立以辛勤劳动为荣、以好逸恶劳为耻的劳动观，努力成为热爱劳动、勤于劳动、善于劳动、积极劳动、主动劳动的时代新人。外交学院赵觉理同学利用寒假，主动参与社会劳动锻炼，观察社会社情，体悟民情民意，磨炼自身的综合能力。他借助自身专业优势，以大学生记者身份担任列车员，深入铁路春运，面对春运每天来来往往的列车，他不怕艰辛不怕劳苦，每天要核对几千人的身份证和车票，眼睛都开始模糊了，但他依旧坚持，不言退缩。看到每天引导员需要耐心为乘客解决几千个问题，搬运工需要装卸几百件行李，他深深体悟到每一名劳动者的艰辛与不易。春运压力最大时，会临时安排客车，他前往列车上进行采访，从车首采访服务到车尾，他在服务的过程中保持微笑，耐心解决乘客的问题，缓解他们渴望回家的焦虑心情。虽然这是他第一次担任列车员，但他的热情和责任感丝毫不输任何人，他深知一张张火车票承载着无数劳动者的乡愁。铁路人的工作守护着14亿中国人回家的梦，未来他也会继续将个人的梦想融入宏大的中国梦。

劳动最伟大，吃得苦中苦，方为人上人

劳动最伟大，如同天空中的太阳，万丈光芒，普照大地，给社会带来光明和温暖。之所以这样说，是因为劳动是一种事业品质，奋斗成就梦想，劳动成就事业；劳动是一种工作态度，没有付出就没有收获，天才是百分之一的天赋加百分之九十九的勤奋；劳动是一种作风要求，工作上要用心、用力、用情，专心致志，劳心劳力，不辞劳苦，才能有所收获。聊城大学毛旭娜同学经过选拔，前往中国建设银行，参与劳动锻炼实习。在锻炼的过程中，她不仅做出了劳动贡献，更扩宽了视野，增强了本领。实习期间，她主动学习相关财务专业知识，向有经验的同事学习请教，深入思考如何将自己的工作干细干好。在工作中，她端正态度，认真学习每一项业务的相关理论、技能，尽自己最大的努力将工作做出价值。她时刻牢记“为民服务”的宗旨，确保服务质量，充分理解不同人群的心理与独特风格，切实做到暖心、细心、贴心。她结合自身“党团学”的工作经验，积极协助中国建设银行行党委、团委的同事，开展主题党日、团日活动。在实习劳动中，她细致工作，努力奉献，让实习劳动卓有成效，为今后的工作积累了宝贵的经验。

好男儿志在四方，吃得苦中苦，方为人上人。大学生坚持艰苦奋斗，不贪图安逸，不惧怕困难，不怨天尤人，依靠勤劳和汗水，在人生和事业的征程上前行，在艰难困苦之中磨炼意志，在风险挑战面前敢于迎难而上，在攻克一个个技术难题时，实现人生的价值。内蒙古科技大学李双同学大学毕业，扎根新疆，为“西北工业建设”贡献青春力量。面对异常恶劣的环境，艰苦的生活工作条件，他异常坚定，他坚守自己的理想，牢记父亲的嘱托，用自己勤劳的双手，发扬“不怕苦不怕累，为社会创造价

值，为人民谋福祉”的劳动品质，促进西北煤炭资源开发，挖掘新疆发展的无限潜力。面对严峻的排土问题，他争取领导同事的支持，成立创新攻坚小组，通过无数次的勘察和熬夜计算解决了制约企业发展的问题。在西北艰苦一线劳动的他，在不断的工作实践中，打磨工匠本领，练就了“千里眼”“顺风耳”的本领：看排土平台，就知道高度是否标准；听设备声音，就知道哪里出了“小毛病”。他用辛勤的劳动在为企业、为国家创造价值的同时，也在实现着自我人生价值。戈壁虽荒，但理想未荒，他扎根广阔的戈壁沙漠，在劳动中不断提升自身本领，顽强拼搏，用辛勤的汗水助力“新疆建设”“西北建设”，描绘了别样精彩的青春画卷。

大学生劳动锻炼，既要注重实际，耕田犁地，先望天时；又要讲究方法，磨刀不误砍柴工，学习应用科学工具，往往事半功倍；还要倾注感情，好之不如乐之，只有热爱劳动，才能真正在劳动之中享受快乐，那种苦尽甘来、幸福满满的感觉，就是劳动带来的。山西大学邓兰雪同学寒假期间主动前往乡下开展关于“三农”问题的一线调研，在劳动中努力积累基层治理与农业发展的经验。她说劳动锻炼要注重实际，自己将从乡村农民口中听到的“老经验”与“土方法”记录于本，随后搭着老乡的便车，到村里与村干部们开了近一个小时的“调查会”，根据实际情况，她将入户访谈人员分为农业户、个体工商户、富裕户、中等户和贫困户五种。劳动锻炼还要善于运用方法，在访谈过程中，由于农民对外来人员比较抵触，导致访谈结果不太准确，自己为了让访谈者放下戒备心，连续一周去老农家的早点摊吃早餐，以日常的口吻、站在农民的角度展开询问，最终成功获得了农民的信任，使访谈顺利进行，获得了大量真实可靠的信息。劳动锻炼更要倾注感情，在农村实践调研时，她们用辛勤的汗水、一颗真心和热爱获得了课本之外的知识，懂得了入乡随俗是田野调查的基本功，要想听到农民的心声，就要真心换真心，用农民的语言交流，从农民的角度思考问题从实际出发，这样才能成为一个合格的“田野追梦人”。

功到自然成。劳动不是轻松的游戏，要下功夫、花力气，出汗出力，方有所获。劳动不是一时冲动兴起，要几下手脚就撒腿跑了，而是需要身心俱至，耐得住苦，受得了累，扛得起重，盯紧目标，坚持到底，永不放弃，始终保持积极乐观的精神，累并快乐着，相信总有一天，一定水滴石穿。面对严峻的新冠病毒疫情防控形势，作为一名退伍军人、在校大学生、德安青年，江西财经大学岑茜同学放弃假期，主动请缨，奔赴社区一线参与志愿劳动。她曾不顾父母的反对，坚持前往社区参与志愿服务。她顶着冬天的寒风，做好卡口值守工作，对来往的群众做扫码、登记、消毒等工作，确保筑牢防疫“铜墙铁壁”。她主动跟随社区书记做好防疫宣传，对未佩戴口罩的群众进行劝导。她还结合自身专业特长，根据群众所需物品名目，制作线上清单，发布到市民网络购物信息平台，根据群众的需求，选取商品物美价廉的超市为群众集中统一采购。社区群众每天所需物资众多，几乎每天忙碌到深夜，但是她从不喊累，在劳动中享受“志愿服务，奉献社会”带来的快乐。此外，她还曾组织协调开展“一对一帮扶”，为“德安援鄂医疗队”医护人员家属提供无偿志愿服务，做好“后勤保障工作”，对家属进行心理辅导，教孩子学习相关课程。

劳动最美丽，美在心灵，美在创造，美在奉献

劳动最美丽，美在心灵，美在创造，美在奉献，美在过程，美在实干。青年学子要牢记空谈误国、实干兴邦的道理，放飞梦想，到艰苦边远地方去，到基层一线中去，到乡村振兴主战场中

去，埋头苦干，经受锻炼，无怨无悔，用勤劳的双手、一流的业绩谱写一首美丽动人的青春之歌，创造精彩的人生。中国传媒大学赵鑫同学大学期间曾到北京房山区融媒体中心实习，当她看到百姓生活通过基层治理得到根本改善，她决心奔赴基层工作。毕业后她坚定地报考乡村振兴协理员岗位，并顺利通过笔试面试。随后，她在唐家岭村股份经济合作社担任董事长助理一职，并主动申请担任西北旺镇党建示范基地讲解员以及西北旺镇融媒体中心新闻主持人。她深知“基层工作解决一件，村民的幸福感就会提升一点”，她时常走出办公室，走向乡野田间了解基层最真实的现状和人民群众最迫切的需求，将广大人民的根本利益作为出发点和落脚点。建党一百周年之际，她负责镇域“永远跟党走”主题展览解说工作，她加班加点细致打磨解说词，苦练解说稿，出色完成讲解任务。在党建基地，她出色地完成领导交派的各项任务，共计接待服务地区党员、群众、两新企业 160 批次，3 000 余人。

生活靠劳动创造，幸福靠劳动铺路，青春靠劳动精彩。青年学子奔赴农村，走进田间地头，参加农业劳动生产实践，体验“谁知盘中餐，粒粒皆辛苦”的劳动，挥洒青春的汗水，加深对所学知识理论的理解，将论文写在大地上。作为 95 后“农学人”，南京农业大学宋佳伟、赵亚南、周述兰同学三位“南农姑娘”深入故乡乡间田野，开展“农耕劳动”，在实践中应用专业所学，加深对农耕文化的理解。春耕之际，宋佳伟奔赴“农耕一线”，挽起袖子，跟随农民在乡村的田地里播撒土豆、小麦种子，在田间地头，她跟随农民学习“课本之外”的农耕本领，在劳动中，她不仅学会了施肥与覆盖地膜，更结合专业所学指导农民使用“二指宽切割法”，提高种苗存活率的同时，降低了时间和人力成本。因疫情无法返校的周述兰主动加入农耕劳动，由于贵州山地多，无法将机械运用到田地耕作中，不到 20 岁的她亲自挥起了锄头，参与农忙，她跟随农民学习利用草木灰对土壤进行增肥从而增加出苗率的“土方法”，进一步加深对专业理论的理解。面对村里老龄化严重的实际问题，赵亚南发扬“农学生”的爱农情怀与担当精神，主动帮助村老农民“春耕”，她跟随老农民学习农机实操，不怕脏、不怕累地犁地，为家乡生产助力。在劳动锻炼中，她与农民相互学习，在农耕锻炼中，她真正投身农田，学以致用，将科学理论与实际经验结合，达到“知行合一”的农学劳动效果。

劳动没有贵贱，不分大小，不分远近。从近处做起，从自我做起，从现在做起，这是大学生劳动锻炼的原则之一。家庭劳动、家务劳动就是实现上述原则的方式。一屋不扫，何以扫天下？我们要把劳动作为日常生活的应有内容，如同每天需要吃饭睡觉一样，自觉养成热爱劳动、自觉劳动的好习惯。商丘工学院杨晨曦、杨跃欢同学利用假期，主动参与家庭劳动，培养自身独立自主的生活能力。从小在父母的庇护下长大的杨晨曦，起初并不知道如何“将地拖干净”，她用清水涮拖把，地上的个别污渍依旧存在，在母亲的指点下，她将洗衣粉放入清水，用工具刮一遍顽固污渍，弓着背、低着头、弯着腰，擦了一遍又一遍，终将地板擦干净。她主动跟随母亲学做饭，从不敢“打火”到能单独用煤气炉煎鸡蛋，切黄瓜从切成块到切成丝，家务劳动见证着她的进步。儿时的杨跃欢，没有洗过衣服，步入大学校园后，她利用校园自动洗衣机洗衣服，在假期中，她决定开展“家务劳动节”，为工作忙碌的父母洗衣服，部分衣服因材质问题无法用洗衣机机洗，她手动洗衣服，没有经验的她，一边擦汗，一边细致揉搓每一处污渍。洗衣服、晾衣服、叠衣服，在这个过程中，她边收拾边听着歌，想到自己儿时，母亲也是这般辛苦，深切感受到母亲对家庭和自己的爱。她们在假期的家庭劳动中，感悟父母的辛苦，体悟劳动的艰辛，也更加坚定了她们聚焦学业、勤奋学习、事业有成后回报父母的决心。

劳动既要动手，又要动脑。动手不动脑，将劳动应付了事，结果往往不尽人意；动脑不动手，光说不练，光想不干，实际是纸上谈兵。体力劳动、脑力劳动都是劳动，而且要将两者很好地结合起来，努力成长为技术尖兵和岗位能手，不断提高劳动的质量和效率。湖南高速铁路职业技术学院刘志红同学面对岗位的艰辛、令人焦虑的地铁站务工作，她将体力劳动与脑力劳动结合，勤奋刻苦，踏实肯干，钻研业务，通过苦练成为车站里的行家里手，荣获广东省“五一劳动奖章”。初入工作岗位时，她也感到迷茫，但她坚定信念，积极向他人请教、学习，并将核心要素记录于自己的工作笔记之中，逐渐成为车站中的“业务大全”。在日常工作中，她谦虚谨慎、戒骄戒躁、沉稳踏实的工作作风得到广大同事及乘客高度赞扬。作为一名地铁劳动者，她始终认为对待业务要精益求精，唯有不停提升自身的业务本领，才能推动地铁的安全服务再上新的台阶。她时常以劳模为榜样，在劳动中不断打磨本领。在劳动中，她完成由“职场新人”到“车站业务尖子”的蜕变。并时刻牢记党员身份，始终发挥先锋模范带头作用，立足自己平凡的岗位，怀着对职业的尊敬，对劳动的热爱，用力坚守，用情服务，用心织绣最美的“地铁青春画卷”。

劳动使人进步，青年人出汗出力，才能出成绩

劳动使人进步。青年学子通过生产劳动，坚持理论联系实践，推动可能性与可行性的统一，促进主观能动性与客观条件相结合，做到对的坚持，错的改进。劳动磨练青春意志，我们在热火朝天的劳动生活之中，懂得什么叫做苦与累，懂得什么叫做咬

紧牙关、坚持到底，懂得成长就是苦乐同在、砥砺前行。劳动还可以让年轻人尽快融入集体，没有一个单位，没有一个领导，没有一个团队不喜欢勤快谦虚、努力工作的青年人，这是青春风采、青春担当、青春力量。上海大学程雨苗、胡冰儿同学，利用学校提供的暑期实践的机会，在行政事业单位开展“挂职劳动锻炼”，培养自身劳动能力，服务奉献社会。挂职于教育局党群工作科的程雨苗跟随“帮带老师”认真做好干部任免工作，积极跟随科室领导不断积累工作经验，她坚持“细致负责”的工作理念，怀着“为民服务，为社会奉献”的初心，高效率高标准完成了该项工作。在商务局挂职锻炼的胡冰儿，在同事的鼓励和指导下，较快融入工作环境，不仅学会了制作完整的报表，还锻炼了沟通协调能力，不再内向寡言，敢于与不同群体进行交流，主动开口请教经验和方法。

幸福是奋斗出来的，美好生活是劳动拼搏出来的。青年学子看到父母的辛劳，才知为人父母不容易；看到社会上辛勤劳动的人们，才知生活不容易；自己投身于生产劳动，风里来、雨里去、日光晒、月光归，出汗出力之后，才真正懂得勤劳是青年成长的基石。天津大学王科健同学是“五月天”乐队的歌迷，他深知父母给予的生活费都是父母辛辛苦苦、挥洒汗水通过劳动赚来的，他希望通过自己的劳动赚取生活费，用自己努力而来的钱去观看承载着自己整个青春记忆的“五月天演唱会”，同时在兼职劳动中锻炼自己，增长社会阅历。他利用自身优势，投递简历，应聘家教，在兼职劳动中，他与顽皮的孩子耐心交流，真心换真心，从思想上引导孩子树立“勤奋学习”的信念，在给顽皮孩子授课的过程中，他锻炼耐心、细心和专心的工作作风，备课过程中也不断加深了自己对所学专业理论的领悟。在下班回家的路上，当他看到路边的农民工在辛辛苦苦工作，为养家糊口辛勤劳动，他深有感悟，自己仅仅在温暖的屋子里工作了两小时，便得到了他们一天的收入，自己还有什么理由不努力学习呢，要勤奋学习，步入社会，立足岗位，辛勤劳动，为社会的发展创造价值。兼职劳动经历是一节生动形象的青春实践课，让他理解父母艰辛、崇尚劳动的同时，也为未来注入了一份勇敢与坚持。

大学要把大学生劳动教育锻炼纳入人才培养全过程，以劳动教育锻炼为途径，让青年学子出汗出力、强身健体、磨炼意志，亲身体验劳动的辛苦，亲身品尝劳动果实，学会付出，学会感恩，更好地成长成才。通过劳动实践，促进青年学子以己度人，懂得一丝一缕来之不易，懂得尊重别人的劳动成果，懂得劳动不仅为己，而且利他济世，自觉地从小我走向大我，养成大爱情怀。北京大学医学部将“劳动教育”作为“立德树人”工作的一项重要抓手，引导学生树立正确的劳动观，崇尚劳动，尊重劳动，增强对劳动人民的感情。2019 年 3 月，学校组织“北大医学生”体验安保站岗和巡逻工作，让他们出汗出力，亲身体验劳动的辛苦。2019 年 4 月，学校组织学生体验后勤工作，引导学生通过劳动实践，体会后勤人员的奉献精神。同月，学校组织“厨试锋芒・百味交响”神厨大赛，让学生们享受劳动过程，懂得一丝一缕来之不易，珍惜劳动成果。2019 年 11 月，学校组织清扫收集校园落叶的活动，强身健体、磨炼意志，培养他们不怕苦、不怕累的劳动精神。此外，学校还举办了“早安，唤醒校园的人们”感恩活动，学生早晨 6 点起床为北医校园里的工作人员送上爱心物件，培养学生们对劳动人民的感恩之心。新冠病毒疫情防控期间，北大医学子主动请缨到当地的疾控中心支援，作为志愿者，他们用自己的实际行动交上了一份令人满意的答卷，在磨炼中奋力成长，在无私的劳动中体现自身的价值。

高校开展劳动教育，要引导学生从小事做起，从自己做起，从身边做起，一点一滴积累，一件小事一件小事叠加，积小德为大德，养成好思想、好品德、好习惯。通过校内、校外劳动实践基地等平台，积极探索日常生活劳动、服务性劳动、生产劳动的有效途径，办好新时代的高等教育。重庆师范大学将劳动教育实践课程融入第二堂课程体系，作为“创造的起点”项目板块，在日常生活劳动、服务性劳动、生产劳动等方面积极开展劳动实践。在日常生活劳动方面，学校积极开展改善学生园区公共环境的“纸板回收”活动，通过劳动实践的形式，增强学生劳动意识，保持学生园区的清洁环境。学校组织同学们在课后积极主动参与公共区域和实验室卫生的打扫，努力创造和保护美丽洁净的校园环境，将日常生活劳动的成果扩展到学校各个角落。在服务性劳动方面，学校将服务性劳动教育与系列志愿服务工作相结合，在校、院两个层面广泛开展各类志愿服务活动。每年选派志愿者参加市级大型赛会志愿服务工作，常态化开展校内外敬老、献血、防疫、迎新等系列专项志愿服务工作，通过志愿服务工作强化服务性劳动的实践培养过程，进一步加强学生对劳动观的认识。在生产劳动方面，学校以科学实验、野外实习等形式，开展实验类专业实践，让同学们在实践中检验真理，将课本知识与实际生活相结合，在实践中感悟，有效培养学生综合化、系统化运用所学的基础理论、专业知识的能力。学校持续构建与德育、智育、体育、美育相融合的劳动教育模式，提升学生劳动意识和劳动实践能力。

总之，希望同学们：

1. 强化劳动观念，弘扬劳动精神。正确理解劳动是人类发展和社会进步的根本力量，认识劳动创造价值、创造财富、创造美好生活的道理，尊重劳动，尊重劳动者。牢固树立劳动最光荣、劳动最崇高、劳动最伟大、劳动最美丽的观念，切实弘扬勤俭、奋斗、创新、奉献的劳动精神。

2. 掌握生活必备劳动技能，养成良好的劳动习惯和品质。要掌握基本的劳动知识和技能，正确使用常见的劳动工具，增强智力、体力和创新力，培养完成劳动所需要的设计、操作与协调合作能力。能够自觉自愿、持之以恒参与劳动，珍惜劳动，珍惜劳动成果，以实际行动回报家庭、校园、社会中的劳动者。

3. 在劳动中坚守初心，培育积极的劳动精神。要深刻领会“幸福都是奋斗出来的”内涵与意义，培养诚实守信、不怕苦不怕累的精神，传承中华民族勤俭节约，艰苦奋斗，敬业奉献的优良品德，弘扬不忘初心、牢记使命和开拓创新、砥砺奋斗的时代精神。

4. 准确把握时代脉搏。面对生活、生产、公益劳动，要全身心投入，准确把握新时代变化下，劳动模式及技术的变化，在劳动中不断提升自身专业能力、技术能力，推动实现“劳有所得”“劳有所获”。要虚心向他人请教，学习借鉴他人劳动方法、劳动经验，结合自身实际，尝试创新，研究新方法，探索新技术。

5、广泛参与各类劳动，参与日常生活劳动，立足个人、家庭、校园生活事务，注重培养生活能力和良好卫生习惯，树立自立自强意识。参与生产劳动，要了解不同行业产生物质财富价值的历程与方法，掌握相关技术，感受劳动创造价值，体会劳动的伟大。参与服务性劳动，利用知识、技能等为他人和社会提供服务，在服务性岗位上见习实习，树立服务意识，实践服务技能，在公益劳动、志愿服务中强化社会责任感。

6. 在参与劳动的过程中要坚持手脑并用、知行合一，要将自身刻苦所学的专业知识应用于劳动，指导劳动，通过劳动锻炼加深对理论的了解、对技术的创新。要不怕动脑、不怕动力，在劳动的过程中，推动理论与实践的相互促进，同时在过程中，深刻理解劳动的艰辛不易，坚定理想信念，磨炼坚强意志，锻炼强健体魄，增强集体荣誉感，推进德智体美劳协调发展。

7. 以“劳动”为荣，以“懒惰”为耻，秉承着“勤学、敬业、奉献、细致”的观念辛勤劳动，诚实劳动，科学劳动。要立足岗位，向师傅学，向同事学，向书本学，向实践学。要敬重职业，恪尽职守，无论从事什么劳动，都要干一行、爱一行、钻一行，努力成为行家里手。要以时代劳模为榜样，爱岗敬业、甘于奉献，对待工作严谨细致、踏实负责，用实实在在的工作质效，为民族复兴伟业作出贡献。

8. 在劳动过程中要注重安全适度，诚实合规，科学创新。要强化实践体验，亲历劳动过程，不可盲目参与高强度劳动。要坚持家庭劳动日常化、学校劳动规范化、社会劳动多样化，注重诚实守信，不可偷懒耍滑，保证劳动成果质量，在过程中真正有所成长，有所进步。劳动锻炼中，要善于具体问题具体分析，充分分析劳动地域的自然、文化环境，精准研判，统筹谋划，有效创新，推动劳动高质高效。

第十一讲　自强自立之路

人生漫漫，不可能一帆风顺，难免会遇到挫折，苦难险阻并不可怕，关键要坚定意志，重拾信心，顽强拼搏，坚韧前行。自强者永远不惧风雨，在逆境中始终保持奋进的姿态。自强者永远以创新为矢志不渝的追求，总是满怀“虽九死其犹未悔”的壮志豪情。石可破也，而不可夺其坚；丹可磨也，而不可夺其赤。正如习近平总书记所言，“奋斗是艰辛的，艰难困苦，玉汝于成，没有艰辛就不是真正的奋斗，要勇于在艰苦奋斗中净化灵魂、磨砺意志、坚定信念。幸福都是奋斗出来的”。每个人都有梦想，都很了不起，但是唯有奋斗才会实现梦想，秉持自强精神，涵养自立力量，从生活细微处着手，每天更努力一点，每件事更主动一些，光芒就在触手可及之处。

2014 年 5 月 16 日，习近平总书记在北京人民大会堂会见第五次全国自强模范暨助残先进集体和个人表彰大会受表彰代表，发表重要讲话时强调：中华民族历来强调自强不息、厚德载物。从大家身上，我看到了中华民族优秀传统文化的传承，看到了不畏艰辛、顽强拼搏的志气，看到了社会正能量的充分发挥，看到了坚持和发展中国特色社会主义的一支重要力量，我们都要凝心聚力，在实现人生梦想的同时，共同推动中华民族的美好梦想早日实现。①

① 《习近平在会见第五次全国自强模范暨助残先进集体和个人表彰大会受表彰代表时强调　更加勇敢地迎接生活挑战　更加坚强地为实现梦想努力》，《光明日报》2014 年 5 月 17 日。

2022年4月8日，习近平总书记在北京冬奥会、冬残奥会总结表彰大会上指出：要弘扬人道主义精神，尊重和保障人权，完善残疾人社会保障制度和关爱服务体系，促进残疾人事业全面发展，支持和鼓励残疾人自强不息。①

2021年4月19日，在清华大学建校110周年校庆日即将来临之际，习近平总书记在清华大学考察时强调：青年大学生要不断坚定“四个自信”，不断增强做中国人的志气、骨气、底气，树立为祖国为人民永久奋斗、赤诚奉献的坚定理想。任何美好的理想，都不会唾手可得，都需要经过不懈努力。在新的历史条件下，继续弘扬中华民族自强不息、艰苦奋斗的精神，既是贯彻落实“四个全面”战略布局的内在要求，也是当代青年成长成才的必由之路。②

2022年10月16日，习近平总书记在党的二十大报告上强调指出：完善覆盖全学段学生资助体系，健全分层分类的社会救助体系。坚持保障妇女儿童合法权益，完善残疾人社会保障制度和关爱服务体系，促进残疾人事业全面发展。坚持发扬斗争精神，增强全党全国各族人民的志气、骨气、底气，不信邪、不怕鬼、不怕压，知难而进、迎难而上，统筹发展和安全，全力战胜前进道路上各种困难和挑战，依靠顽强斗争打开事业发展新天地。③

人的一生，苦难总是要来的，有的早，有的晚，有时多，有时少。苦难是人生的宝贵财富，不经风雨怎么见彩虹。我们发扬斗争精神，直面困难，迎接挑战，争做有志气、有骨气、有底气的中国青年。

---

① 《北京冬奥会冬残奥会总结表彰大会隆重举行》，《光明日报》2022年4月9日。

② 《习近平在清华大学考察时强调　坚持中国特色世界一流大学建设目标方向　为服务国家富强民族复兴人民幸福贡献力量》，《光明日报》2021年4月20日。

③ 《中国共产党第二十次全国代表大会在京开幕》，《光明日报》2022年10月17日。

天行健，君子以自强不息

天行健，君子以自强不息。青年时代树立正确的理想、坚定的信念十分紧要。不仅要树立，而且要在心中扎根，一辈子都能坚持为之奋斗。顽强奋斗，艰苦奋斗，不懈奋斗，脚踏实地把平凡的事做好。不负韶华，这样的青春才值得。同时，饮水思源，懂得回报，追求更有高度、更有境界、更有品味的人生，这样的人生才是有意义的人生。中南大学崔同革同学家庭贫困，自小体会生活的艰难，深知天行健君子以自强不息，唯有奋斗，持续奋斗，才有出路。大学期间，他刻苦学习，积极参加科研项目，获得 18 项校级及以上奖励，并以第一发明人的身份申请了国家发明专利。他追求进步，光荣加入中国共产党，在新冠病毒疫情防控吃紧时刻，他连夜加班加点，制作抖音小视频，指导同学们科学防范，用实际行动践行党员的初心使命。他服务同学，担任学生干部，面向学生的需求，多次成功组织文艺晚会、体育赛事、文娱活动等，丰富校园文化生活。他自觉奉献，他是罕见的“熊猫血”，为了缓解当地血库不足，先后献血 6 次，献血量达到 1 900 毫升，同时还加入了中华骨髓库以及人体器官捐献库。

人生无常，偶尔会遭遇一些变故和逆境。如同一块石头掉进了风平浪静的湖水，掀起浪涛。面对大风大浪，面对人生的困难，我们要在“化”字下功夫。一是学会消化，面对现实，接受它，理解它，放下它；二是学会化解，相信办法总比困难多，千方百计，想方设法地解决问题，缓解矛盾，安顿生活，安稳身心；三是学会转化，事物总是相对且变化的，发挥主观能动性，抓住机遇，创造条件，化危为机，将坏事变成好事。2013 年是中国矿业大学杨文凯同学一生当中最惊喜的时刻，因为他收到了大学的录取通知书。大学期间，他努力学习，荣获国家励志奖学金、校一等奖学金、董事会奖学金等，并以专业课成绩第一的优异成绩，免试被推荐为本校研究生。但是，天有不测风云，他正准备开始读研时候，家里发生重大变故，先是父母离异，接着父亲和爷爷患病相继去世，奶奶也被查出为胃癌晚期。面对巨大压力，他没有自暴自弃，反而更加坚定“我命由我不由天”的信念。于是，他埋头苦学，专心科研，申报课题，发表论文，学出新天地。他坚持勤工俭学，通过社会兼职等方式，赚取生活费，周末带奶奶去治疗，奔波于学校、医院之间，从不言苦，更不掉泪，活成真的汉子。

苦难是人生的财富，奋斗是青春的注脚。世上没有救世主，归根到底，出人头地要靠自己。我们绝不能向命运屈服，更不能向困难低头，既要相信天无绝人之路，又要相信天生我材必有用，遭遇厄运、坠入困顿之时，也是激发斗志、挖掘潜力之时，我们要用行动和成绩证明，人穷志不短，艰难困苦，玉汝于成。三峡大学张宇同学的父亲因意外去世，他与母亲、姐姐相依为命。为了学习和生活，他在校期间勤工俭学，利用假期外出打工，大学期间未向家里要过一分钱。穷则思变，学则不固。他把抓好学习作为走出困境、走向未来的重要途径，专心听讲，用心复习，全力应试，专业成绩连续四年保持第一名，顺利考取全国计算机考试等级证书，获得国家奖学金等多项荣誉，还顺利拿到了天津大学研究生保送资格。少年时代吃过的苦，青年时代付出的努力，让张宇学会珍惜当下，懂得感恩利他。他利用参加创新比赛和社会实践的机会，主动与同学们交流，讲述个人的成长故事，号召广大学子坚定理想信念，通过自身努力创造美好生活。

人，许多时候，是被逼出来的。在困境之中，唯有拼搏，才有出路，前途命运是等不来、靠不住的。以绝地逢生的勇气，将浑身的劲头使出来，将各种办法用出来，一息尚存，奋斗不息。

在困难挑战面前，我们没有退路。必须迎难而上，奋勇战胜它，才能置之死地而后生；必须进行一次又一次的斗争，经受一次又一次的磨炼，才能增强本领，找到出路，走向未来。湖北工程学院程大棚同学出生于贫困家庭，他6岁时，因意外父母双亡，伯父无能力抚养，送他到福利院，他在国家、社会的资助下生活成长。他努力争气，经过十年寒窗苦读，顺利考上大学。他认为，每个人起点不尽相同，前程是可以拼搏追求的，奋斗的人生才是充实的人生。面对家庭生活困难的实际情况，他坚持学习、打工两不误，合理安排时间，不浪费精力，一边勤奋学习，一边勤工俭学，发传单、做家教、搭舞台、端盘子等，靠自己的知识和劳动赚取生活费用，从而完成学业。为发挥个人体育潜力，他发挥篮球特长，加入篮球队，加强训练，助力所在院系球队夺得冠军，随后担任裁判员，执裁过“青春湖工杯篮球赛”等赛事活动，受到社会群众的好评。他心怀感恩之心，希望未来成为一名乡村基层体育老师，指导农村孩子健康茁壮成长，以此回报父老乡亲。

逆境是人生的宝贵财富，奋力推开苦难的大门

一个人的成长，不可能一帆风顺、称心如意，必然遇到许多挑战和困难。这些苦难和困难，恰恰是我们走向新生、走向胜利、走向未来的契机。我们通过自强自立，奋力推开苦难的大门，眼前将一片光明，从此走在宽广的道路上。多少年后再回首，当初的苦难，原来是一首催人奋起的军歌。湖南大学阿力古丽同学来自吐鲁番市托克逊县，家庭十分贫困，从小就挑起生活的重担。为支持弟弟上学，她高三辍学外出打工，次年才参加高考，并顺利考上大学。因入学较晚，她年龄比同班的同学大些，这反而让她认为更要发奋学习，发挥“大龄青年”的学习带头作

用。她珍惜时光，努力上进，成绩名列前茅，多次获得国家励志奖学金。她利用寒暑假，坚持勤工俭学补贴家用并供弟弟上学，并勉励亲人不要抱怨生活，相信天无绝人之路，坚定信念，坚持打拼，一定能过上好日子。展望未来，她希望毕业后回到家乡工作，用勤奋与努力回报曾经帮助过自己的人们，以实际行动向更多人传递正能量，为更多人带去温暖与希望。

来自贫困家庭的大学生，要比其他学生承担更多的压力，成长路上，要过更多关卡。一是过生活关，学费、生活费等费用是一笔很大的支出。二是过学习关，学习成绩不能落后，积极上进、力争上游才有出路。三是过心理关，有时难免产生“别人怎么看我”的念头，比较敏感，自尊心容易受到刺激，甚至产生自卑的心理。安顿好内心、将情绪平静下来很不容易，但是我们要相信人生漫漫，青春飞扬，世上没有过不了的关口，更没有迈不过去的坎。湖北医药学院程诗怡同学来自湖北襄阳偏远山村，家境不富裕，父亲因为一场手术，腿部落了残疾，无法正常行走，她的母亲是先天性聋哑人，家里还有年迈的爷爷奶奶和在上中学的弟弟。为了供她上学读书，她的爷爷奶奶整日下地劳作。在艰苦的条件下，她自信自立，好学上进，希望未来成为一名“白衣天使”，来帮助更多的人远离病痛。大学课堂上，她专注两件事，一是抬头看黑板，二是埋头做笔记。每个学期结束时，一本本厚厚的笔记作业簿，见证她的刻苦与努力。课余时间，她勤工俭学，做家教、打零工、发传单，赚钱交学费，有时还寄些钱给爷爷奶奶。尽管有时很辛苦，但她把辛苦当成人生的磨炼。她说：“人生苦乐同行，今天的苦，就是明天的福。吃得苦中苦，方为人上人。”

读书改变命运，奋斗成就未来。农村的孩子读书考上大学，真不容易，凝聚着全家人的支持与付出，不仅仅是精神上，还有物质上、经济上的节省资助。十年寒窗，考上大学，走出大山，作为来自农村的大学生，从小受父辈的教育，深知喝水不忘挖井人，要懂得感恩，深知一个人的成长，如同一棵小树一样，离不开大地土壤和阳光雨露，等到我们长成大树，也要为后人遮风挡雨，播撒知识的种子，让更多的农村孩子健康成长。杭州师范大学郎威俐同学读高中时，她的母亲身患重病，花光家里的积蓄，没有钱买复习资料，只能向同学借阅。她没有自卑，埋头苦学，自立自强，终于考上大学。入校后，她更加发奋图强。学习上，主动向老师请教，虚心向同学“取经”，不断提高独立思考能力，成绩名列前茅。思想上，追求政治进步，认真学习党史党章，积极向党组织靠拢，荣获“全国优秀共青团员”等称号。生活上，坚持勤工俭学，勤俭节约，靠假期打工攒积学费，偶尔还寄些钱给父母贴补家用。工作上，她报名入选“农村学校教育硕士师资培养计划”，积极参加乡村支教社会实践活动，服务农村教育，做到学以致用。她从大山里走出来，目睹山区的贫困落后，希望大学毕业后回到家乡当一名人民老师，为贫困山区的孩子们带去知识、信心和希望，助力他们走出大山。

有信念，有梦想，有奋斗，有奉献的人生，才是有意义的人生。青年时代，我们曾经困惑彷徨过，尤其来自农村的学子们，从小体验过生活的艰辛，好不容易过考上大学，在过紧日子的前提下，还要处理好理想与现实、学习与生活、当下与未来的关系，心里肯定有压力，有时是苦闷的。面对这些烦恼，一旦想通了，想明白了，就会一通百通，眼前的困难云消雾散，我们终究找到想要的是什么？方向在哪里？方法在何方？应该将压力转化为动力。华中科技大学袁承志同学是从大山里走出来的孩子，面对生活的贫困，他希望通过努力奋斗改变命运。大一时，他的成绩并不理想，主要原因是对所学的专业充满困惑，不知道这个学科的未来发展趋势，担心毕业后找不到工作，一度陷入迷茫，心里十分苦恼。大二时，他及时调整学习状态，深入了解专业知识，并积极参加社会实践活动，坚持理论联系实际，加深对专业学科的理解，学习兴趣逐步激发，学习信心和劲头更足了。大三、大四，他统筹安排好专业学习、勤工俭学、辅修双学位、志愿服务等各方面活动，将大学生活过得充实且快乐。

遗憾是一种美，乐观是一束光

人生不可能十全十美，难免有一些遗憾、缺憾和不如意，有的是先天而来，有的是后天碰到，这些遗憾似乎是人生的无常，然而事实上恰恰是人生的正常，我们谁也逃避不了。对此，我们要坦然面对，泰然处之，乐观地继续前行。相信天无绝人之路，这路不通那路通，总之能找到适合自己的路。“相信自己吧，向日葵始终向着太阳微笑”，这是出自一位自幼听力二级残疾的同学——北京交通大学王梓博口中。先天的劣势并没有打倒他渴望进取的决心，反而激起了他的斗志。大一时他的成绩并不理想，他主动向老师、同学请教，找到了适合自己的学习方法，稳步提高学习成绩。因听力残疾，他的英语听力几乎为 0 分，可他没有灰心放弃，努力在阅读理解、作文等其他题型上苦下功夫，最后一次性考过了英语四、六级考试。课余时间，他坚持勤工俭学，尽量减轻家庭的负担，分担父母的生活压力。他积极参加社会工作，担任学生干部，组织举办文体活动，取得良好效果，受到大家一致好评。爱出者爱返，福往者福来。他怀着一颗感恩之心，也希望能够尽绵薄之力帮助其他人，连续三年发起“温暖衣冬”公益活动，为偏远山区农村防孩子送衣送文具，送去交大学子的温暖之情。

当我们无法阻止失去时，当我们面对失去时，不要悲伤，更不要悲观，要回头想想，回首看看，我们曾经拥有过什么，还有什么？这时会发现，我们失去的，已经拥有的、我们没有失去的，还有这么多，这么好，要好好珍惜，以庆幸之心接纳当下，心存感激，心怀感恩，往里走安顿好内心，向前看祈福未来。今后日子还很长，前面道路还很漫长，要积极乐观起来，以快乐之心，过好每一天。要坚持奋斗，认真做好每一件事，把平凡做成了不起，把不可能变成可能，把梦想变成现实。湖北民族学院马昱昕同学刚上小学二年级，就被医院最终确诊为急性脊髓炎。病情稍有好转，她迫不及待回到学校，重拾课本，勤读苦学，保持成绩不掉队。面对人生的苦难，她认为，消沉是一种活法，乐观也是一种活法，不如活得潇洒一些，不能让身体的困难限制思考，不能因为遇到挫折坎坷而放弃奋斗的步伐。她这样想，也这样做，以顽强的意志，奋力拼搏考上大学。因为身体的缘故，马昱昕的日常生活一直是妈妈照顾打理，母爱给予她坚强不屈的力量，让她觉得这世界上充满光明和温暖。她爱好阅读和写作，在亲人和老师的关心指导下，攻读汉语言文学专业，梦想将来成为一名作家。她说："我想通过讲述我自己亲身经历的故事，能够影响到更多人。"

人生艰难，世间有爱。我们相信这个社会上一定是好人多，贵人多，热心人多；相信我们的党和政府，坚持以人民为中心的发展思想，让每个孩子上得了学，是重要的执政理念之一，当然也包括对贫困大学生的资助。此外，我们还有社会助学、信贷助学政策，多渠道、多方式确保青年学子完成学业。因此，青年学子就算生活上出现暂时困难，也不要失去自信心，不要在乎别人怎么看、怎么想、怎么说，实际上，周围的人也不会怎么看、怎么想、怎么说。广州航海学院蒋志豪同学家庭贫苦，初中时父亲因肩椎炎、颈椎病，不能长时间劳动，他从那时起就勇于扛起家庭重担，下定读书改变命运的决心，并以优异成绩考上大学。入学后，他把学习当作最重要的事情，坚持早预习、晚复习，每天进步一点点。一有时间，就跑到图书馆学习，静心读书，格物致知，风雨无阻。他以辛勤的汗水，换来收获的果实——荣获国家一等奖学金。同时，他更不会忘记，从初中开始，就一直接受国家对自己的资助。一笔笔奖学金、助学金，减轻了他家庭的生活负担，让他顺利完成学业，同时激发起他对国家的感激之情，坚定报效祖国的人生理想。他的理想是，毕业后成为一名优秀的中国海员，他一定能克服高温与酷暑，一定能忍耐寂寞与艰辛，自觉用青春的力量，回报祖国和人民。

我们一生的奋斗，如同沙漠中行走的一只骆驼，烈日之下，漫漫黄沙，我们在理想信念的指引下，艰苦跋涉，穿过一个又一个的沙丘。我们时常会遇到这样的情形，口干舌燥，一摸水壶，却只有半壶水。有的人，悲观焦急起来，想到只剩下半壶水如何走出沙漠呢？有的人依然乐观如初，想到还有半壶水，还没有壶底空空，要继续奋力前行。湖北大学赵朗同学家庭贫困，幼时左耳受伤失聪，但却积极乐观面对生活。“当我需要安静的时候，左耳给了我一个安静的世界；当我需要激情的时候，右耳给了我一个热闹的世界。”这是赵朗在湖北大学 2017 年学生表彰大会上说的一句话。因在大学期间成绩优异和表现突出，他多次获得国家奖学金，并被成功保送清华大学化学系直博，成为大家眼中的学霸。然而不为人所知的是，他如今取得的成绩，付出了比常人更多的努力。从大一刚入学，他就一头扎进书堆里，坚持每天在图书馆学习不少于 3 小时，每周晨读不少于五天，认真做好专业课预习和复习，将上课听讲与课后巩固结合起来，切实听懂弄通学透。他亲眼目睹 3 位亲人被病魔夺去生命，并结合自己与疾病作斗争的经历，坚定未来投身科学研究的理想，希望能为攻克人类肿瘤治疗难题贡献力量。

有信心就有希望，有奋斗就有未来

我们来到这世上，无法选择家庭出身。贫穷不是过错，困苦也不丢人，既来之，则安之。作为人，既然没有好的际遇，那么唯一庆幸的是，命运还在我们手中。有信心就有希望，有奋斗就有未来。我们要用信念和奋斗托起一片天空，以执着和勤奋走出一条新路。人生能有几回搏，拼搏是值得的。湖北理工学院郭婷婷同学父母都是农民，一位亲人还患有尿毒症，家庭负担很大，生活十分困难。为了减轻家庭负担，她在周末和暑假去做兼职，不仅发传单，还当服务员、做家教，用勤劳的双手，努力拼搏，自立自强。几年下来，她靠打工赚钱交学费、生活费，没有向家里要过钱。她刻苦学习，顺利通过了大学英语四级、计算机二级、普通话二甲考试，且有7门课程成绩在年级排名第一，连续获得国家奖学金、助学金。此外，她还参加学校科研课题组，在老师指导下，深入研究重金属相关问题，撰写了关于镉水稻的学术论文，展现良好的学术潜力。她敢于挑战自我，追求卓越，性格上从害羞内敛到自信大方，从说不好普通话到流利演讲，运动上从场外替补到场上主力，多次获得“优秀运动员”荣誉称号。

我们在成长过程中，从小到大，总会遇到一些困难，有的是身体上，有的是家庭上，有的是经济上，有的是学习上、生活上，这些困难如同一块块的石头，有时挡在面前，堵住道路，一时找不到前进的出口。有的塞在心中，沉甸甸的，倍感压力。这些“石头”就是我们成长路上的拦路虎，我们要么搬开它，要么打碎它，要么埋了它。心中有太阳，脚下就有力量。我们绝不能被石头横在路上而停滞不前，挡了去路，乱了步伐。德州学院刘丙雪同学出生于一个山村，由于家庭经济情况十分困难，父母长时间外出打工，家中老人身体状况较差，这些情况如同一块块“石头”，使得她背负较大的心理负担，导致第一年高考失利。在老师亲友的关心支持下，她从生活的阴霾里走了出来，选择了复读并考上大学。太阳驱走阴霾，万物向阳而生。进入大学之后，她坚持自强不息努力拼搏，担任班长，以身作则，将学习作为第一要务，带领班集体取得优异成绩，全班 1/3 以上的同学都考上研究生。新冠病毒疫情期间，她响应党组织的号召，挺身而出，冲锋在前，积极参加全校学生核酸检测工作，克服身穿防护服闷热喘不上气的困难，圆满完成各项任务。同时，发挥个人的文艺特长，创作演唱歌曲，安抚学生焦虑心情，鼓舞抗疫士气，受到大家广泛好评。

穷人的孩子早当家。这个“早当家”，体现在“早立志”，从小目睹和体验生活的艰难，深知奋斗才有出路，读书才能改变命运；体现在“多努力”，因为一无所有，没有退路，所以只能努力拼搏，必须比别人付出更多的劳动和汗水，必须比别人更加勤奋和刻苦，一步一步地往前走，才能有所进步、有所收获；体现在“不怕苦”，肩上责任自己扛，前面难关自己闯，忍辱负重，担重前行，不怨天尤人，自励自强。作为一位来自新疆艰苦地区的维吾尔族男生，北京交通大学卡米里江·阿里木同学家境贫寒，13 岁时，奶奶父亲相继离世，他深知读书改变命运的道理，埋头苦学，以优异的成绩考到北京上大学。刚入大学校园，面对自全国各地的优秀学子，他多少感到一些失落，可并没有放弃，而是调整好心态，结合实际探索出好的学习方法——“眼过千遍不如手过一遍”。功夫不负有心人，经过刻苦学习，他多门课程成绩达到 90 分以上，并荣获国家奖学金、助学金。“滴水之恩当涌泉相报”。他领到国家助学金之后，时常告诫自己要更加发奋努力，不负师生的殷切期望。新冠病毒疫情期间，他主动担任交大首届少数民族骨干计划组长，组织了“众志成城，全民抗击疫情”实践活动，用服务社会谱写青春之歌。

种过地，插过秧，体验过“锄禾日当午，汗滴禾下土。谁知盘中餐，粒粒皆辛苦”的生活，才知道农民头朝黄土背朝天的辛劳；推过车，搬过砖，才懂得工人们工地上风吹日晒的辛苦；掉过皮，流过汗，磨过泡，结过茧，才明白人生之艰难和日子之辛酸。世上的事情从来都不是轻轻松松就得到的，吃得苦中苦，方为人上人。世上一切幸福生活，都是奋斗出来的。作为新时代青年学子，我们要知之、惜之、行之。湖北工业大学袁治航同学出生于贵州农村，自幼家庭贫寒，生活十分困难。高中3年，他利用课余时间，在学校勤工俭学，以此来赚取学费和生活费。高考结束后，他又利用暑假，到工地打零工，烈日炎炎，搬砖砌墙，双手磨出厚厚的茧，双脚沾满重重的灰，每次与父母通话，背景音都是工地的嘈杂声。他把这些苦和累，当成人生的“垫脚石”。上大学后，他瞒着父亲，扛着矿泉水到景区山顶售卖，将赚到的钱以姐姐的名义寄给父亲贴补家用。也许是因为年少常年在外打工的经历，他对市场信息和商业机会比较敏感。他观察到社会上想学车的青年人较多，而一些驾校存在服务不周到、收费不规范的问题，客户投诉意见多，对驾校的优质服务需求强烈。于是，他用兼职赚来的10万元，投入驾校领域，成立武汉贵仁机动车驾驶员培训有限公司，并担任湖北省贵州商会大学生联合会创业部部长。随着生意兴旺起来，他不仅解决100多人就业问题，还主动帮助家庭困难学生偿还助学贷款。

发扬斗争精神，永远不向命运低头

青年人在成长和奋斗中，会收获成功和喜悦，也会面临困难和压力。要正确对待一时的成败得失，处优而不养尊，受挫而不乱志，使顺境逆境都成为人生的财富，而不是人生的包袱。青年人在成长和奋斗中，有时会遭遇突如其来的变故和灾难，让我们陷入困境，坠入至暗时刻，身心备受煎熬。真的汉子，敢于直面人生的无常，无论多苦多难，仍然咬紧牙关，坚韧前行。吉林大学李金朋同学中学时，不幸患上恶性骨肉瘤，截肢失去了右腿。在住院期间，他深知父母的不容易，感受到医生护士的关爱，立志要争一口气，不做一个年轻废人，下决心出院后，一定要发奋图强考上大学。付出比常人几倍的努力，他终于考上了大学。进入大学后，他继续保持不向命运低头的拼劲，从未敢放松自己，坚持日复一日地认真读书，年复一年地刻苦钻研，成绩一直名列前茅，被同学们称赞为新时代的“史铁生”。齐鲁工业大学张凯迪同学先天性残疾，失去右臂，高中时常感到自卑。步入大学后，在父母和老师的引导下，她认识到，自己路自己走，路在脚下，一步一步来，再苦再难，也要走下去。于是，她积极调整心态，乐观面对生活，认真读书学习，深入学术研究，多次荣获国家奖学金。她积极参加“挑战杯”大学生创新创业比赛，并取得良好成绩。她多次参加公益助学活动，以自己的亲身经历激励同学们，有信心就有希望，心中有光，前方就有路，被大家誉为新征程的“张海迪”。

人生不如意十有八九，我们要发扬斗争精神，与贫困作斗争，与病魔做斗争，与困难做斗争，用青春的激情，用青春的力量，用青春的汗水，谱写一首命运交响乐曲。只有进行了激情奋斗的青春，只有进行了顽强拼搏的青春，只有为人民作出贡献的青春，才会留下充实、温暖、持久、无悔的青春回忆。总之，直面困难，努力就有希望。武汉工程大学夏静同学上大学时，被确诊为慢性粒细胞白血病，这让原本就已因父母生病花销巨大的家庭，更加雪上加霜。病魔无情，人间有爱。学校老师悉知情况之后，立刻动员广大师生为她捐款献爱心，共筹集 11 万元，并送上温暖的问候，鼓励她勇敢战胜疾病。经过医生的悉心治疗，她终于康复出院。回到校园后，她努力学习，拼命将失去的宝贵时间抢回来，最后考上研究生。如今，经历了人生大起大落的她，对生命心存敬意，对社会报以感恩，对未来满怀期待。希望自己今后献身于医学研究领域，以实际行动为健康中国建设贡献力量。肇庆学院王熙婷同学17岁时，因为脊椎血管出血导致截瘫，不得不依靠轮椅学习生活。正值青春大好年华之时，突然受到如此大的打击，这非但没有使她丧失对生活的热爱，反而激起了她战胜命运的斗志。“谁说轮椅女孩一辈子只能待在家里，轮椅女孩也可以有大出息”，这就是她与命运抗争的内心独白。她知道，只有自己更加努力，才不会辜负老师同学们的关心照顾。四年来，多少个日日夜夜，她如同一朵鲜花，虽然饱受风雨洗礼，但是向阳而生，依然绚丽绽放。怀着对工程专业的热爱，她发挥阅读能力强、记忆力好的优势，努力弥补身体行动不便的短板，各科专业成绩良好，获得校“三好学生”“自强之星”等荣誉称号，并被推荐到北京某重点单位实习就业。

“宝剑锋从磨砺出，梅花香自苦寒来。”吃苦，能够让人认识自己、认知现实；吃苦，能够让人锻炼意志、强壮筋骨；吃苦，能够让人提高能力、增强本领。逆境，是前进的关口，是成长的历练，是人生的财富。一个人经受过苦难和逆境的磨炼，将会更好地成熟起来，以坚强的意志，用勤劳的双手，与境遇奋斗，为未来奋斗，努力创造美好的明天。总之，希望同学们：

1. 生命健康、生存是第一位前提。人不能选择命运，身体心理遭遇挫折，更知生存的压力，要发挥人的主观能动性，凭借勤奋、智慧、勇气、信念和意志，靠自己去生存。只要有生的希望，就有生的可能，只要有生的意志就能存活下来。今天存活下来，才会看到明天美好的一抹阳光。

2. 人生难免会有挫折，没有一帆风顺，不遇艰难险阻的，没有一路顺利，不经挫折反复的，没有一件事轻轻松松就能取得成功的。要正确看待生活中遇到的挫折，坚持不放弃、不自暴自弃。

3. 坚持奋斗。越是艰苦困苦之时，越是经受考验之时，越是磨炼意志之时，应当坚定意志，斩断荆棘，搬走阻石，拼命向前冲。即使出于先天条件或者突发状况，在起跑线摔倒，也要相信，后程只要努力冲刺，一定会实现超越。

4. 要学会冷静、反思，困顿之中，要学会客观地分析自身环境，清醒地认识自己。反省自身存在的不足，能力欠缺和经验不足等问题，正确分析，结合外部环境资源、条件、事迹，找出自身的根因，用心用力解决。

5. 要学会忍耐，欲速则不达，要克服急躁心理，坚守正道，相信“付出一定会有所收获”，咬紧牙关，坚定坚强，渡过难关。只要自己的内心足够强大，自己坚信自己不会倒下，谁也打不倒自己。

6. 要充分发挥自己的主观能动性，通过自身的努力，改变客观的被动局面，相信困难是相对的，不是绝对的，要坚持逢山开路遇水搭桥，找准路径和出路，寻找机会和突破口，一步一步走出困境。

7. 要讲究方法策略，出于逆境之中，落于下风，一定要注重尊重客观事实，从实际出发，保持乐观，创新方式方法，将大困难化作一个个小困难，一个点一个点的突破，一个问题一个问题的合理解决。

8. 心怀感恩之心，感恩党和国家以及父母，坚定理想，树立“孝顺父母”“回馈社会”“实现中国梦”等正确理想，用理想去支持追梦之路，于实际行动中为祖国建设添砖加瓦，为民族复兴铺路架桥，回馈父母，服务党和人民。

第十二讲　参军入伍之路

青年大学生携笔从戎，到军营去，尽青春之力卫国护民，彰显了当代大学生坚定的理想信念、浓厚的爱国情怀、坚毅的拼搏品质和无私的奉献精神。新时代高学历、专业化青年大学生参军入伍，这既是人才强军战略的时代召唤，又是青年学子学习弘扬一不怕苦、二不怕死的战斗精神，通过刻苦训练、科学训练、安全训练，练强指挥能力，练好战斗本领，练硬战斗作风，有利于更好地成长成才。

2017 年 9 月 23 日，习近平总书记在给南开大学 8 名新入伍的大学生回信中指出：抗战时期许多南开学子就主动奔赴沙场，用鲜血和生命诠释了爱国、奉献的精神内涵，青年大学生要将热血挥洒在实现强军梦的伟大实践之中，在军队这个大舞台上施展才华，在军营这个大熔炉里淬炼成钢，书写绚烂、无悔的青春篇章。①

2019 年 1 月 17 日，习近平总书记在南开大学调研时强调：爱国主义是中华民族的民族心、民族魂。我们现在迎来了从站起来、富起来到强起来的阶段，我们要把学习的具体目标同民族复兴的宏大目标结合起来，为之而奋斗。只有把小我融入大我，才会有海一样的胸怀，山一样的崇高。希望你们脚踏实地，在新的起点作出你们这一代人的历史贡献，成为南开大学

① 《习近平回信勉励南开大学新入伍大学生　在军队这个大舞台上施展才华　在军营这个大熔炉里淬炼成钢》，《中国青年报》2017 年 9 月 26 日。

新的骄傲。①

2022年10月16日，习近平总书记在党的二十大报告上强调：必须贯彻新时代党的强军思想，贯彻新时代军事战略方针，坚持党对人民军队的绝对领导。坚持政治建军、改革强军、科技强军、人才强军、依法治军。要深化党的创新理论武装，开展“学习强军思想、建功强军事业”教育实践活动，加强军史学习教育，繁荣发展强军文化。要深化军队院校改革，建强新型军事人才培养体系，创新军事人力资源管理，加强国防动员和后备力量建设，加强军人军属荣誉激励和权益保障，做好退役军人服务保障工作。②

为贯彻落实习近平总书记的系列指示精神，国家相关部门作出部署，要求全国高校切实加强学生入伍宣传动员，完善学生入伍参军优惠政策，依托国民教育为部队培养输送高素质人才，推动新形势下国防和军队现代化建设。强调要着眼为部队输送更多高素质兵员，进一步加大工作指导和政策激励力度，全力做好大学生特别是高校毕业生征集工作，为推动军事人员现代化、提升部队战斗力补充优质兵员，并将新形势下大学生征兵工作与学生成长成才、全面深化高等教育综合改革结合起来，促进大学生成长成才和大学生士兵成长进步。

同学们，把青春献给国防事业，这是大学生的时代责任，更是值得一生铭记的荣耀。

---

① 《习近平在京津冀三省市考察并主持召开京津冀协同发展座谈会时强调　稳扎稳打勇于担当敢于创新善作善成　推动京津冀协同发展取得新的更大进展》，《光明日报》2019年1月19日。

② 《中国共产党第二十次全国代表大会在京开幕》，《光明日报》2022年10月17日。

人才强军，国防建设需要大批高素质青年人才

富国强兵，强军卫国，是一代代中华儿女的光荣使命。建设现代化的军队，需要大批高素质人才。青年学子有梦想、有知识、有强烈的爱国主义精神，到军营去，一定能找到用武之地，一定能找到展现才华的平台，一定能找到文与武的结合点，经过艰苦的训练，经受血与火的考验，一定能更好地成长起来。北京建筑大学胡肖飞同学刚刚步入大学校园，向往内心深处的“迷彩梦”，入伍奔赴新疆，驻守喀什。初入部队，他被选拔为炮长进行培养，强烈责任感与使命感让他立志当连队尖兵。经过一周的刻苦训练，他的火炮数据处理速度排名全连第一。随后，他主动报名师团第一届“劲旅杯”军事体育比武竞赛仰卧起坐项目，并在决赛中荣获银牌。他再接再厉，担任专项行动小组长，坚持天未亮带领战友开始巡逻，顶着寒风，屹立一线，用钢铁般的意志捍卫边疆安宁。服役期间，他荣获两次“优秀义务兵”、两次团嘉奖。他重返校园后，发扬“优秀退役大学生士兵”榜样作用，积极争先创优。在思想上，他秉承爱党爱国、为民服务的初心，第一时间递交入党申请书。在学习上，他发挥韧劲与钻劲，专业成绩位列班级第一。大四学期，因表现优异，他被推荐免试到北京交通大学攻读硕士研究生。

毛泽东同志指出有文化的军队才是有灵魂的军队。大学生到军营去，运用所学知识和专业技能，丰富部队文化生活，传递时代正能量，为战友们带去欢声笑语。同时，部队又为大学生提供展现才华的舞台，让学子们的潜能得到充分发挥，发现自身的潜质，激发学习的劲头，坚定今后的奋斗方向，努力成为品学兼优的优秀大学生。烟台大学张文建同学热爱文学创作，大一期间担任班级团支部书记，他积极参加学生会和社团组织，在为学生服

务的同时，寻找文学创作的灵感源泉。大二期间，他报名参军入伍，希望在军旅生活中，历练坚毅品格，增加人生阅历，挖掘自身文学创作潜力。他的营地在西藏，当地高原反应开始让他吃不消，在军队中战友的关心爱护下，他逐步适应过来。在部队中，他刻苦训练，并发挥自己的特长促进部队文化建设，担任部队文工团团长助理，协助部队组织举办小品、话剧等活动，活跃军队文化氛围。他创作的歌曲《我看见了你》荣获“卫士号角”全军野战文艺创演活动一等奖；编剧的小品《高墙下的职守》获西藏自治区公安厅创演小品类一等奖；演出音乐剧《挑爸爸》获武警部队战士文艺汇演三等奖。军旅生涯、军人气质、军队题材，进一步激发他追逐文学梦的愿望，于是他又辅修汉语言文学专业，文学功底日臻扎实。

文武之道是治国安邦之策。能文能武是青年人必备的能力素质。“文胜质则史，质胜文则野。文质彬彬，然后君子。”文明其体魄，野蛮其精神，这一直是大学立德树人、教书育人，以及培养国家和社会栋梁的价值取向之一。文韬武略是青年成长的两翼。我们从学校到学校，大多时间是“学文从文”，缺乏的是“学武习武”，要趁年轻合理利用大学时光，到军营补上一课，做到既是“书生”又是“武士”。华中科技大学向祺同学以湖北省夷陵区高考理科状元的身份，考入华中科技大学。大一开学之际，他追求军人理想，走出校园，踏进军营，立志成为一名“武状元”。新入伍时，他加强军事科目训练，在部队夜间训练休息俯卧撑比赛中，一口气做了 300 个俯卧撑，获得连队比武冠军。他分配到空降兵部队之后，坚持连续 6 个月“凌晨四点”跳伞训练，最终实现高空准确跳伞。在一次 70 公里高强度拉练中，由于高温高湿，他脱水严重中暑，走一百米就会晕倒一次，队友都劝他放弃，但是他咬牙挺住向前走，最后连滚带爬走到终点。退伍后，他担任大学生军训教官，弘扬传承军事精神，严格要求军事训练，得到了学校师生的好评。他认为军人气质已融入他的血液，归根到底是一种报效祖国、造福社会的奉献精神，于是转入华中大临床医学八年制专业就读，希望将到成为一名优秀的外科军医。

大学生入伍参军，到军营去，除了学习绝对忠诚、不惧牺牲、顽强斗争、坚毅勇敢等优良品质作风之外，还要上好五堂课。一是自立课，大学生士兵首先要做好自己，各方面能立得住，不掉队，不落伍；二是自律课，按时作息，准时操练，严格纪律，严守秘密；三是自省课，一事一总结，一天一总结，通过自我省察思想和行为，做到对的坚持，错的改正；四是自警课，枕戈待旦，保持警惕，时刻准备战斗；五是自强课，一切靠实力说话，强大就是力量，只有强大起来，才能知己知彼，百战不殆。中国政法大学纪定佟同学出生于军人世家，小时候折木棍当枪，立志戍守边疆，保国卫民。在家人的支持下，他大一结束就参军入伍。他将部队当成第二所大学，把军营当课堂，把训练当成考试，自觉自信，自立自强，较快适应紧张而艰苦的部队生活，在繁重的训练中提高技能，在日常站岗放哨中磨炼心性。一年后，他被选派到祖国边疆喀什执行重要任务，他顽强拼搏，出色完成这项光荣而艰巨的任务。经过部队洗礼，他进一步深刻领悟了共产主义精神与中国军魂的有机统一，返校后他加入马克思主义协会和强军协会，一边深入学习宣传马克思主义，一边为志愿参军的同学讲述“军人故事”，针对大学生士兵政策、部队生活答疑解惑，引导学弟学妹参军入伍，为国防建设人才强军贡献青春力量。

青春梦，军营梦，爱国主义旗帜永远飘扬

青春梦，军营梦。大学生走进军营，实现青春梦想，这是学习磨炼的驿站，更是成长成才的加油站。军营是我们学习的另一所大学，是练就铮铮铁骨的大学校。在那里，同学们既能学习技能又能磨炼品格，还能养成优良的作风，实现书生向战士的转变，为今后的人生成长打下坚实的基础。北京工业大学任佳祥同学大一结束，偶然看到武装部征兵信息，决心选择暂别校园，携笔从戎，到祖国最需要的地方去。在部队中，他抛弃大学时代积累的光环，不怕苦不怕累，严格坚持日常训练，不仅锻炼了意志、学到一技之长，还改变了自己内向腼腆的性格，学会沟通、交流、协作，处理好各种人际关系。退伍返回校园，他担任班长，积极发挥军人模范作用，热情细致为同学服务，带领班级获得北京高校示范学生基层组织、先进班集体、标兵团支部等荣誉。此外，他还担任校国旗护卫队教官，利用部队所学经验，从表情、神态、动作等细节处入手，精心指导校园日常升降国旗工作，率领国旗护卫队荣获“北京高校国旗护卫队检阅式”比赛一等奖。

我们的梦想，从小在心里生根发芽，许多时候源于父母的言传身教和家庭的熏陶。军营梦，同样如此。理想指引人生方向，信念决定事业成败。下定决心到军营去，就要积极行动起来，把父辈光荣与梦想的旗帜接过来、传承好，继续发扬光大。南方医科大学张龙江同学的父亲是一名参加过对越南自卫反击战的军人，父亲的英雄故事，让他从小就向往军营。大学毕业，他通过报名选拔，顺利步入军营。初入部队，他肯吃苦，通过增加训练时间和强度，弥补自身体能不足的短板。在战术训练中，别人练1次，他就练5次，直至手腕磨破、膝盖发肿；投弹不行，他就

一直投掷，直到手发麻；体能训练不行，别人训练十分钟，他就训练1小时；别人跑圈2圈，他就跑圈10圈。1个月后，他的体能和军事科目都及格了，单杠从1个都拉不上到可以拉10多个，3公里从15分钟跑进了12分钟，等等。新兵结业考核时，他的脚不巧在投掷手榴弹训练中受伤了。但是，他没有放弃，用绷带缠着脚，一瘸一拐地跑到终点。万事开头难。克服困难，走出第一步，以后再难，也不觉得难了。1年后，他获得“优秀士兵”的称号。

爱国主义如同一颗种子，种在同学们的心灵里，随着一天一天的萌动发芽，穿军装、入军营、参军去的愿望越加强烈，转化为青年学子的理想追求。当我们步入军营，才会发现部队生活与学校生活截然不同，面临的挑战好像跨栏一样，需要勇敢跨过一个又一个，才能冲向终点，完美胜出。电子科技大学杨凡同学小时候就立志身着戎装，卫国戍边。大三时，他报名参军，圆梦军旅。开始时，新兵连艰苦训练与孤寂生活，让他产生一定的畏难情绪，在大家的关心指导下，他逐步适应，并以部队英雄士兵作为学习榜样，迎头赶上，努力拼搏，最终取得骄人的成绩。退伍返校后，他将部队的优良作风，投入到学习和工作中，主动参加学校“引航计划”基层成长班，前往遂宁市政务服务和大数据管理局基层挂职，利用计算机专业优势，将数字智能化办公系统应用于政务办理，提高工作效率，及时解决老百姓的痛点、难点问题。毕业之际，像当初追梦军营一样，他放弃高薪的互联网工作机会，考取成都市选调生，立志扎根基层，助力乡村振兴。

中华民族，经过几千年的岁月洗礼，依然屹立地球东方，奋进新时代，走向新未来；中华文明，经过几千年的岁月洗礼，仍然绵绵不断，历久弥新，源远流长。中华民族和中华文明的根与魂，铸就了中国精神、中国力量、中国气派，激励一代又一代的中华儿女，为国捐躯，为民请命，为中华民族伟大复兴而奋斗，树立一道道丰碑。如今，新时代的学子们，正沿着前辈的道路，走入学校，走入军营，走向未来。青岛大学刘毅同学的外祖父与表叔都曾是一名中国军人，他从小耳濡目染，受到“军事氛围”感染，确立了“参军入伍，报效祖国”的理想。他因热爱传统文化，考入青大音乐学院民族管弦专业并顺利通过了征兵入伍的体检、政审。起初因自身专业因素，他选择文工团，但他的梦想一直是当一名特种兵。于是他便主动跟首长汇报了个人想法，并得到批准跟随特战预备队集训，最后以优异的成绩入选了特战营。服役期间，他递交了入党申请书，时刻以党员的标准严格要求自己，先后获得优秀义务兵、卫国戍边铜质纪念章等荣誉。退伍后，他仍然保持着军人作风，在学习生活中发挥模范作用，且担任校青核先锋营作训部部长，多次为参军入伍人员进行役前教育训练，指导他们如何在部队里训练生活和学习。毕业后，他又燃起爱国参军之愿，选择二次参军，再次成为特战队员，驻扎西藏一线。

部队是大熔炉，军营是大学校

部队是大熔炉，军营是大学校。大学生从走入军营，经过一二年的磨炼，再走出军营，都会发现青春从此不同。从表面上看，皮肤晒黑了，身体健壮了，步伐稳重了；往里头瞧，我们胆子大了，勇气足了，意志坚强了，等等。这些成长变化，归结到一点，就是我们已经成长为一个有理想、守纪律、懂技术的青年，能够召之即来，来之能战，敢于斗争，敢于胜利的时代新人。华东政法大学郭宇航同学参军入伍后，被分配到武警消防队，他开始时心里有些嘀咕。其中原因是，他小时候因贪玩，不小心差点烧了自家房子，从那时起便惧怕火和电。经过自我情绪调整，他认识到作为一名消防队员，只有尽心尽责，敢冲敢拼，才能保护社会群众人身安全。为练成过硬本领，他加大训练强度，穿火笼，过火道，一次次壮胆，最终走出心理阴影，先后参与水域救援、防洪抗汛、高空营救、灭火攻坚、营救群众等各类救援行动 100 多次。有一次，他参与上海普陀区某社区高楼 12 层火灾灭火与营救群众行动，因火势凶猛，浓烟滚滚，能见度几乎为零，这时他的空气呼吸机能量已接近不足，指导员要求他迅速撤退，他突然发现被困在 1220 房间一对母女，他立马返回救援，迅速引导母女用毛巾捂住口鼻，按照消防疏散指示灯向门口前进，用尽最后一丝力气将母女交给战友后，晕倒在了地上。这样的例子还有许多，他以大学生士兵的使命与担当，荣获“2020 年度上海最美退役军人”称号。

走进部队这个大熔炉、军营这个大学校，练就一身铁骨，练就钢铁意志，练就顽强的作风。走出这个熔炉，暂别军营这个大学校，无论前方是风急雨斜或是冰厚三尺，始终能站稳脚跟，坚毅挺拔，矗立不倒。无论前方是阳光雨露，还是鲜花笑脸，始终切实做到不变色，不动心，不走神，能坚守初心，为国担当，为民奋斗！北京大学王馨安博士小时候是一个“军事迷”，喜欢观看军旅剧、阅读军事杂志、关注军事新闻。大一结束后，他选择走出校园，踏入军营。新兵训练结束后，他主动申请分配到最艰苦的警卫连，因其表现出色，被调至机关大院站岗值勤。不管狂风暴雨或是炎热夏天蚊虫的叮咬，他都坚守岗位，一动不动，坚持在艰苦的环境中磨炼钢铁般意志。退伍回到学校，他继续保持着在部队的优良作风与习惯，早睡早起，自律自强，并将部队实践锻炼成果应用于专业学习中去，个人毕业论文获得学校“优秀本科毕业论文一等奖”。毕业时，经学校及相关部门批准，他光荣成为一名国防生，担任北京大学军事理论课助教，用实际行动传承国防精神，引导广大学子爱上国防、好学上进、为国奉献。

之所以说部队是青年成长的大熔炉，因为在部队里学习生活，经过高强度的训练以及魔鬼般的摔打，这段军营岁月，它将使你从弱小变得强大起来，再不是当初弱不禁风、娇里娇气的你了；它将使你由懦弱变得勇敢，敢于迎接挑战，不怕牺牲，冲锋向前。这段军营岁月，它将成为你人生的宝贵财富，在部队里所学的知识技能及收获的品质意志，将转化为你今后进步的不竭动力。广东财经大学骆娴同学响应党和国家的号召，选择走出象牙塔，携笔从戎成为一名边疆战士。作为一名南方姑娘，去往艰苦的西部新疆喀什，由于自然气候差异和水土不服，她产生强烈的高原反应。艰苦的自然环境和部队生活，反而更加激发她的“斗志”，出色地完成各项紧急任务，被战友称为“女汉子”。2 年军营之旅，她荣获团级“军事训练先进个人”“优秀党员”称号，以及南疆军区“优秀义务兵”奖章和嘉奖一次。这些荣誉，更加激励她立志将青春之花绽放在祖国最需要的地方。毕业后，她放弃内地待遇优越的岗位，选择二度赴疆工作，继续发扬“胡杨精神”与“兵团精神”。

年轻人有年轻人的困惑，不同年龄阶段又有不同的成长烦恼。如果你迷茫，请到军营去，它将给予光明和方向指引；如果你寂寞，请到军营去，它将给予你温暖和慰藉；如果你胆怯，请到军营去，它将给予你力量和勇敢。军营是青年成长的大熔炉，它让你走出迷茫，走向光明，浑身是胆，勇往直前，从旧我走向新我，走向新未来，走向新胜利。中国矿业大学王嘉伟同学初入大学校园有些迷茫，在老师和家长的支持下选择背上行囊，步入军旅，追逐梦想。他被分配到后勤保障队，负责装甲装备的修理工作，他不怕苦、不怕累、不怕脏，认真钻研坦克修理技能，虚心向有经验的老兵请教，业务水平日益提高。他珍惜时光，勤训苦练，白天高强度训练后，晚上还在宿舍加训，练习提高体能。功夫不负有心人，他以 9 分 52 秒的优异成绩打破大队 3 公里记录，并先后荣获“军事训练先进个人”“优秀义务兵”等荣誉。退伍返校后，他发挥在部队中的优良作风与奋斗精神，坚持 6 点起床读书学习，成绩由班级中游上升到第 1 名，并考取了中国人民解放军国防科技大学研究生。

钢铁是怎样炼成的？从白面书生到钢铁战士

钢铁是怎样炼成的？大学生经过军营“大熔炉”的“魔鬼训练”，身体胖的可以变瘦，身体瘦的可以长壮。经过军营“大熔炉”爱国主义、集体主义和国防精神的熏陶，改掉不良毛病，养成优良习惯，形成正确的世界观、人生观和价值观，让学子们变得更强、更硬、更韧。南京工程学院何天宇同学刚入大学，是一个 90 公斤的“小胖子”，也是老师眼中的“落后生”，不爱学习，不爱参加活动，沉迷于网络游戏，结果大一期末挂科，英语四级考试也没通过。于是，家人想让他换一个学习环境，加上军人情结驱使，他背上行囊奔赴军营。入伍后，他的各项训练成绩排名均为连队倒数，他冷静客观分析原因，并针对性加强体能训练。经过几个月的“魔鬼训练”，他从成绩倒数的“新兵”成长为表现优异的“尖兵”，身体也壮实起来。他越努力越幸运，入伍第 2 年，被连队破格批准可以带新兵训练。退伍之前，他获得通令嘉奖两次，优秀士兵荣誉称号一次，并光荣加入中国共产党。他重返校园后，将部队养成的良好作风融入专业学习中，以高分通过了英语四六级、初级会计师、基金从业资格证等考试。暑假期间，他还担任军训教官，将红色力量和国防精神传递给青年学子，被教育部与国防动员部联合授予“学习标兵”奖章。

部队生活不同于校园生活、社会生活，没有风花雪月、阳春白雪，而是烈日严寒、艰苦训练。大学生到军营去，去学习，去吃苦，去训练，练就一股拼劲、狠劲、闯劲和韧劲，练就一身真功夫、铁功夫，练就宽肩膀、硬肩膀，以血肉之躯和青春力量，与广大人民子弟兵一道，筑成中华民族的钢铁长城。功夫是练出来的，意志是磨出来的，大力发扬流血流汗不流泪，掉皮掉肉不掉队的顽强作风，百炼成钢，烈火金刚。武汉生物工程学院钟宏宇同学从小出生于军人家庭，他选择步入军旅，报效祖国。刚进入部队，便当起了部队的“宣传员”，制作连队宣传视频。在军队中，他负责装甲部队中作战单车的通信与指挥，他苦心钻研通信与指挥技巧，并按照连队要求，克服夏热冬寒，严格参训，曾获得的团装甲专业集训单项第一的好成绩。有一次，他所在的连队参加抗洪救灾任务，他来来回回扛起 25 公斤的沙袋，肩膀磨起了血泡，脸、脖子、手臂都晒脱了皮，连续奋战扛了 6 小时，终于解除险情。由于劳累困乏他和战友直接躺在旁边的草丛中睡着了。服役期间，他考取了装甲兵通信专业二级证书，并荣获“优秀义务兵”嘉奖。他重返校园后，凭借在部队学到的干劲、拼劲和狠劲，一方面埋头苦学，短短几月，将专业综合成绩提升至年级第一。另一方面，传承新时代“红色力量”，担任军训教官引导学生军训、晨跑、叠“豆腐块”。在他的引领熏陶下，学校先后有 10 名学生参军入伍。

年轻人的清澈和纯粹，焕发着青春气息和朝气，代表着国家民族的希望与未来。同时，年轻人也由于阅历浅、经事少、实践欠缺，也像一张白纸，带着浓厚的书卷气。大学生到军营去，穿上军装，端起钢枪，迈入队列，听从命令，服从指挥，军人气质逐渐生成，再经过血与火的考验，哪怕前方枪林弹雨，也敢冲锋陷阵。青岛科技大学路通同学从小追逐从军梦想，向往意气飞扬的军旅生活，报名参军前往祖国边疆——西藏自治区野战作战部队。新兵训练中，他利用专业所学，负责部队的板报绘制工作，并在基地板报制作比赛中荣获二等奖，受到了战友和领导的一致好评。随后，他被选派参加工程兵地雷爆破专业培训，经过一段时间严谨细致的爆破练习，在一场场硝烟弥漫的爆破现场中，他从最初的犹豫害怕转变为镇定勇敢，最终在实战考核中取得了优异成绩。不久，他被委以重任，担任连队文书兼军械员。面对重要的武器弹药库，他严格遵守保密条令，对武器及时进行维修和保养，未曾出现过任何差错。服役期间，他荣获“优秀义务兵”、旅级“优秀共青团员”称号，并荣获个人“三等功”一次。

青年人，出过远门，走过千山万水，才知山高水长，天外有天。但是，我们不要怕，心中有光，脚下就有路；翻山越岭，爬过高山，方知山外有山，一山望比一山高。但是，我们不回头，雄关漫道真如铁，如今迈步从头越，坚持就是胜利。大学生士兵胸怀理想，立志保家卫国，再远的路，也能砥砺前行；再高的山，也将奋勇攀登。风吹雨打，久久用功，一介书生将成长为钢铁战士。因“戎装理想”，上海外国语大学曾繁宇同学选择奔赴边境，成为一名“学生兵”。进入部队之前，他在南方进行了为期3个月的新兵训练，因外语能力出众，又因长相清秀，被战友领导称为“白白净净的翻译兵”。新兵连结束后，他勇敢抉择，奔赴群山绵延的西藏西北部，戍守国门。因自然环境问题，西藏部队“学生兵”数量极少，皮肤白净、带着黑色眼睛，一身“书生气”的他与皮肤黝黑、脸上写满了故事的老兵形成了鲜明的反差比。起初因高原反应，他在训练中出现了胸口痛，努力呼吸才喘过气来，但是他坚持训练，从不轻言放弃。经过1个月的严格训练，他能够在海拔4 300米的高原连跑数公里，赢得了连队战友的“大拇指”。在部队中，他利用外语专业所学，尽心尽力负责部队文稿翻译和校对，成为战友心目中的“靠谱翻译官”。临近退伍之际，他坚持熬夜加班研究部队翻译工作，为部队修订更为完善的译本，方便部队今后工作的开展。

一次军营梦，一生军旅情

青年时期正是学知识、长本领、强素质的大好时光。军营是培养人才的摇篮，大学生到军营去，利用扎实的知识底子，只要刻苦学习钻研，一定学得快、学得好、用得好。多学一样知识，将多长一样本事；多长一样本事，将多一条成才路子。青年人多才多艺，艺高胆大，无论继续留在部队服役，还是重返校园学习，将来走出社会服务老百姓，都会感恩当初在军营里学到的知识本领和作风。肇庆学院谢滢滢同学步入大学校园，选择追随本心，成为一名光荣的中国女兵。她迈入南部战区通信旅，在这个海拔 2 300 多米的军营生活 2 年多。她克服“高原反应”，以男兵的训练标准严格要求自己，强化军事训练，认真钻研通信业务，努力提高解决实际问题的能力。业精于勤，熟能生巧。经过军营历练，她从一名白面书生成长为一名优秀的通讯旅战士，在许多重大军事训练中发挥了重要作用。因表现优秀，她被部队选派参加征军宣讲团，用自身成长事迹鼓舞广大青年学子，积极参军入伍，传承军魂精神，为祖国繁荣稳定贡献青春力量，产生良好的社会影响。

部队学习生活处处充满辩证法，大学生到军营去，亲眼所见、亲身经历、身心体会，思想政治水平将得到大大提高，渐渐懂得以往未曾知道的许多道理。一是先苦后甜，苦过甚至苦到极致，方知自己到底有多大的劲。二是先学后得，一个瞄准动作，一个战术冲锋，可能需要上百次的训练，才能做到规范合格。三是先人后己，坚决服从命令，听从指挥，自觉将个人融入集体，将部队荣誉作为沉甸甸的责任，大力发扬集体主义精神。福州大学刘宇娟同学是学校首位入伍的女特种兵。特战女兵的训练相对普通女兵，要求更加严苛，除每天的正常休息，其余时间均为“魔鬼训练”。她以与男兵同标准的高强度训练要求自己，一次次爬泥地，一块块淤青，她迎头赶上，测评综合成绩达到优秀，部分科目成绩还超过男兵。一次重要军事比武大赛，她在10米悬崖爬绳科目中不幸受伤，为不拖团队后腿，仍然背着沉重的装备向上攀登，咬牙坚持到底，赢得大家齐声喝彩。因表现突出，她被选派到香港执行任务，参与完成重大活动服务保障工作，受到首长和部队的充分肯定。

一次军营梦，一生军旅情。青年学子在部队接受锻炼，服役从军，自觉培养奋斗精神，做到理想坚定，信念执着，不怕困难，勇于开拓，顽强拼搏，永不气馁，展现了大学生士兵的时代风貌，并将部队的好传统、好作风带回大学校园，转化为再学习、再实践、再提高、再奋斗的不懈动力。山东大学孙宇同学小的时候便立志参军入伍，卫国戍边。高中时代，他便报名参加了海军，但因专业限制未能如愿。大学毕业后，他再次奔赴军旅。服役期间，他严格要求自己，不断提升自身的军事素养，代表连队荣获各项团体第一名的成绩，并获得荣誉优秀义务兵嘉奖。返校后，他继续为学校国防教育贡献力量，开展指导新生军训、大学生国旗护卫队训练、学生内务管理、征兵宣传等工作，并以优异成绩考上研究生。他还将奉献部队的精神转化为公益服务，经常组织学生群体深入社区、福利院、养老院等地，关心照顾老弱病残等弱势群体。新冠病毒疫情爆发之际，他主动报名担任防疫志愿者，不怕牺牲，冲在一线，用实际行动践行“为民服务”的初心与“为人民谋幸福”的使命，荣获校优秀学生干部、优秀共青团员等荣誉。

为有牺牲多壮志，敢教日月换新天。有奋斗就有牺牲，前人种树后人乘凉。我们今天的幸福日子，就是一代又一代的英雄和前辈，经过艰苦奋斗打拼出来的。作为新时代的大学生，我们永远不能忘记前辈流过的血、流过的汗、流过的泪。我们生活在和平年代，同样需要居安思危，未雨绸缪，为国家安全，为人民幸福，为社会安定，为中华民族的伟大复兴，时刻准备着。广东外语外贸大学刘钊文同学少年时代就立志成为一名军人，戍守边疆。大二的他选择暂别学校，奔赴川藏南端，开启梦寐已久的军旅生活。在军营中，他以先进士兵和优秀党员为榜样，时刻将责任与使命记在心里、扛在肩上、抓在手中，在执行任务的时候，时刻做好为祖国人民奉献自己的准备。他完成高强度军事训练任务之余，还热心公益活动，积极参与军民共建小学支教，被学生亲切称为“大学生解放军叔叔”。两年军营的熏陶和磨炼，使他更加坚定理想信念，退伍后，他第一时间递交了入党申请书，并以党员的标准严格要求自己，最终成为一名中共党员。

大学生参军入伍，携笔从戎，保家卫国，可敬可亲，可亲可爱。同学们在军营里练技能、强素质、长本事，在思想上、身体上和意志上经受锻炼，为今后成长打好坚实基础。退役之后，又将部队优良作风带回校园，转化为学习上进的动力，激励大家比学赶超、共同进步。同时，近年来，国家在扶助大学生士兵考研、考公务员等方面，继续加大政策支持力度，提供了良好的保障条件。总之，希望同学们：

1. 爱国是本分，也是职责。新时代大学生，应当胸怀忧国忧民之心、爱国爱民之情，要将“爱国主义”铭于心，抓于手、扛于肩、落于行。坚定理想信念，树立远大理想，为远大的理想梦想奋斗不息，逢山开路，遇河架桥，做一生的“追梦人”。

2. 大学生入伍是人才强国、人才兴军战略的基础工程。新时代大学生应主动为新时代强军之路贡献青春力量，怀着坚定的信念，走出“象牙塔”，迈出舒适的大学校园，迈进艰苦的部队军营，携笔从戎，将理想根植于军营，将青春书写于祖国边疆。

3. 步入军营戍边卫民的大学生，要体悟和扛起新时代祖国赋予的使命和责任，提升政治能力，做政治上的“老实人”和“明白人”，同时将“小我”融入“大我”，以实际行动投身到新时代强军征程当中，掌握军体技能与实战经验，追求高标准，养成好习惯，培养钢铁般的意志力。

4. 参军入伍的大学生士兵在部队中要进一步提高政治理论素养，坚定理想信念，树立正确的人生追求，培养高尚的思想品德。同时勤学苦练，训练出过硬的军事本领，磨砺出坚毅的精神品格，争做有灵魂、有本事、有血性、有品德的“四有”军人。

5. 参军入伍的大学生士兵在部队中要弘扬长征精神，坚持“全心全意为人民服务”的宗旨，卫国戍疆，护国护民，坚持“有了第一敢争，见了红旗敢扛，千斤重担敢挑，危险时刻敢上”的精神，视死如归，向死而生，一往无前。

6. 参军入伍大学生士兵要借助“部队大熔炉”淬炼成钢，再苦再累绝不退却，再险再难也不畏惧，再好再强绝不止步。下真功夫、苦功夫、实功夫学习军事本领，勤学苦练，提高军事战斗技巧，并不断提高自身分析判断、沟通交流、协调组织、管理智慧等综合能力。

7. 参军入伍大学生士兵要忍得住寂寞、耐得住清寒，将自身专业学习与军事建设相融入，将物理、数学、艺术、外语等专业所学应用到部队建设当中，提高军事专业化水平，并在部队生活不断学习科学文化、军事科技、驾驶、修理等先进理论与实用技术。

8. 退伍回归校园的大学生，要坚持“脱下戎装，军魂犹在，退伍不褪色”，将军魂精神带回校园，利用部队经验，通过军事训练指导、军事理论科普、成长事迹宣讲等方式弘扬国防精神，传承“红色基因”。同时传承部队培养的优良生活工作作风，在专业学习、学生工作、社会实践、科技研究等领域继续书写人生绚丽华章。

第十三讲　考研究生之路

研究生教育是培养高层次人才的重要“一手棋”。在学历教育方面，基本可划分为大学生、硕士研究生、博士研究生不同培养层次。可见，作为学者，其学术水平有梯级顺序的，每一级代表不同的水平。学无止境，我们要努力向更高一级的教育层次迈进。

习近平总书记高度重视研究生教育工作，多次强调“专注”“执着”，抓好专业学习，打牢知识根基，指出“工贵其久，业贵其专。”“用心专一、持之以恒，是古往今来成就一番事业的必备品质。”

2013 年 7 月 17 日，习近平总书记在考察中国科学院时强调：希望同学们珍惜宝贵的青春年华，坚持理想，脚踏实地，既勤于学习、善于学习，打牢知识功底、积蓄前进能量，又勇于探索、勇于突破，立志报效祖国、服务人民。①

2016 年 4 月 26 日，习近平总书记考察中国科技大学时号召广大学生要肩负时代责任，高扬理想风帆，静下心来刻苦学习，努力练好人生和事业的基本功，做有理想、有追求的大学生，做有担当、有作为的大学生，做有品质、有修养的大学生。②

---

① 《习近平在中国科学院考察时强调　深化科技体制改革增强科技创新活力　真正把创新驱动发展战略落到实处》，《光明日报》2013 年 7 月 18 日。

② 《习近平在安徽调研时强调　全面落实“十三五”规划纲要　加强改革创新开创发展新局面》，《光明日报》2016 年 04 月 28 日。

2017年5月3日，习近平总书记在考察中国政法大学时强调：广大青年抓学习，既要惜时如金、孜孜不倦，下一番心无旁骛、静谧自怡的功夫，又要突出主干、择其精要，努力做到又博又专、愈博愈专。①

2020年7月29日，习近平总书记对研究生教育工作作出重要指示，强调研究生教育在培养创新人才、提高创新能力、服务经济社会发展、推进国家治理体系和治理能力现代化方面具有重要作用。②

2022年10月16日，习近平总书记在党的二十大报告上强调：紧跟时代步伐，顺应实践发展，不断拓展认识的广度和深度，敢于说前人没有说过的新话，敢于干前人没有干过的事情，以新的理论指导新的实践。坚持系统观念，只有用普遍联系的、全面系统的、发展变化的观点观察事物，才能把握事物发展规律。要善于透过现象看本质，把握好全局和局部、当前和长远、宏观和微观、主要矛盾和次要矛盾、特殊和一般的关系，不断提高战略思维、历史思维、辩证思维、系统思维、创新思维、法治思维、底线思维能力。③

同学们，我们要认真学习领会习近平总书记的谆谆教导，锚定更高的人才层次目标，立志成为研究型、创新型人才，以优秀大学生为榜样，结合个人实际，下定考研决心，努力拼搏，实现梦想。

---

① 《习近平在中国政法大学考察时强调　立德树人德法兼修抓好法治人才培养　励志勤学刻苦磨炼促进青年成长进步》，《光明日报》2017年05月04日。

② 《习近平对研究生教育工作作出重要指示强调　适应党和国家事业发展需要　培养造就大批德才兼备的高层次人才》，《光明日报》2020年07月30日。

③ 《中国共产党第二十次全国代表大会在京开幕》，《光明日报》2022年10月17日。

理想追求是考研的动力，有志者事竟成

兴趣是最好的老师，热爱是考研的动力。广州大学邹婉莹同学有着浓厚的教育情怀，热爱教育事业，攻读硕士是她的梦想。她说，不论是考试还是考研，都要去追寻自己所热爱的，当然只有通过尝试、探索、思考之后，才知道所追求的到底是不是你所需要的。在大三准备考研时，她原计划报考语文学科教育专业，后来她冷静思考之后，发现攻读教育学硕士才是自己的初心。于是，她将热爱转化成行动，除了上课时间之外，几乎每天早上 7 点前到图书馆，一头扎进书堆里，认真复习备考，平均每个月只有不到 6 天没有出现在图书馆“报到”，被师生们称为“清晨的追光者”。即使在实习期间，她仍然在公交车上一遍一遍刷着英语单词，晚上回到学校后，继续到图书馆埋头苦学。没有人可以随随便便就成功。天道酬勤，功到自然成。通过 1 年的刻苦学习，她考上了上海某大学的教育学硕士。

选择与努力同等重要。做一名有理想的现实主义者，统筹处理好考研究生与毕业就业的关系，是上海工程技术大学曹宵情同学的果断选择。随着大学毕业的临近，曹宵情面临就业还是考研的抉择，一筹莫展。经过一番深思熟虑，她坚定地选择了考研。做出这样的选择，一方面，她源于对知识的渴望，相信读研对她的学术能力会有很大的提高，对她的思维方式和处理问题也会有显著的帮助；另一方面，她希望拥有更高的学历，将来在就业选择上能有更多机会。考研是一件辛苦的事情。为了考研，她几乎没有空闲时间，经常累得精疲力尽。面对学习压力，她没有放弃，而是越挫越勇，坚持每天学习 10 小时以上，靠着自身的拼劲、狠劲、韧劲，在考研的“茫茫大海”里，终于抵达胜利的彼岸，以总成绩第一的优异成绩，考上本校研究生。

知道自己到底要什么，这是考研的定心剂。拥有一支这样的定心剂，那么，我们遇到选择时就不会花眼，遇到困难时就不会气馁，始终头脑清醒，意志坚定，自信前进。湖北医药学院陈萌萱同学大二时期，成绩优秀的她暗下决心，追逐梦想，报考复旦大学研究生，并提前制定了翔实的备考计划。她坚定目标，结合实际，勤读苦学，虚心向老师和同学学习，努力巩固提高基础知识。面对考研压力，她坚定信心，重复刷题、记错、巩固提升，充分利用一切学习资源，查阅相关文献的同时，积极向周围同学、老师请教细节难点问题。在考研关键时刻，她做了一个小手术，术后康复治疗与焦虑心理都给她自己造成了很大的压力，但她凭借着自身不服输的志气，化压力为动力，咬紧牙关，自信昂扬，一步一个脚印地砥砺前行，终于实现心中的“复旦梦”。

有志者事竟成。上海对外经贸大学张娟同学早立志，立大志，从进入大学开始，就种下考研考博的志向种子。四年的大学生活，她始终坚持每一节课坐在第一排，做到上课时认真听讲，下课后及时温习巩固。最终，她以初试复试均名列前茅的成绩考入上海对外贸易大学。在读研究生的 3 年时间里，她不仅努力夯实专业基础，还积极参与导师的学习小组，认真做好文献查阅、数据整理、理论分析等基础工作，虚心向老师请教学术上的难点、热点问题，全面提升自身学识素养。经过不懈努力，她又获得赴清华大学攻读博士深造的机会。她认为，任何时候都不要给自己设限，人生有许多奋斗机会，只要志向坚定，并持续为之奋斗，青春就没有极限，一切皆有可能。对于未来，她希望能运用所学的知识，怀着人民教师为人民的初心，以实际行动反哺国家、社会和母校，为更多求知青年点亮“远航逐梦”的灯塔。

成功总是垂青于有准备的人

成功总是垂青于有准备的人。坚定考研的目标，早准备，早行动，从长计议，积极主动，反复练习，我们成功的把握自然就会多一些。上海理工大学唐希同学上大学后，就坚定了读研的目标。为了不打无准备之战，大一时，他进入实验室跟随师兄师姐学习实验技能。大二时，他担任项目组长全权负责项目课题，以第一作者发表论文，后又参与国家级、上海市级科研项目。大三时，他因内向，不敢开口讲英语，通过陪同加州学生研习的志愿活动，坚持“听读说诵”自我积累，对着镜子自我练习，英语口语获得了大幅度提升，还荣获学校“中美大学生文化交流项目优秀志愿者”称号。与此同时，他还主动担任英语课代表，课上带关踊跃发言，凡是有能够提高口语的机会，他都不会放过。大四时，他积极参加学科竞赛，补齐短板，荣获“2019 度第五届全国生物医学工程创新设计竞赛三等奖”“上海陈嘉庚青少年发明奖二等奖”和国家奖学金。通过不懈的努力，他最终拿到了清华大学的研究生录取通知书。

坚定目标，结合实际，走出自己的考研之路。一个人，自身具有许多潜力，关键要认识自我，通过向内反思、向外实践，将潜力唤醒，积极探索实践适合个人实际的道路出来，努力将潜能转变成为显能。丽水学院苏文同学高考失利，成了班级中唯一考入二本大学的学生，但是他毫不灰心气馁，暗自下定决心，计划通过考研奔赴更高的学术殿堂，让自己能力水平真正发挥出来。他根据自身的兴趣特长和未来职业规划，提前思考确定考研专业。为巩固考研知识基础，他认真学习专业课程，并通过参加课外学科竞赛，加深专业理论学科理解，提升知识应用能力，专业成绩一直名列前茅，荣获国家奖学金和 5 项国家级、市级学科竞赛奖项。在考研冲刺阶段，他全力以赴，坚持“成功＝选择＋天赋＋努力＋方法＋ε”理念，早晨背诵英语，上午研究专业课，下午巩固政治理论，晚上熬夜“题海战术”。功夫不负有心人，最终他以优异的成绩，成功考取了北京大学研究生。

确定考研目标，下定决心之后，我们要抓紧科学规划，结合自身实际，采取有效办法，有计划、有步骤地行动起来，做到刻苦学习不间断，巩固强项，补好短板，力争顺利通过考研总分关、单科关、面试关。福建师范大学严祯同学在大三的时候决定考研，并找到了适合自己、效率较高的方法进行备考。针对各科考试要求，她以“单词积累＋逻辑阅读”的方式，恶补英语“窟窿”；以“时政学习＋错题积累”的方式，巩固政治基础；以“每日 10 小时背诵＋专业研析”的方式，加深专业知识理解。为使面试不怯场，她还利用参加国家级、市级音乐专业比赛的机会，在展示个人音乐才华的同时，努力提高心理素质。在考研冲刺阶段，她大部分时间都“泡”在图书馆，全身心投入复习考试，最终在 2020 年研究生考试中，以初试排名第一，硕士总分第一的优异成绩，考入福建师范大学音乐学院。

此路不通，彼路可通。世上有许多路，总有一条适合你，无论走哪一条路，归根到底要靠自己，靠百倍的努力，再加上一丢丢运气，才有可能取得成功。考研究生，同样是这样的道理，有推荐免试的，有全国统一考试的，有学校单独出题的，等等。同学们面对这些入学渠道，关键要找到适合自己条件的方向与路径。杭州电子科技大学王姣姣同学大学期间，获得国家奖学金 1 次、省级政府奖学金 2 次、校级一等奖学金 4 次、国家级省级学科竞赛奖项 3 项。她曾努力争取保研名额，但因为大一学期的绩点不高，从而错失了保研的资格。但是，她没有灰心丧气，而是选择打开“另一扇窗户”，专心致志地参加考研。明确考研目标学校目标之后，她每天学习 10 几个小时，删掉不必要的社交软件，全身心做好各科考试的复习。在心态不好的时候，她及时调整情绪，坚定信心，让自己努力以最好的状态来迎接考试。功夫不负有心人，她以优异的初试成绩进入了复试，随后通过考研复试，顺利考上浙江大学研究生。

把功夫用在学习关键点上

一年一度的考研大潮，错过了，就要等来年。我们要认识到资源的稀缺性，以及机会的不可逆性，并且懂得机会成本的不均衡性，从而将宝贵的时间精力用在学习的关键点上，这样才能提高学习的效率。青岛滨海学院刘瑶同学是一名专升本直接考上曲阜师范大学研究生的优秀学子。回首一路走来，她的秘诀是“到什么时间做什么事情，把力量花在刀刃上”。平时，她认真学习所修专业课程，巩固打牢知识基础，培养读书、跑步等良好的学习生活习惯，积极参与社会工作，荣获国家励志奖学金，被授予“优秀学生”“社团活动积极分子”“优秀协理员”等荣誉称号，积极准备为考研创造条件。她提前制定考研计划，发扬钉钉子精神，一步一个脚印向前走，一个科目、一个科目地复习过关。在备考的关键阶段，她找到适合自己的有效学习方法，根据作息生物钟调整作息，在精力最充沛的时间点，复习最重要的科目，终于啃下最具有挑战性的知识点。

找到弱项，强力突破，一通百通，一举成功。客观地认识自己的长处和短板，扬长补短，小词典可以成就大梦想。浙江宁波理工学院徐未来同学英语水平较低，一直拖着考研模拟成绩后腿，令她苦恼不已。针对自己的短板弱项，她清楚认识到，一定要想办法、下力气把英语成绩提高上去，在时间较紧的情况下，必须找到一条管用、有效的路数。她经过几番尝试，实践证明扩大词汇量是突破英语瓶颈的关键。于是，她利用一本词典，大量反复背诵英语单词，在英语听力、阅读、写作等方面，有哪里不懂或者错误了，她马上拿出词典查阅。日子一天天过去，她为了学英语，词典在她的手上一天天变皱，有的页被翻烂了，词典上写满了笔记、洒满了汗水。随着英语成绩的进步，不仅让她成了同学心目中的“英语达人”，也让她在考研初试中顺利过关，最终以优异的成绩顺利考取吉林大学研究生。

大学期间，学科竞赛、学术比赛作为提升学业的途径之一，也是激发同学们考研热的“催化剂”。我们要从实际出发，将专业学习“主业”与学科竞赛“副业”有机结合起来，将当下学与将来学融合起来，努力实现“欲穷千里目，更上一层楼”的考研梦。首都经济贸易大学史凯轩同学是数学建模“能人”，爱好参加各类竞赛。在一次重要的比赛中，他率领团队奋勇冲刺，没料到一开始就遇到巨大的困难，但他始终没有放弃，在最后一天完善了模型理论基础并坚持完成了论文写作，最后拿到了全国一等奖。此外，他还积极参加“中金所杯”金融衍生品竞赛等其他高水平赛事活动，锻炼提高自身能力。一系列的比赛活动实践，触发他对今后的学业作出新的规划，追求更高的人生目标，决定报考金融数学领域的研究生。经过认真准备和刻苦复习，他成功考取北京大学研究生。

世上许多道理是相通的，关键是要学会联系、结合、转化和创新。如能做到这点，我们就可以从有形的事物之中体会到无形的道理，并能以无形的道理去指导推动新的实践。浙江工商大学王泽远同学的考研故事，成功证明其是一位举一反三、触类旁通的优秀者。他是一个酷爱研究围棋的男孩，他性格沉稳，做事情有板有眼。决定考研前，他花了一两天时间让自己静下心来，排除其他事情，在纸上列出可以选择的内容，然后分别写出每个选择背后的利弊，接着写出自己的性格、向往的生活，逐一选择进行比较，最终选出了最适合自己的方案，下定考研决心。在备考期间，每天坚持学习至少 10 个小时。他这种意志毅力，来自他从小结缘的围棋，在最为“闹心”的年纪，围棋涵养出波澜不惊的心境。他利用围棋的辩证思维，在考研关键时刻，不断给自己积极的心理暗示，善于从多个角度思考问题，不纠结不凝滞，及时总结反思，寻找知识疏漏点、难点和重点，系统梳理分类，及时跟进复习。通过刻苦努力，配以适当的“围棋式”备考方式方法，他最终以优异的成绩圆梦浙江大学研究生。

考研既是“考力”，又是“考心”

考研过程既是“考力”，又是“考心”。临阵不乱，登高不慌。坚定的理想，坚强的意志，坚韧的心理，这三者成为考研途中的助推器。杭州师范大学戚琪同学是一个勇敢追梦的“奋斗女孩”，为追求她所热爱的设计学、艺术学，她打算撕掉“工科女”的标签，选择跨专业报考数字媒体专业研究生。为了尽快弥补与专业考生相差较大的艺术素养，她每天花五六个小时去钻研艺术专业课，阅读大量文献和案例，整理温习以往的笔记，争分夺秒地做好考前准备。没料到，距离考试还有 3 个月的时候，她所报考的专业，专业课由艺术学概论改成了设计学基础，数字媒体艺术理论实践内容也有大幅度变动，这意味着她之前的复习白费了许多功夫。面对考试内容的调整，她没有惊慌失措，沉着冷静，重新制定复习计划。时间安排上，她利用效率最高的时间段，集中注意力，学习最重要、难度最大的知识点。学科测试上，她采取模拟考试的方式，查找专业学习漏洞，及时补好短板。最终，她如愿考上心仪的研究生。

考研需要真功夫，也需要慢功夫，欲速则不达，功到自然成。考研过程中，我们不要被情绪等非智力因素影响，从而带来干扰和烦恼。要直心平行，放宽心态，放下包袱，做到努力上进，尽力就好，自然而然，让自身的水平充分发挥出来。江苏第二师范学院叶聪同学临近毕业，打算考研。经过纠结与思考后，他结合兴趣，确定考研专业目标，制定了具体考研计划，并持之以恒刻苦复习。他认为，没有一蹴而就的成功，没有唾手可得的荣誉，所有成就的背后一定洒满汗水与泪水，一定是求真无畏、勇往直前的奋斗与努力。因此，他把考研当作一次人生历练，不在乎成败得失，而在乎于自己尽心尽力，坚持到底。最终在2020年的全国硕士研究生入学考试中，他以专业总分第二的优异成绩，考入东北师范大学文学院研究生。

心中有大爱，行动有力量。爱出者爱返，福往者福来。“荐我热血，点燃他人生命之光。”从小在医科大学长大，受到周围环境的熏陶，山东师范大学祁明轩同学是一名爱献血的男孩，经常参与无偿献血的志愿活动，无论是身在家乡黑龙江哈尔滨、还是在学校，献血车上经常出现他的身影。备战考研期间，他坚持“早6晚11”紧张学习的同时，仍然保持对志愿服务的热爱，积极参与照顾“老弱病残”、环境保护等志愿服务。在考研结束等待初试成绩的时候，他接到了来自北京红十字会的通知：骨髓与病人大致匹配上了。他心里明白，与陌生人的骨髓适配难度要比血液配型难度更高，基本上是几十万分之一的概率。这几十万之一的概率，能让另外一个人的生命不断延续下去，这是多么有意义的事情啊。于是，他用科学的道理说服亲人的担忧，毅然决定捐献骨髓，让病人得到及时救治。考研为了什么，人生为了什么，在道德理想之下，两者的价值取向是一致的。当追风奔跑的少年与暖阳相拥，才会发现一切都是值得的。最终，他实现了“捐献骨髓”“奔赴浙大”的双梦想。

苦难铸就辉煌，坚持就是胜利。有信心，就有希望，爱拼才会赢。浙江农林大学李天赐同学曾经是一名留守儿童，自小养成能吃苦、不怕难的品格。他的父母常年在外务工，年少的他在爷爷奶奶的照顾下生活成长。由于农村教育资源匮乏，他担心自己也会与其他同学一样，为了维持生计而早早辍学出去打工，所以他认为读好书才是唯一的出路。穷人家的孩子早当家，不待扬鞭自奋蹄。大学期间，他积极参与各类学科专业竞赛，先后获得中国高校计算机大赛——团体程序设计天梯赛全国三等奖、2018浙江省大学生程序设计竞赛铜奖等重要奖项。这些参赛经历使他在考研的路上充满信心。在备考冲刺阶段，他早上6：30就起床去考研教室学习，等图书馆开门后，再去学习氛围更浓厚的图书馆自习。晚上回来，有时学犹未尽，为了不打扰室友，他到走廊里借着灯光读书。在考研复试阶段，他每天花6小时与同学“面对面”模拟面试，不断提升自身的表达水平与答题技巧，最终顺利奔赴北京大学校园，成为令人羡慕的“别人家的孩子”。

考研是一次登山，是一次过河，是一场战斗

考研是一次登山，是一次过河，是一场战斗。潍坊学院高萌同学刚踏进大学校园时，她与大多数人一样，懵懂且迷茫。但她却始终秉承“遇见更优秀的自己”信念，通过加入学生会、社团来不断挑战自己。她先后担任社联主席、计算机工程学院学生会主席、阳光爱心协会副会长。在这些一个个角色的背后，是她每天忙忙碌碌的身影。在忙碌之余，她静心一想，要成为一名新时代优秀学子，好像还缺少一样东西，这就是学术水平。于是，她决定考研。心动不如行动，她把自己的“心”转移到书本，将自己的“家”安到图书馆。为了不被外界打扰，她将手机放在宿

舍，只身一人带着学习资料来到图书馆。没课的时候，她经常去图书馆学习，一直到图书馆晚上闭馆才肯离开。功夫不负有心人，她以优异的成绩实现了考研目标，打开了奔赴人生理想的又一把“锁”。高萌同学为了考研，做到“身机分离”，这是何等的克己功夫。短痛是为了长欢，舍弃才能得到。这，对于准备考研的同学来说，相信将会带来许多启迪。

成不成功，试一试再说，这就是勇气。勇气来自信心，信心来自扎实的调查研究，信心来自对事物的准确判断，信心来自事先的充分准备。许多事情，人力不如天意。但是努力了，尽力了，也就问心无愧了。武汉科技大学宁文静同学明白考研是一场硬仗，为此，她全身心投入到考研中，坚持不带手机去图书馆，不参与娱乐性活动，一心扑在复习上。在超高强度的学习中，她产生过疑惑，一度想放弃，但咬牙坚持下来了。由于初试成绩不够理想，她的信心又发生动摇。特别是在复试前，她的心情产生极大的波动，久久难以平静。最后经过与家人的讨论，她重燃希望，鼓起勇气，决定抱着试一试的心理，勇敢面对接下来的面试。“生于忧患，死于安乐”，面对竞争中无形的压力，她背水一战，将压力化为源源不断的动力，将全部潜能都发挥出来，最终如愿以偿，成功考取厦门大学研究生。

失败是成功之母，失利是胜利之父。只要总结经验，查找不足，改进提高，砥砺前行，总有成功的那一天。南方医科大学华颖同学大学本科第一次跨学科考研失利后，她没有就此放弃。经过认真反思，她找到失利的根本原因是“专注力不足”，决定重整旗鼓，从头再来。她一边工作、一边备战考研。周一至周五工作日期间，她白天专心上班，下班后就在办公室里复习。每逢周末，她回到学校，在自习室沉下身、静下心学习，按时完成既定复习计划。天道酬勤，她如愿考上研究生。读研之后，面对课题实验带来的挑战和挫折，她曾失落过、迷茫过，但很快就能振作起来。在导师的指导下，改进实验设计，优化流程方式，重新投入到实验中。她勇敢地探索新领域，做实验、计数据、查文献、写论文，进行日复一日的科研生活。机遇总是垂青于有准备的人，她终于在研二的第一个学期，发表了第一篇中文核心论文，随后又发表两篇SCI论文，并受邀参加美国微生物学会年会。

读过的书，将融入你的思想；拼过的青春，将是你生命的呐喊；经过的历练，将化为你的能力本领；走过的路，将成为你的精彩人生。考研之路，就是一本书，就是一次呐喊，就是一次历练，就是一段人生路。温州大学郦晨园同学考研途中的从容淡定，源于平时一点一滴的学习积累。她是学校学生会干部，每天奔波于“为学生服务”的路上，同时她兼顾好专业学习，学习成绩始终稳居班级前列，多次荣获奖学金、三好学生、优秀学生会干部等荣誉称号。也正是在学生会担任学生干部的日子，她结识了许多考研成功的学长学姐，还遇见一群正在紧张备战考研的同学，看到他们互相鼓励、奋力拼搏、追逐梦想的样子，她考研的劲头更足了。学生工作需要与同学们广泛沟通交流，让她有了敢于面对大众的勇气。通过一次次上台演讲，她的语言表达能力和临场应变能力有了不断提高，进一步增强了自信心。这些宝贵的经验，让她在复试中沉着冷静，发挥出应有水平，取得优异的成绩，最终在百万考研大军中，脱颖而出。

总之，在当下就业压力增大的形势下，大学生的考研究生之路，机遇与挑战并存。但是，我们一定坚信，越努力越幸运，有志者事竟成。希望同学们努力做到：

1. 坚定理想信念，补足精神上的钙，要将个人兴趣与个人理想紧密结合，抓住初心理想，专注于、执着于将理想转化为源源不断的动力，坚持不懈，向着目标奋进；要坚守“树立远大理想和脚踏实地、艰苦奋斗相统一”，投身科研事业、夯实专业本领，敢于创新、追求卓越。

2. 将远大理想与眼下学习任务结合，正确处理好“远与近”的关系，不能眼高手低，应该老老实实当好学生，认认真真读好书，一步步靠近梦想。在政治上追求进步、业务上争当先进，并不断发扬点亮一盏灯、照亮一大片的带动作用，团结广大研究生同学，在破解“卡脖子”技术难题的目标下努力成才，在贡献创新型国家的伟业中奋勇争先，刻苦钻研练就实干本领，求真探索书写青年华章。

3. 树立正确考研动机，摒弃“能更好就业”“继续享受安逸生活”等考研价值观，将个人“学涯”与“中国梦”融合，要有“为中华崛起而读书”的信念。

4. 转换考研观念，将“复习考研”转化为“学习考研”，将之视作全新的学科甚至是全新的专业，从全方位的顶层设计和底层定制出发，全面系统学习。

5. 应当结合自身情况，选择适宜的学校与专业，提前制定个性化考研学习方案，针对考研的不同阶段，采取“系统梳理”“题海战术”“交叉复习法”等方式方法。

6. 考研备考征程中，要下苦功夫、真功夫，深入研究专业理论，积尺寸之功，方能成千秋之利，小到升学考研，大到实现中华民族伟大复兴中国梦，只要拿出“日拱一卒”的韧劲，坚定“水滴石穿”的执着，逢山开路，遇水架桥，愿望一定会转化为现实。

7. 考研过程中要保持静心、耐心、专心，剪去“考研之树”上不必要的枝干，舍弃娱乐游戏，充分吸收“养料”，向上生长。在正确的时间点，保持沉着平稳的心态，执着于一件事，采用高效、高质的方式方法，不管路途多么遥远、时间多么久远、道路多么曲折，坚持下去，一定会守得云开见月明。

8. 将“学术科研”放在突出位置，执着于梦想、执着于未来，咬定青山不放松，坚持不懈，勤奋苦学，克服浮躁这个顽疾，抵制急功近利、粗制滥造，用专注的态度、敬业的精神、踏实的努力为祖国学术科研发展贡献青春力量。

第十四讲　出国留学之路

出国留学是大学生成长成才的重要途径之一。党的十八大以来，我国留学生规模进一步扩大，呈现持续增长的态势。同学们申请出国留学，走出国门，学习知识，开阔视野，增长才干。许多学子留学归国后，立足本职岗位，奋勇创新创业，成为推进中国式现代化建设的生力军，作出突出的贡献。

2014 年 1 月 16 日，习近平总书记在给全体在德留学人员的回信中指出中华百年以来的留学史，是中国人民为个人梦、强国梦、复兴梦而奋斗的历史。实现中华民族伟大复兴的中国梦是近代以来中华民族的夙愿，是 13 亿中国人民的共同梦想。希望广大海外学子秉持崇高理想，在中国人民实现中国梦的伟大奋斗中实现自身价值，努力书写无愧于时代的华彩篇章。[①]

2014 年 12 月 14 日，习近平总书记对全国留学工作会议作出重要指示：新形势下，留学工作要适应国家发展大势和党和国家工作大局，统筹谋划出国留学和来华留学，综合运用国际国内两种资源，培养造就更多优秀人才，努力开创留学工作新局面，为实现“两个一百年”奋斗目标、实现中华民族伟大复兴的中国梦不断作出新的更大的贡献。希望广大留学人员跟上时代潮流，放眼观察世界，坚定理想，刻苦学习，掌握新知，增强本领，更

---

① 《习近平给全体在德留学人员回信　勉励他们秉持崇高理想努力报国为民》，《光明日报》2014 年 01 月 18 日。

好为祖国和人民贡献自己的智慧和力量。[①]

2017 年 12 月 30 日，习近平总书记在给莫斯科大学中国留学生的回信中强调：60 年前，毛主席在你们学校接见中国留学生时曾深情地说，青年人“好像早晨八九点钟的太阳，希望寄托在你们身上”。青年一代有理想、有本领、有担当，国家就有前途，民族就有希望。实现中华民族伟大复兴的中国梦，离不开一代代青年的接力奋斗。希望你们弘扬留学报国的光荣传统，胸怀大志，刻苦学习，早日成长为可堪大任的优秀人才，把学到的本领奉献给祖国和人民，让青春之光闪耀在为梦想奋斗的道路上。[②]

2022 年 5 月 18 日，习近平总书记在给南京大学留学归国青年学者的回信中，勉励留学青年：希望同志们大力弘扬留学报国的光荣传统，以报效国家、服务人民为自觉追求，在坚持立德树人、推动科技自立自强上再创佳绩，在坚定文化自信、讲好中国故事上争做表率，为全面建设社会主义现代化国家、实现中华民族伟大复兴的中国梦积极贡献智慧和力量！[③]

2022 年 10 月 16 日，习近平总书记在党的二十大报告上强调：坚守中华文化立场，提炼展示中华文明的精神标识和文化精髓，加快构建中国话语和中国叙事体系，讲好中国故事、传播好中国声音，展现可信、可爱、可敬的中国形象。深化文明交流互鉴，推动中华文化更好走向世界。我们要拓展世界眼光，深刻洞察人类发展进步潮流，积极回应各国人民普遍关切，为解决人类

① 《习近平对全国留学工作会议作出重要指示强调　适应国家发展大势和党和国家工作大局　培养更多优秀人才开创留学工作新局面》，《光明日报》2014 年 12 月 14 日。

② 《习近平回信勉励莫斯科大学中国留学生　弘扬留学报国的光荣传统　让青春之光闪耀在为梦想奋斗的道路上》，《光明日报》2017 年 12 月 31 日。

③ 《习近平回信勉励南京大学留学归国青年学者　在坚持立德树人推动科技自立自强上再创佳绩　在坚定文化自信讲好中国故事上争做表率》，《光明日报》2022 年 05 月 20 日。

面临的共同问题作出贡献，以海纳百川的宽阔胸襟借鉴吸收人类一切优秀文明成果，推动建设更加美好的世界。①

教育面向现代化，面向世界，面向未来，必须始终坚持教育对外开放不动摇，不断加强同世界各国和联合国教科文组织等国际组织的交流与合作，鼓励支持出国留学，完善留学中国的政策与服务，积极引进优质教育资源。我们要学习贯彻习近平总书记的要求，把出国留学作为成长进步的“加油站”，将个人梦、强国梦、复兴梦统一起来，为实现全面建成社会主义现代化强国、实现第二个百年奋斗目标而努力奋斗。

世界这么大，我要出去看一看

青年一代有理想、有担当，国家就有前途，民族就有希望，实现我们的发展目标就有源源不断的强大力量。青年学子出国留学，这是有理想、有担当的体现。但是，我们首先要明确为什么要出国留学？目的和动机何在？这些问题解决了，才能坚定出国的志向和决心，将之转化为巨大的动力。一旦树立了出国的志向，就要积极行动起来，按照相应的留学条件和程序，一步一步地扎实推进，一关一关地顺利跨越。山东大学黄文昕同学希望毕业后出国留学，锻炼自己独立自主能力，学习国外先进前沿技术，为将来成才打好基础。因准备留学较晚，她从英语语言考试、学习绩点、文书材料准备等三个方面进行“士兵突击”。她深知英语水平是能否出国留学、留学期间能否独立生活、国外学习能否适应的决定性因素，她制定英语水平提升计划，上网课专心学习，使英语成绩突飞猛进。她深知本科课程成绩在一定程度上决定申请到的外国高校的层次水平，她放弃休闲娱乐时间，全

① 《中国共产党第二十次全国代表大会在京开幕》，《光明日报》2022 年 10 月 17 日。

神贯注投入到学习中。针对文书材料撰写，她提前查阅目标院校招生要求，结合个人经历和优势特长，阐述“为什么一直憧憬向往该院校”“自身有哪些特质适合该学校的该专业”以及“为就读该学校该专业都做了哪些细致准备”。最后，她如愿获得伦敦政治经济学院的 offer。

出国留学作为青年学子成长的阶段性目标，如同其他人生理想一样，首先，我们要搞清楚自己到底要什么？为什么要选择出国留学这个目标？这个问题想清楚了，那么我们的理想就能坚固如石，风吹雨打仍然屹然不动。其次，要客观正确认识自己，认清自身的长处和短板、潜力与局限，研究与目标学校的匹配度，提高顺利申请的成功率。最后，要懂得怎么做，结合实际，根据目标学校的条件及要求制，制定切实可行的规划与计划，并坚决付诸行动。北京工业大学王鹤同学高中时便确立了出国留学的目标，基于该目标，她为自己的大学四年做了细致的规划。在日常学习生活中，她注重“科研实践，综合提升”，一是认识优秀的人，扩宽学术视野；二是为留学做好准备，为自己申请院校增添优势；三是通过认真的科研实习，得到导师、教授的认可，以求解决推荐信问题；四是提升自身综合能力，利于留学后的实践、生活、学习。他根据自身实际情况，选择自主设计文书，从网上搜索范文下载，将个人闪光点、留学初心、意向院校历史文化、意向专业特色融入文书，利用辅助工具修改语法错误，联系关系不错的外教老师与留学的学姐学长修改润色，使文书更具吸引力。最后，他结合自身的未来规划，目前的专业排名、学术科研等综合能力进行定位，将合适院校分为“冲刺、稳拿、保底”院校，逐一冲击，终于申请到英国帝国理工大学的 offer。

世界这么大，我要出去看一看；我这么年轻，我要到外面闯一闯。达尔文开始环球航行时是 22 岁，他结合游历写了著名的

《物种起源》。古往今来，青年的学习成长，都要坚持面向现代化、面向世界、面向未来。青年学子走出国门，走向世界，可以开阔眼界，学习先进的技术和前沿知识，在异国他乡，学会独立思考与生活。离开家门，思念从此生根；离开国门，爱国之情更加浓烈。同时，在与各国青年的交往交流之中，增进友谊，加深理解，既看到世界文明的丰富多彩，又在文明的比较之中，坚定文化自信，讲好中国故事。怀着“趁年轻，走出去，看一看，闯一闯”的想法，深圳大学邹昊璇同学选择成为一名交换生，奔赴法兰西商学院学习一年。学习上，面对“一门课程一整天”的紧凑学习模式，让他感受到压力。为此，他根据课程规划制定了周密的学习计划，顺利完成各项课程学习。生活上，在国内的时候，他很少做家务，出国后一切都要靠自己，即使生病的时候，也只能自己照顾好自己。交友上，他与其他国家交换生一起到欧洲游学，开阔眼界，增长见识，领略了不同国家的风土人情。在旅游途中，他跟国外同学讲述中国故事，交流中华历史文化，结下了深厚友谊。通过一年的海外学习，他更加坚定未来理想，下决心学好本领，为国家强盛起来做出应有贡献。

青年学子把爱国之情、强国之志、报国之行统一起来，把自己的梦想融入人民实现中国梦的壮阔奋斗之中，这样的留学梦才有意义。机遇总是垂青于有准备的人，成功的背后洒满辛勤的汗水。要把梦想变成现实，必须锚定目标，科学规划，认真准备，奋斗拼搏。华南理工大学王晓敏同学入学后，她通过留学相关公众号了解海外研究生申请需要准备的履历相关信息和提升录取机率的额外要求，精准制定计划。一方面，她通过担任翻译助理志愿者、参加伦敦大学夏令营、名企海外市场营销岗位实习等多途径逐步提升“专业实践背景”。另一方面，她为了攻克留学“语言关”，坚持勤学苦练。针对雅思口语，在第一部分，她将所有题库问题通览了“两遍”，将无法脱口而出的问题梳理出来，集中精力，逐一掌握；在第二部分，根据话题类型特点进行分类、归纳和总结，形成正确的答题思路，提高复习效率；在第三部分，根据考官提出的问题，思考融入清晰逻辑和丰富细节，提高答题质量；针对英文写作，她认真研习往年考题类型，以优秀范文为例，加强背诵、模仿和创新，做到心中有数，运用自如。这些方法让她取得了“8”的雅思优异成绩，并收获了杜伦大学、曼彻斯特、利兹大学等7家名校的offer。

锚定留学目标，咬定青山不放松

爱国，是人世间最深沉、最持久的情感，是一个人立德之源、立功之本、立言之魂。新时代的青年学子，要时时想到国家，处处想到人民，把自己的人生理想同祖国的前途、民族的命运紧密联系在一起，永怀爱国之情，永葆赤子之心。心怀爱国赤子情怀的中南财经政法大学马珮文同学很早便确立了“走出去，研究国外商业，学习国外前沿商业模式，海归立足商贸岗位，推动祖国商业建设”的想法。大学四年，为出国留学，她从标准化成绩、竞赛实习、文书资料等方面进行了细致的准备。她结合自身专业所学，将理论应用于竞赛与实习，细化商业方案，精准考虑各个要素，联系外国先进商业模式，进行模式创新及风险预案设计。她坚持利用周末、假期时间，参与多岗位实习锻炼，推动“知行合一”用专业理论推动实习工作开展，通过实习工作经验指导商业模式创新思维，解决商业实际问题。她对商业分析专业的热爱和对学术真理的尊崇发自内心，她将“商业分析理想”融入自己的生命当中，孜孜不倦，甘之如饴。最终，她成功申请到前往美国杜克大学留学的机会。

大学时期，正是青年学子发奋学习的大好时光。在学习路上，我们既要客观认识当代中国，又要理性看待外部世界，拥有宽广的国际视野，在中外比较、借鉴之中，取长补短，合作共赢。充分利用新时代中华民族发展的最好时期，抓住难得的人生际遇，确定出国留学的目标。目标一旦锚定，就要付诸实践，积极行动起来。要用心准备，科学制定学习计划，系统设计申请方案，分步实施推进。要用情付出，将出国热情转化为爱国之情，焕发出奋斗激情，唱响青春之歌。要用力攻关，针对薄弱环节，集中火力，攻坚克难，打掉一个又一个出国“拦路虎”。确立“出国留学”目标的东南大学龚羽轩同学，制定了翔实的择校方案与申请计划。考试前，她进行了详细的“模板”设计，将经典排比句、过渡句结合自身生活事迹，形成生动形象的“英文小故事”。她主动与老师探讨法学学术、留学规划、未来发展，虚心听取老师的意见建议，并请求与自己志趣相投，负责任的老师撰写推荐信。因申请留学时间线与法考备考时间线重合，她联系中介，将留学申请、材料提交等事务委托中介办理，自己将重心倾向法考，做到“同部署，两不误”，最终她如愿通过法考，并获得英国伦敦大学法学院的 offer。

青年学子在申请出国留学过程之中，一要坚持目标导向，根据国外院校的条件要求，集中精力，全力以赴，逐项提高，逐步推进。二要以坚持问题为导向，针对自身的短板和弱项，下功夫、花力气补课、补足、补好，使之不拖后腿、不误大局。三要发挥优势，深入挖掘自身的特点、特色、特长，满足所申请学校的要求并运用国际化的表达方式，集成起来，展现出去，客观全面充分地展示本人的潜力和才华。为学习国外先进前沿科研理论、技术，提高自身科研学术水平，中山大学黄浩喆同学坚定选择出国留学。针对实习环节，按照岗位“不在多，而在精”的原则，他选择与专业紧密相关的名企参与 3 个月实习，将理论融入工作，在工作实践中加深对专业理论的理解。他在潜心学术科研的同时，注重结果导向，将自身研究成果撰写成论文，同时将中文论文翻译成地道英文论文，并将论文及学术科研过程中的创新性思考，汇总成英文作品集。在申请文书中，注重讲好社会实践、学生工作、科研实验小故事，彰显社会责任感、合作服务意识的同时，增添吸引力。功夫不负有心人，他被美国波士顿学院录取。

青年学子申请出国留学，在准备过程中，应做到“三个结合”，一是专业机构指导与自我努力相结合，师傅领进门，成功靠自己。二是申请过程与日常学习和社会实践结合，将平时的学习实践转化为留学的重点内容和有力支撑。三是线下求知和线上请教相结合，利用互联网工具向有经验的师长学习，集思广益，博采众长，精益求精，努力提高申请文书质量。因中介服务质量具有不确定性，作为怕“被坑”的单纯女孩，天津外国语学院刘怡同学选择自我努力，独立申请名校赴海外留学。步入大学校门，她便开始“申校”准备工作，她根据自身实际水平，精准定位，通过浏览各高校官网，梳理意向院校、可申请专业，并分为“冲刺院校、保底院校”两个梯队，确保自己的学习规划能够为出国留学，尽力冲击名校提供支撑。她将绩点与雅思成绩作为硬实力，将实习、竞赛、社会实践、志愿服务作为软实力。她积极主动参与外企实习、国际雪联赛事志愿服务、天津疫情防控隔离点志愿服务等活动，提升英语“听”与“说”能力，积累必需的实践经验。她利用网络平台“小红书”学习申请文书撰写的方法，根据各位留学博主的意见建议，先对个人文书亮点进行完善，再通过 App 对文书语法问题进行修改，最后虚心向老师请教，对文书进行润色。

留学如同登山涉水，需要跨越一道道难关

世上无难事，只要肯攀登。做事如同登山，从山底望山顶，山高路远，难之又难。当我们跋山涉水，终于登上山顶，再从山上看山下时，顿时觉得会当凌绝顶、一览众山小，真是雄关漫道真如铁，而今迈步从头越。出国留学是一件难事，不可能轻轻松松就能申请到心仪高校，关键要选准方向，找对方法。四川大学黄燕希同学确定出国留学目标后，围绕着“择校、语言成绩与平均成绩绩点、文书、面试”等重点环节进行细致准备。在专业学习中，她将“留学名校”作为推动专业学习的动力，刻苦钻研学术，把握每一门课程的日常考核、阶段测试、期末考试，珍惜每一个“0.5分”。针对语言难关，她采取日常积累，考前突击的办法，平时注重积累单词词汇量，通过听英文新闻、参与英文演讲的形式，逐步提高英语听力水平与口语水平，在雅思考前的5个月，集中精力，逐项攻克各个考试板块。针对最关键的面试环节，她通过研究目标院校特色，请教往年被录取的学长学姐面试经验，保持自信轻松的心态。她结合个人获奖、学术、科研、社会实践等情况，实事求是突出重点，制作简洁明了且有“学术风格”的PPT，对PPT中提到的专业类问题，提前做了认真准备，以便正确回答考官问题。在面试前几天，对目标项目本身、目标专业相关科研操作、学术原理总结梳理，落实在“笔头”上，并设置一些端口，引导面试官提问，同时提前准备好“回答内容”。最后，她顺利考取香港科技大学。

青年学子决心出国留学，在目标学校选择上，要做到可能性与可行性相统一，根据自身条件和潜力确定目标，提高申请成功率，如同为跳高设置一个目标，这个目标是经过努力，能够达到的。要做到客观了解和主观努力的统一，根据目标形象的条件和

要求，充分发挥主观能动性，坚持系统思维规划，采取清单化管理、项目化推进的办法，一个一个关口去突破。浙江理工大学方旖旎同学所学专业为材料科学与工程专业，因国内外高校缺少独立的材料学院或材料专业，因此她扩大“出国留学”目标专业范围，将化学、生物等相关专业都纳入兴趣视野。她对比相关院校所在国家人文环境情况、综合排名、专业排名，最终确定英国华威大学为目标院校。她注重日常加分项的积累，一方面主动寻找科研、学术项目，静心钻研，及时将研究成果撰写成为论文，并发表在相关报刊、科研杂志上；另一方面主动参与志愿服务、社会实践、实习兼职等活动，在活动中积累宝贵的实践经验。同时，她主动通过学长学姐或学校官网与感兴趣的专业教授取得联系，阐明专业申请意向，以及对他所研究课题的认真和感兴趣程度，甚至讨论研究细节与未来方向，通过“主动”获得导师的认可与青睐。

中国梦是国家的梦、民族的梦，也是包括广大青年在内的每个中国人的梦。其中，出国留学是许多青年大学生的成长梦。实现出国留学梦，需要迈过一道道难关。首先要过好语言关，这是前提和基础，也是申请名校的必要条件之一。过关如同登山，目标方向确定了，接下来就要根据个人实际制定合理的学习计划，选择可行有效的方法路径，下苦功夫，苦下功夫，迈过一个又一个坎，锲而不舍地达到胜利彼岸。北京外国语大学胡梓钧同学，出国留学是他小时候确定的求学目标。为了突破英语水平这个难关，他全身心投入到英语学习中去，从听、说、读三方面苦下功夫。针对“听”，他坚持收听英文新闻广播，用心将一些听不清楚的单词翻译出来，并利用学习辅助工具继续加强训练，一直听到明白为止。针对“说”，他将自信作为“稳定剂”，抓住课堂上老师提供的发言机会大胆开口说，下课后趁热打铁继续练，终于从眼神飘忽、停顿“卡壳”到眼神坚定、滔滔不绝。针对“阅读”，他以积累词汇为基础，强化背诵记忆，将阅读中遇到的陌生单词记在本子上，来回反复琢磨，彻底弄明白词意语境，提高流畅阅读的水平。功夫不负有心人，他的英语口语水平有了显著提升，顺利拿到曼彻斯特大学和利兹大学的录取通知。

人生如棋局局新，留学如棋步步走。功夫不负有心人，功到自然成。同济大学施远同学将申请“名校”当作全局“一盘棋”，采取“放长线钓大鱼”的策略，最终如愿获得美国耶鲁大学的offer。他下好“先手棋”，当同学还沉浸在大学自由时光里的时候，他便围绕“留学名校”的目标开始关于“平均成绩、社会实践、科研成果、竞赛奖项”的提升积累之旅。他下好“联系棋”，针对“软件学院”高强度的授课模式，他进行了周密的计划，将专业学习、科研成果、竞赛奖项紧密结合，集中主要精力，将专业理论所学应用于专业科研与学科竞赛，细致实验，精心准备竞赛方案，积累宝贵经验与成果奖项的同时，指导专业理论深度发展。他下好“智慧棋”，按照艾宾浩斯记忆曲线理论，针对“语言单词难关”，选择合适的记忆效率，在短期内高强度突破上万个单词，顺利通过托福考试。针对学分高、不容易考高分的课程，他采取先易后难的办法，延迟到大四时期才选修，确保高分过关并提高个人整体平均分值。他下好“关键棋”，针对名校着重的文书材料，他细致撰写文书，融入目标院校所看重的部分，全面阐述自身，突出自身的社会实践能力与学术科研能力，同时他通过辅导机构、外教老师、留学朋友对文书材料进行逐词逐句斟酌，确保完成高质量文书。

抓住机会，朝着更高的人生理想而努力

中国的未来寄望于青年，世界的未来寄望于青年。通过请进

来、走出去的途径，加强中国青年与世界青年的交往交流，推动不同文明的对话与合作，互相学习借鉴，增进理解和友谊，共同为构建人类命运共同体奉献青春、智慧和力量。这是青春的使命与担当，也是青年的眼光与格局。青年学子出国留学就是其中的途径之一。为实现顺利留学的目标，同学们既要抓住关键，认真准备专业成绩，外语考试等必要条件之外，又要讲究科学方法，多向学长们请教经验，找准适合自身实际的出国路径。中央财经大学郝婕妤同学希望出国留学，走出去，看一看，本着“兼容并蓄”的思想，接触不同的文化，在不同学术范围的碰撞下，对专业知识进行巩固积累，吸收、深化、利用国外新知识。她通过请教学姐学长的申校心得，悉知康奈尔大学目标专业——MPA 更加注重学术研究、社会实践与实习经历。她聚焦国际政治领域，研究国内外相关专家著作，确保每天关注当日海内外时政热点，深入思考，结合专家观点，形成自己的论述观点。她将社会实践、实习经历进行梳理，挖掘特色闪光点，撰写成小故事并融入申请材料，同时结合当下全球时政、社会热点，针对国内外专家论述，进行热点梳理、思考，集合多方智慧，总结自身观点论点。

进步源于努力，信心来自付出。交换生是短期的出国留学方式，青年学子面临学业、生活的双重压力，主要原因是他们对国外的学习、生活要逐步才能适应，而且时间是紧迫的，稍不努力抓紧赶紧，稍不注意放松散漫，时光一晃就过去了。因此，作为交换生，必须抓紧再抓紧，拼搏再拼搏。北京大学牛馨雨同学埋头苦学，连续两年获得国家奖学金、学校三好学生。研一时，由于成绩优异，她被推荐参加享受全额奖学金攻读美国南卫理公会大学法学硕士的交换生项目。她珍惜国外学习机会，图书馆每天早上 7：30 开门，她便在 7：40 之前就坐在固定的窗边开始各科老师布置的阅读，下课后继续前往图书馆研究，直至深夜被图书馆管理员“赶走”。无论热夏、深秋、严寒，她早起读书的习惯始终没有改变，除了每天上课、做饭、健身、睡觉，她把所有的时间都用在了学习研究上。第一学期，她的证券法得了B+，其余的课程全是A。针对自身学习薄弱环节，她将大量案件摘要变成了按照章节、规则划分的案例表格，紧紧跟随老师讲课的节奏。第二学期考试结束后，她获得了合同法、证据法的最高分，试卷作为优秀试卷编入导师的历年优秀试卷集，发给下届学生学习，其他课程也全部是A，实现了自己的高目标——成为班级第一。顺利毕业后，她归国前还超过分数线40分的优异成绩通过纽约州律师考试。

青年学子出国留学，有的是大学毕业直接申请，有的是“3+1”“2+2”等项目方式。对于后者，同学们要利用已在国外学习生活的机遇，惜时如金，发奋努力，为申请名校积极准备，要下苦功夫，练好基本功，练成真本事，扎扎实实地打好基础。要学会换位思考，走出小我和执着，树立世界眼光，能够运用国际化的思维方式分析问题，努力提高申请的针对性、规范性和精准度。通过“2+2”项目，两年北爱荷兰大学的读书经历，让南昌航空大学徐巧同学获得“免语言成绩”的便利，为她减轻了备考申校的负担。为进一步加强专业学习深度，她聚焦专业学习，提高“GPA”，希望迈向更好的宾尼法尼亚大学。海外两年里，她主动适应国外教育模式，主动学习海外先进前沿知识，针对学科薄弱问题，她放弃旅游、游戏等“休闲时光”，沉身于图书馆，对课程知识进行深度钻研，遇到不会的问题，便借助词典翻译，并将重点、难点记录在笔记本上，定期背诵学习。这一学习模式让她的平均绩点、英语应用水平得到了显著提升，为申请名校奠定了基石。她借助“小班教学”的优势，加强与外国导师学术沟通的频率，让教授了解自身的同时，在课题研究上获得“共鸣点”，在日常故事分享上获得“共趣点”，获得更具说服力的“美国本土”教授的认可与推荐。

梦想从学习开始，事业从实践起步。学习是立德树人的根本任务，也是出国留学的主要目标。青年学子通过交换生、研究生的渠道赴国外留学，利用难得的学习机会，要主动学，积极主动地学习先进技术，了解前沿知识；要专心学，专心致志地扑在专业领域上，以钉钉子的精神学到底、学到家；要刻苦学，竭尽全力地苦下功夫，用勤劳的汗水浇出成功的果实。初入大学校园，浙江工业大学马彬同学便将大学四年作为决定人生高度的重要时期。当周围的同学还处于对大学生活好奇探索的时候，他已经制定了周密细致的规划，努力去尝试不同的挑战，探索新鲜事物，将学习、生活、学生工作的每一件事力争做到极致。通过一个学期的国外交换生项目学习，他认识到自身对“计算机视觉研究”浓厚的兴趣与巨大的潜力，将之确定为未来的科研方向。交换回国后，他认为在国外能够吸取更多先进的学术、科技经验，于是放弃了在国内保研的机会，决定再次出国留学。随后，他制定周密的“英语语言提升计划”，暑假闭关冲刺托福考试，精心准备申请文书，细致提交相关文件资料，最后顺利获得美国华盛顿西雅图大学计算机视觉专业 offer。

青年学子作为新时代中国特色社会主义建设者和接班人，既要熟悉中国国情，又要具有世界眼光和国际视野，树立胸怀天下、经世济民的志向，关心家事、国事、天下事，利用出国深造的机会，勤学苦练，努力成长为具有家国情怀、全球视野的人才，为今后建设祖国，实现伟大民族复兴，造福人类社会作出贡献。广东外语外贸大学黎锦荣同学是一个有想法、有目标、有计划的学生。对英语文化的喜爱与国外旅游的经历，让他高中便确立了出国留学的目标，希望能够前往自己感兴趣的国家深造，进行自己感兴趣的科研学习，学成之后归国，投身于祖国事业建设。他从社会实践背景、英语语言能力、专业综合绩点、留学择校选择四个方面着手准备留学。他充分利用语言兴趣优势和学校资源优势，课外学习第二门外语，丰富自己的简历，提升自身的核心竞争力。他通过网络平台，综合比较英国、美国、法国、新加坡等感兴趣的国家各所学校的安全性与留学生归国的就业率，结合自身专业与未来发展的匹配度，选择了市场营销专业在世界排名数一数二的新加坡国立大学，并成功被录取。

一代代青年是爱国主义精神的坚守者和传播者。出国留学是报国为民的途径之一。青年学子把国家富强、民族振兴、人民幸福作为努力志向，选择好个人的留学目标，瞄准国际先进知识、技术、管理经验，学习掌握过硬本领，拓宽眼界视野，填补国内研究空白，这样的留学青春，一定绚丽多彩。南方科技大学邓大琦同学高中阶段便确定了未来科研之路。步入大学校园，生物专业领域深深吸引着他，他报名加入交叉科学课题组。在实验室里，他怀着对科研的热爱，专心开展实验研究。面对原创性、具有挑战性的科研项目，作为本科生的他主动申请承担，牵头组织几个本科生成立课题小组，协力查文献、搞实验，为留学申请打牢基础。面临留学申请季，他积极申请，希望前往国外学习前沿的癌症研究与癌症治疗理论，为健康中国建设作出力所能及的贡献。他最终收到英国医学研究委员会、英国癌症研究协会、伦敦大学等六家合办的欧洲最大的单一生物医学研究实验室——弗朗西斯·克里克研究所的博士 offer。

中华历史文明绵延数千年，所形成的优秀传统文化成为中华民族的基因，植根于我们内心，形成独特的思想方式、行为准则和精神世界。越是民族的，越是世界的。作为青年学子，我们既要坚持文化自信，又要用欣赏、包容、互鉴的态度来看待世界上不同的文明文化，通过出国留学深造，促进中国青年与世界青年的交流，助力世界文化繁荣，让我们生活的这个星球变得更加美好。作为历史文化学院的学子，山东师范大学李兆玉同学希望能够前往海外，开阔眼界，进一步了解其他国家的风土人情、历史文化，增长才干。国外大学区别于国内研究生考试，有很多的烦琐步骤，她细致研究意向院校的申请条件、流程、录取加分项，进行了提前谋划，提早布置。她立足自身专业，系统学习中华历史文化，对中华文化的传承进行深入思考，利用课余时间，认真研学欧洲、美洲、非洲等其他国家的历史文化，结合中华文化进行思想碰撞，形成自己对全球历史文化的独特见解。强大的学术研究能力，让她的成绩一直维持在专业前列。在日常生活中，她利用空闲时间，着重加强英语的应用，提高听力和口语水平，在论文写作的时候，也注重学习用英文进行撰写，为留学阅读文献、撰写文章，打下坚实的基础。最后，她如愿申请到滑铁卢大学留学。

世界的未来，属于青年一代。青年学子有朝气、有梦想、有未来，他们立志出国留学，对于养成用欣赏、互鉴、共享的观点看待世界，推动不同文明、文化、文艺的交流与互鉴，彼此和谐共生，积极构建人类命运共同体很有意义。成功申请留学，非一日之功，非一时之力，既要符合相应的条件，又要完成相关的程序，还要根据不同国外高校的具体要求，采取有针对性的准备，切实做到知彼知己，有的放矢。中国传媒大学苗凯梁同学大三下学期，经过冷静分析和慎重选择，他决心出国留学，去感受外国独特的风土文化，学习不同的音乐风格，借鉴开放性导演艺术模式。为此，她报名参加相关艺术类比赛，利用专业所学，协助学生组织、学生社团开展丰富多彩的校园文化活动，为自身积累社会实践背景。同时，她在具体工作中加深对理论的深入学习，努力提升自身素养。她利用假期开展专业实习，选择与留学意向专业紧密相关的实习岗位，在实习中注重细节、经验积累与创意模式创新思考，为留学申请材料做好铺垫。面对意向院校的特殊要求——申请作品集，她根据该院校特色、历史文化底蕴，整理自身创作的艺术作品，对作品进行优化、分类，尽量符合意向院校审美。经过充分准备，顺利获得爱丁堡大学、格拉斯哥大学、约克大学等五家大学的 offer。

总之，希望同学们：

1. 有意出国留学大学生要树立正确的“留学观”，避免盲目随大流或存在“海外镀金”心理，将“留学梦”与“个人梦”“中国梦”紧密结合，要学会“知己”“知彼”，对自身进行精准定位，明确自身的优势、劣势，针对薄弱环节“对症下药”，积累提升；要主动了解目标院校的历史文化、学科特色、申请条件，选择适宜自身发展的专业，以“目标结果”为导向，细致进行申请准备工作。

2. 凡事预则立，不预则废。要树立“全局观”，紧紧围绕“出国留学”目标，搞好专业学习成绩、文书材料、语言成绩、社会实践、实习经历、学术科研、推荐信等各个局部工作，推动出国留学目标取得最优成效。分析好主观客观因素、内部与外部环境，统筹谋划，周密部署“留学”准备工作。

3. 一分部署九分落实，要提高行动力，针对留学规划，尽快投入行动，抓好各个环节的落实。面对过程中的困难，要坚定信念，怀着“遇山开路，逢水架桥”的勇气，分析原因，归纳总结，从实际出发，创新学习模式，一个一个问题解决，推动出国留学准备工作取得实效。

4. 要坚定不移、坚持不懈、坚强不屈。留学目标一旦确立，就要坚定信念，毫不动摇地走下去，抵挡住游戏、电视剧的诱惑，保持内心的定力；要坚持久久为功，付出艰辛的努力，一步一个脚印，坚持到底；针对过程中遇到的语言成绩差、学术科研弱等“绊脚石”，要采取灵活的方法，敢于“跨过去”。

5. 针对留学生活、申请技巧、语言学习方法、文书撰写技巧，要学会“问”，要怀着问题，请教中介，请教老师，请教师哥师姐，把问题问到点子上，集合多方智慧，结合自身实际与自我思考，有效率地解决遇到的“困难”、“重点”问题。

6. 要戒“懒、散、虚”，要勤奋，沉身埋头，勤学勤思，钻研学术，提升语言水平；要把握目标范围，不能什么都想要，要集中精力做好“几个”院校的申请，瞄准目标，准备细致、准备充分；要避免投机取巧，杜绝买实践经历、奖项，真正地融入实践与学科竞赛，积累丰富的实践经验，提升自身综合能力。

7. 出国留学的同学，要认清环境、适应环境，珍惜环境。了解当地独特风土人情的同时，要适应当地的人文环境，提高自身独立自主能力，内心要保持敬畏、尊重，言行上要谦虚谨慎。国外环境有利有弊，要利用局部好的氛围，进行逻辑思维创新，远离“不安全因素”，保障自身生命健康安全。

8. 出国留学大学生要不忘初心，不忘“根”，在学习运用世界先进技术成果的同时，要将“国情”结合起来，根植中国土壤。“留学履历”是名，要转化为实，在学术上、科研上潜心研究，求真求实，无畏无惧。留学归国后要倍加珍惜祖国荣誉，以赤子之心报答祖国培养，以国家、民族的振兴发展为己任，在时代的奋进中实现自己的人生价值，以扎实行动成才报国。

第十五讲　求职就业之路

就业是民生之本，大学生就业是社会就业的重要组成。实现高质量的就业目标，需要国家、社会、高校和学生个人多向发力，需要各个方面共同努力。一方面，国家制定完善支持政策，建立指导服务平台，创造更多就业岗位，营造良好社会氛围；高校贯彻立德树人的根本任务，为党育人，为国育才，培育一大批堪当民族复兴重任的时代新人。另一方面，青年大学生应树立正确的就业观、职业观、事业观，树立行行出状元的理念，结合社会需求和个人实际，在“双向选择”之中找到用武之地。

习近平总书记对大学生成长和就业一直牵挂在心。

2014 年 5 月 4 日，在五四青年节到来之际，习近平总书记来到北京大学考察，参加师生纪念五四运动 95 周年青春诗会，并在英杰交流中心与师生座谈。总书记在座谈时讲了自己的故事，他年轻的时候也面临出国、工作的选择，但最终“想做点儿事”的想法让他选择留在了国内，要为国家和人民做事。有信念、有梦想、有奋斗、有奉献的人生，才是有意义的人生。[①]

2016 年 4 月 26 日，习近平总书记来到中国科学技术大学考察时，语重心长地对大学生说：青年是国家的未来和民族的希望，希望同学们肩负时代责任，高扬理想风帆，做有理想、有追

---

① 《习近平在北京大学考察时强调　青年要自觉践行社会主义核心价值观　与祖国和人民同行努力创造精彩人生》，《光明日报》2014 年 05 月 05 日。

求，有担当、有作为，有品质、有修养的“六有”大学生。[1]

2017 年 5 月 3 日，习近平总书记来到中国政法大学考察，参加民商经济法学院本科 2015 级 2 班团支部开展的“不忘初心跟党走”主题团日活动时强调：青年时期是培养和训练科学思维方法和思维能力的关键时期，无论在学校还是在社会，都要把学习同思考、观察同思考、实践同思考紧密结合起来，保持对新事物的敏锐感，学会用正确的立场、观点和方法分析问题，善于把握历史和时代的发展方向，善于把握社会生活的主流和支流、本质和现象。要充分发挥青年的创造精神，勇于开拓实践，勇于探索真理。养成了历史思维、辩证思维、系统思维、创新思维的习惯，终身受用。[2]

2018 年 5 月 2 日，习近平总书记来到北京大学考察时与大学生讲述了“15 岁到陕北梁家河插队时的故事”。习近平总书记回忆，学习时，一旦遇到自己不懂、不清楚的地方，他就会查阅所有能找到的书籍资料，或是向同学虚心请教，直到弄懂为止。他强调：大学生要励志，就是要立鸿鹄志，做奋斗者。广大青年要培养奋斗精神，做到理想坚定，信念执着，不怕困难，勇于开拓，顽强拼搏，永不气馁。幸福都是奋斗出来的，奋斗本身就是一种幸福。大学生要力行，就是要知行合一，做实干家，学到的东西，不能停留在书本上，不能只装在脑袋里，而应该落实到行动上，做到知行合一、以知促行、以行求知，正所谓“知者行之

① 《习近平在安徽调研时强调　全面落实“十三五”规划纲要　加强改革创新开创发展新局面》，《光明日报》2016 年 04 月 28 日。

② 《习近平在中国政法大学考察时强调　立德树人德法兼修抓好法治人才培养　励志勤学刻苦磨炼促进青年成长进步》，《光明日报》2017 年 05 月 04 日。

始，行者知之成”。[①]

2020年7月23日，习近平总书记在中国一汽集团研发总院实验室考察新技术研发情况时，与高校应届毕业生亲切交流，勉励广大高校毕业生：要改变择业观、就业观，找到自己的定位，投入踏踏实实的工作，实现自己的人生理想。[②]

2022年4月26日，习近平总书记考察人民大学时强调：中国青年的奋斗目标和前行方向归结到一点，就是坚定不移听党话、跟党走，努力成长为堪当民族复兴重任的时代新人。希望广大青年用脚步丈量祖国大地，用眼睛发现中国精神，用耳朵倾听人民呼声，用内心感应时代脉搏，把对祖国血浓于水、与人民同呼吸共命运的情感贯穿学业全过程、融汇在事业追求中。[③]

2022年6月10日，习近平总书记在四川宜宾学院考察时强调：幸福生活是靠劳动创造的，大家要保持平实之心，客观看待个人条件和社会需求，从实际出发选择职业和工作岗位，热爱劳动，脚踏实地，在实践中一步步成长起来。[④]

2022年10月16日，习近平总书记在党的二十大报告上强调：就业是最基本的民生，强化就业优先政策，健全就业促进机制，促进高质量充分就业。健全就业公共服务体系，完善重点群体就业支持体系。统筹城乡就业政策体系，破除妨碍劳动力、人才流动的体制和政策弊端，消除影响平等就业的不合理限制和就

---

① 《习近平在北京大学考察时强调　抓住培养社会主义建设者和接班人根本任务　努力建设中国特色世界一流大学》，《光明日报》2018年05月03日。

② 《习近平在吉林考察时强调　坚持新发展理念深入实施东北振兴战略　加快推动新时代吉林全面振兴全方位振兴》，《光明日报》2020年07月25日。

③ 《习近平在中国人民大学考察时强调　坚持党的领导传承红色基因扎根中国大地　走出一条建设中国特色世界一流大学新路》，《光明日报》2022年4月26日。

④ 《习近平在四川考察时强调　深入贯彻新发展理念主动融入新发展格局　在新的征程上奋力谱写四川发展新篇章》，《光明日报》2022年6月10日。

业歧视，使人人都有通过勤奋劳动实现自身发展的机会。健全终身职业技能培训制度，推动解决结构性就业矛盾。[①]

我们要牢记习近平总书记的嘱咐，坚信天生我材必有用，找准自己的人生定位，以就业为起点，在平凡的岗位上建功立业，扬帆起航。与此同时，我们也应看到，受多方面因素影响，就业形势较为严峻，2022 年高校毕业生总人数首次突破 1 000 万。大学生毕业了，学有所成，能找到一份工作，这是个人、家庭、高校和社会的共同心愿。青年学子要把求职就业当成一门学问，无论打算报考公务员（以下简称"考公"），还是应聘企事业单位等，都要做到早准备、讲方法、多努力。

找工作是人生大事，我们到底要什么？

大学生就业是重要的社会民生工程，经过多年的国家政策支持及完善，基本建立公平、公正、公开的考试制度以及双向选择的招聘、应聘机制。对于大学生来说，经过几年的大学教育，首先要想明白自己将来要成为一个怎样的人？到底做什么，人生才有价值的？然后结合自身实际，选准一个职业方向，无论体制内还是体制外，或者自主创业，都可以选择。接下来，朝着这个方向努力，充分准备，积极应考，顺利就业。中国石油大学秦培芸同学毕业前，经过一番思考，决定报考中央、国家机关公务员，面对录取率百分之一甚至千分之一的"考公大山"，他主动向师姐请教，做好做足前期准备。他采取灵活学、反复学的方式，补足知识点短板；以"系统刷题"＋"模考训练"为途径，利用吃饭排队、坐公交车等闲碎时间，随时随地做题答题，巩固所学知识；定期参加实战模考，查找薄弱环节，积累应试经验，增强必

① 《中国共产党第二十次全国代表大会在京开幕》，《光明日报》2022 年 10 月 17 日。

胜信心。针对行政测试内容难点，他根据题型特点和分值占比，合理分配时间精力，逐步复习突破。最终，他考取了外交部公务员。

如同考大学一样，找工作是人生大事。毕业之后，找到一个合适的岗位，把工作稳定下来，将生活安顿下来，从而迈出事业发展的第一步，开始新的人生奋斗，这是一个极为重要的成长关口，我们要重视它，把握好它，顺利过关。浙江大学严锦文同学曾任学校学生会副主席，他在日常学生工作中，注重提升自身综合能力，为未来就业提前做好铺垫。临近“毕业”，他的意向是从互联网非技术类岗位起步，投身未来数字经济产业，决定应聘腾讯控股有限公司。经过充分的准备，他顺利进入面试环节，针对考官提出的问题，他沉着冷静，认真聆听，仔细思考，对答如流，顺利通过一二轮面试。最后参加企业总经理面试时，他仍然保持自信轻松的心态，将最后一轮面试当成与企业“大佬”学习的机会。当考官提出“最有成就感的事情”“企业实习的感受”等问题时，他结合自己的成长经历、实习体会、企业调研、社会观察等方面，有条不紊地逐步表达个人的见解，提出有事实、有分析、有见地的观点，引发考官共鸣并高分通过。

大学生就业是大学生成长的阶段性目标，是个人能力素质的综合展示，也是学以致用、为社会创造价值的起点。毕业后，找到工作，特别是找到一份心仪的工作，是大学生本人、家庭、学校的共同心愿。高质量实现就业目标，我们要早定位，正确认识自己，确定人生的理想抱负，转化为具体的职业方向。我们要早规划，围绕职业定位，制定切合实际的计划，科学合理安排大学时间，分清轻重缓急，一步一步来。我们要早准备，成功不是想来的、等来的、捡来的，而是靠奋斗出来的，有付出才有收获，付出百倍的努力才有可能把握多一些，成功概率高一些。江西农业大学刘强同学迈入大学校园的那一刻，就确立“学好专业，用专业服务社会发展”的职业理想。围绕“入职央企国企”的求职目标，他认真制定了学习、生活、实习计划，并付诸实践。在学习好专业知识的同时，他利用寒暑假，赴好未来集团、阿里本地生活、新东方在线等企业实习，经常向已入职央企、国企的学姐学长请教，关注重点企业工作动态和招聘公告。临近毕业，他精心制作、投放简历，顺利通过系列应聘考试，考入华润江中制药集团有限责任公司工作。

大学生求职，大多数人面临三个共性的问题：选择怎样的职业方向？毕业后我在哪个城市工作生活？将来的事业发展前景如何？选择好正确的职业发展道路，这是解决求职就业困惑的关键。我们要认识到，职业无高低，岗位无贵贱。无论从事哪类职业、哪个行业、哪个岗位，都是有意义、有价值的。只要真心喜欢、真正热爱、真情付出，那么我们将会发现工作中的乐趣，工作也会给我们带来许多的成就感、幸福感和获得感。南开大学安然同学临近毕业时，她想到自己性格温和、工作耐心，且对基础教育有一定实践经验，适合成为一名中学教师，而且经常与活泼可爱的中学生交流，可以让心态变得年轻。此外，她研究生阶段所学的哲学专业与思政教学紧密相关，她希望将哲学思维运用到课堂之中，推动哲学理论与教学实践相结合，引导学生客观全面辩证认识世界，热爱学习，积极上进，健康成长。同时，她在南开大学学习生活 6 年，深深爱上了这座城市，希望利用自己的所学所能为当地教育事业发展多做贡献。经过认真准备，她以优异成绩考上天津市第一中学思政教师岗位。

考考考，人生是一次又一次的赶考

人生是一次又一次的赶考。我们把考公、考编、企业应聘当成求学阶段最后最重要的一次考试，认真对待，精心准备。要把这次考试当成学问去做，将各个环节、关键点、程序步骤及要求，搞得明明白白，准备得扎扎实实。横向上，深入细致地了解报考岗位的条件要求，对照标准，对自身已具备的条件资源转化为竞争优势，对自身还缺乏的知识能力要赶紧补，不会就学，不懂就问，多学多问，久而久之，便成为有学问之人。纵向上，合理安排好时间，科学制定应考计划，有节奏地推进，不急于求成，避免落伍落后，确保质量与效率的统一。总之，在应考准备上，先抓环节，再抓细节，准备得越细致、越深入、越扎实，考试起来就会越轻松。复旦大学郭笑笑同学希望从事高校团学工作，并计划在北京长期工作生活。于是，她把应聘高校辅导员当成一次“赶考”，全身心投入，全神贯注准备。她系统梳理自己参加团学工作的流程及心得，主动向学校领导和师长请教，上门向经验丰富的辅导员取经，咨询考试注意事项及应试方法。她按照面试要求，围绕高校工作思路、时政热点分析、突发情况处理等重点内容，集中时间精力，全力以赴认真备考。最终，她在北京工业大学辅导员应聘考试中，以优异的成绩脱颖而出。

对广大大学生来说，毕业找工作，这是大学阶段的最后一次大考。我们必须做到态度端正、思想正确、行动积极。为什么这样说、这样要求呢？因为大学生就业具有一定的时限性，各个环节的工作是按照时间点来实施进行的，错过了时间就会错过机会。同时，近年来就业形势不容乐观，各类招聘竞争激烈。在千军万马的竞争之中胜出，既要靠抓住机会，又要靠自身实力。面对就业大考，我们要将之作为人生的一次大拼搏，以对自己负责、对未来负责、对人生负责的态度，发扬一不怕难、二不怕苦、三不怕失败的精神，锚定目标扎实准备，积极应聘，总结经验，顽强拼搏，顺利上岗。北京科技大学陈雯夏同学，面对就业日趋困难的形势，从大四开始就努力找工作。她结合自身实际，设定预期薪酬、工作地点、企业性质、岗位职责等范围，筛选目标企业。她在简历制作方面苦下功夫，根据岗位需求的匹配度，内容上充分展现个人优势，形式上直观简洁，让人耳目一新，许多企业发来面试邀请。由于临场经验不足，她第一次面试以失败告终。但她毫不气馁，反思不足，改进提高，强化训练，继续参加企业应聘。最终，她以优异的成绩获得中建五局北京公司、中建二局三公司、中建八局土木公司等 9 家公司的 offer。

大学生毕业求职，找到一份好工作，既是对智力的综合考量，又是对意志力的考验。作为青年大学生，要发挥主观能动性，大胆无畏地迎接就业挑战。要敢于试一试，积极去尝试，大量去尝试，经过反复实践，逐步成长成熟起来。要敢于闯一闯，破除内心的固执，去掉心理障碍——在乎别人怎么看的“面子”心态，勇敢地推开求职那扇门，迈出第一脚。要敢于失败，以积极平和的心态对待每一次应聘应试。考得好，通过了，固然可喜可贺；考得不好，没有如愿，也不要放弃，起码收获了经验，通过一次又一次的应考，更加清楚地认识到自己的长处和短板，那么在今后的日子里，扬长避短，坚持不懈，总会有成功的那一天。东华大学陈佳伟同学毕业前夕，一次偶然的机会，他发现学校转发了华为技术有限公司招聘的公告，他抱着“努努力，冲一冲”的心态报名应聘。由于前期已经积累较丰富的面试经验，他顺利通过两轮面试进入“终面”。为能在“终面”脱颖而出，他潜心研究招聘岗位的职责，预测可能提及的问题，扎扎实实地认真准备，反反复复地来回练习。考场上，面对考官一个小时犀利的“刁难问题组合拳”，他冷静思考，沉着应对，不冷场，不结巴，展现出良好的素质能力，最终以出色的面试表现入职华为。

考公务员要过笔试关、面试关，以及后续的考察关、体检关，前头的笔试关、面试关是前提基础，考过这两关，后面才有机会。考公主要在于“公”，考公之难在于“考”，会考、能考体现考生的素质和能力水平。考得好、考过关、考上了，不是想出来的，也不是吹出来的，而是真刀实枪考出来的。从报考到知考，从知考再到会考、能考，既要下功夫，又要讲方法。山东大学（威海）于艺同学的“考法”是反复进行模拟考试，考出信心，考出经验，考出成绩。面对笔试，她先做足考前功夫，熟记基础知识，反复刷题练习，提高答题速度和准确率。为在有限的时间里完成所有试题，她合理安排答题顺序，先做容易的题，再做较难的题。为保证答题字迹工整，她多写多练，坚持每天用钢笔抄写 1 000 字。针对结构化面试，她与伙伴们组成模拟面试小组，平时多练习，克服紧张感，通过录像复盘，纠正思路不清、表达卡顿等问题。最终，她以优异的成绩考上山东省潍坊市公务员

有信心，有准备，一切皆有可能

当下，大学生就业存在单位招不到合适人才，学生找不到合适工作的“两头难”现象，造成一定的人力资源浪费。破解“两头难”问题，必须打通单位与学生这“两个世界”。一方面，国家应建立健全促进大学生就业政策体系、服务平台、工作机制，营造良好的社会就业氛围。用人单位利用好政府资源和政策导向，树立人才资源是第一资源的理念，加强招聘信息发布，依法依规组织招聘活动，努力提高人才招聘的科学诚信水平。另一方面，广大大学生应做好做足应试应聘功课，切实加强调查研究，在单位岗位需求点、个人结合点、能力转化点等关键环节上多下功夫，苦下功夫，努力把岗位情况摸准搞实，结合个人实际进行科学精准对标，讲究策略方法，把自身的能力素质、特长潜质最

大限度展现出来。北京大学高雪冬同学是一名化学专业博士生，她将求职重心放在外企，主要考虑是外企研发岗位待遇好，且能继续学习国外先进技术。起初，她忽略了企业岗位需求与自身条件的匹配性，在参加欧莱雅等企业的招聘会时惨被淘汰。她冷静反思，及时改进，认真研究目标企业对岗位人才的具体需求。在陶氏化学集团控股有限责任公司面试中，她针对企业新产品研发方案，以扎实的专业知识和流利的英文，提出独到的看法与建议，受到面试官和员工代表的一致称赞，最终入职“陶氏化学”。

有理想的人生，是有方向的人生。这样的人生，我们知道自己要的是什么，明白努力的路径在哪里，始终如一地朝着目标方向前进，不动摇，不走岔，不停滞，不退缩。有准备的人生，是从容的人生，主动才不被动，提前做好充分准备，到头来才不会惊慌失措。事先做好周密的安排，遇事才能胸有成竹。平时多训练、多实践、多付出，反复推演，达到熟能生巧的境界，考时信心才会多一些，把握多一些，胜算多一些。山东大学（青岛）国仁豪同学曾任学校学生会主席，还被推荐到青岛市人民政府办公厅实习工作，这些经历让他坚定自己的人生理想——成为一名公务员，为百姓、社会、国家多做贡献。为此，他认真准备，积极应考，风雨无阻。坚持每天早上 7 点按时起床，观看央视早间新闻，了解时政热点，之后便奔赴图书馆上网课、刷题库，午饭后回宿舍打个盹，然后继续学习到图书馆闭馆，回到宿舍后及时整理笔记，观看面试的教学视频和时事政治讲解，制定好第二天的学习计划，晚上 12 点才入睡。此外，利用周末和节假日，他通过考公 App 进行模拟考试，针对薄弱环节向老师同学请教，切实搞懂弄通记住，做到不出现同样的差错。不久，他顺利通过青岛市“青选计划”笔试面试，考入青岛市生态环境局工作。

大学生求职应聘，要与所学专业、学生工作、文艺特长等方面结合起来，特别是要与专业实习、就业实习等重要教学环节安排紧密结合。将实习课程作为择业就业的前提基础，通过接触社会、实践锻炼、参与工作等多种方式，积累经验，提高应试能力。现在各类应聘，都少不了面试这个环节，有一定工作经验的学生往往临阵不慌，能较好地发挥水平，展现出稳定的心理素质。也说明，我们要顺利通过面试关，首先要学会换位思考，站在单位和考官的角度，想一想考什么？怎么考？其次要做到将心比心，预测对方怎么想，怎么问，怎么答，才会起到满意的结果呢？令对方满意的回答就是本人需要准备的。华东政法大学彭喜文同学先后在律师事务所、商贸公司、保险公司实习，通过多岗位实习锻炼，探索出适合自身发展的职业岗位。临近毕业，她报名应聘北京康达律师事务所上海分所。为此，她做了深入的调查，为企业“画像”，了解其创立发展历史，熟悉企业业务领域及团队特点，做到“知己知彼”。她精心准备求职简历，熨烫好求职正装，体现对企业的充分尊重。面试中，她坦诚表达对企业的向往，以及自身能力与企业岗位的适配性，自然大方地回答考官提出的问题，最终高分胜出。

大学生就业择业，选择职业发展方向，在一定程度上受到父母工作和家风家教的影响。当然，对父母来说，只要有利于孩子成长成才，今后能自食其力，为社会作出贡献，无论孩子选择什么职业，都会大力支持。作为大学生，认真参考长辈师长的意见，最后作出选择的还是自己。有志于在体制内工作，决心考公考编，就要积极行动起来。相信经过努力拼搏，一切皆有可能。北京外国语大学任加勉同学的父母均供职于机关事业单位，他从小耳濡目染，体会到“人民公仆”岗位的责任感和使命感，较早萌生为民服务、造福社会的职业情感。着眼于提高素质能力，为实现公务员的人生理想打好基础，大学期间，他刻苦学习日语专业知识，比较研究中外行政管理体制，进一步加深对世情、国情的了解。同时，他担任学生干部，组织开展文体活动，积极参加社会调研实践，锻炼养成事前准备、事中落实、事后总结的思维习惯，不断提高解决实际问题的能力。平常时候，他主动与父母沟通交流，了解机关工作的运转程序和规范要求，以及担任一名公务员所必备的基本素质，全面提升自己对公务人员的理性认识。最后，他顺利考入中央网信办工作。

开好头，起好步，坚持笑到最后

万事开头难，找工作同样如此。我们要把求职就业当成一门学问，学之不如好之，好之不如乐之。当一个人发现事物的乐趣所在，内心自然会产生好奇与热情，行动上将积极去追求与探索。在兴趣的指引下，将压力变成动力，虽苦犹甜，虽累犹乐。选择做自己认为有价值、有意义的事情，再苦也不觉得苦，再累也不觉累，再难也不觉得难。所以说，理想是人生灯塔，兴趣是最好的老师。考公同样如此，下定决心之后，接下来的拼搏就是水到渠成的事情了。天津财经大学王宇晔同学将“当一名基层女干部，造福一方群众百姓”作为职业目标，平时主动关注各省公务员招考情况，并将解答“行测”和“申论”试题作为一种兴趣，到大四时，做过的例题已达 9 000 多道。报考公务员后，她以高考的状态奋勇冲刺，每天早晨 5：30 起床学习，上午背行测基础公式，下午搞“题海战术”，晚上进行申论专项训练。每个周末，她还自测两次模拟考试，针对得分和失分的情况，重新调整备考重点内容。最终，她获得笔试第一名的优异成绩，并顺利通过面试，考上北京市怀柔区渤海镇公务员。

大学生求职应聘，要重视简历这张纸。简历对于应聘者来说，是门面、是能力、是机会；简历对于招聘单位来说，是第一关口、第一印象、第一兴趣。可以说，简历是双方沟通的媒介、依据和机缘。先从“纸上谈兵”开始，再逐步沟通加深了解。为此，大学生一要认真准备好个人简历，实事求是地写好制作好，全方位展现本人素质及潜力。二是要精准投递，根据应聘双方的需求匹配，向有兴趣、有可能的单位投递，也可请老师、家长、朋友们推荐。总之，多一条路子，就会多一些可能，多一份努力，就会多一些幸运。三要及时跟踪，简历投递之后，要通过邮件、电话、微信等联系方式确认，确保沟通及时、有效、到位，不浪费时间，不做无用功。湖南大学杨屿海同学毕业前为确保找到合适工作，她投入大量时间，针对不同的行业企业类型，精心制作个人简历 30 多份，抓住招聘时间节点，及时联系企业投递，一旦有反馈面试通知，即刻做好应聘准备。多努力多幸运，她收获多个企业 offer，基于对外语工作环境的偏爱，最终入职安克创新科技股份有限公司，从事海外销售运营工作。

俗语说，你的过去，将决定你的未来，你的机缘，将影响你的选择。一些大学生决定考公，源于他们之前在党政机关的实习、见习经历，对机关工作特点及氛围引发共鸣，产生起浓厚的兴趣，认识到当公务员是为人民服务、实现自身价值的平台，从而毅然报考。有兴趣就有动力，有决心就有信心，有信心就有行动。中央财经大学葛磊同学曾在北京团市委大学中专工作部实习，充满朝气蓬勃的共青团工作深深地吸引着他。临近毕业，他经过一番思考，怀着“以青春助力共青团建设、以实干服务青年成长”的初心，决定报考广东团省委公务员。他积极行动起来，详细了解近年招考公务员的岗位职数、面试分数、录取分数情况，系统制定备考计划，按照“基础为要，模块细分，逐项攻克”的复习计划，扎实认真准备应考，顺利通过了笔试。面试准备阶段，他直面 1∶5 的淘汰率的激烈竞争，牢记“台上一分钟，台下十年功”，每天坚持着正装进行“模拟面试”，克服眼神飘忽、抖腿等缺点，提高表达能力，终于在正式面试中取得优异成绩。

坚持就是胜利，笑到最后，才是真的英雄。考试如同打仗，战争、斗争、竞争在本质上相通。结果上有输有赢，有胜有负；形式上也相似，如讲究规则、方法、步骤、策略等。我们要战而胜之，考而胜出，必须做到知己知彼，全面了解岗位要求、报考人数、竞争情况，以及自身的条件实际，从而确定报考方向和目标。必须调动一切积极因素，发挥好自身潜力，借助外部力量，提高综合竞争力。必须毫不松懈，全力以赴，先笔试再面试后考察，一关一关地过。局部的顺利不等于全局的胜利，一环一节的成绩，不等于最终的结果。所以，认真过好每一关，拼尽全力，坦然面对，考得好，不要骄傲，还有挑战在后头；考得不理想，也不要灰心，后面还有机会，争取发挥好，将总分提高上来。深圳大学陈科达同学临近毕业，打算报考事业编制岗位。他先认真查找和报考自己所学专业的岗位，目的是在今后工作中能学以致用，并希望在面试环节能增加竞争优势。之后，他系统研究了近年广东省事业编制考试的试题，针对题型，购买习题集和辅导材料，开始有针对地学习备考。他采取前期大量做题、中期巩固提高、后期现场模拟的办法，顺利通过笔试，并以面试第一的成绩考入深圳市大鹏新区应急管理局。

报考公务员，千军万马过独木桥

报考国家公务员是大学生就业的途径之一，竞争十分激烈，我们应通盘考虑。首先，要下定决心，想一想为什么要考公务员，看一看个人条件是否符合报考岗位要求，分析成功的可能性和可行性有多大。其次，要调查研究，了解考公的基本要求，考试内容、程序、流程等，做到心中有数，有的放矢。再次，要积极准备，考公如同做其他事情一样，既靠机遇运气，更靠勤奋努力，列出计划，在一定的时间内，充分准备，勤学苦练，一个坎一个坎过关，一类题目一类题目突破，日积月累，功夫不负有心人，功到自然成。最后，要坚定信心，一方面以积极自信的精神迎考，另一方面又能将心态放平，坦然面对，考上了，固然可喜可贺，没考上，也没关系，还有机会，从头再来。华南理工大学黄韵晴同学怀着为人民服务的初心，立志成为一名令人民满意的公务员，她冷静客观地分析自身条件，深入了解近年来公务员考试情况，谨慎选择报考单位及岗位，认真制定备考计划，经过打基础、强模拟、补短板的不懈努力，顺利考上了广东省东莞市选调生。

报考公务员，千军万马过独木桥，难也不难。说它难，一是人数多，千里挑一，万里挑一，竞争十分激烈；二是机会难得，作为应届毕业生，只有一次机会，在一定时间内如果没考上，就会失去应届身份，之后再考只能以社会人员身份报考，在岗位选择上受到一定的限制。说它不难，一是经过这么多年的发展，已经建立相对公平、公正的考试制度，对报名、岗位、程序等都作出规范性要求，可以让考生能够有章可循、有人可问、有题可练，保持公务员考试态势的稳定性和可控性；二是考试面前人人平等，成绩考得好不好，靠实力，靠运力，靠的是自己，每一个成功者的背后，都有艰辛的奋斗，洒满辛勤的汗水。烟台理工学院郝深同学大一入学后，她时常思考：自己毕业后怎么就业呢？她看到一些考上公务员的校友优秀事迹，于是，她也将考公作为今后就业的方向。随后，她发奋学习，成绩名列前茅，这些更加坚定了她的信心和决心。大四开学，她主动向学长、学姐学习请教考试心得，制定了周密的备考计划。前期进行专项刷题，掌握答题方法技巧；中期通过模拟考试，发现薄弱环节，抓紧补好短板；后期复习巩固知识点，调整应试心理状态。最终，她以笔试、面试第一的优异成绩顺利考入山东省纪委监委机关工作。

一年一度的考公，定时定点，有时有点，错过一时，将会错过一年，甚至错过一世。大学生决定考公，报名之后应进入倒计时阶段，过一天近一天，必须天天不放松、日日不懈怠，做到每一天都有收获。而且，目标一旦确定之后，就要心无旁骛，全力以赴，不走神，不花眼，不分神，一心考公，专心准备，恒心坚持，劳心拼搏，以辛勤的汗水浇出成功的果实。考公路上，有压力，有干扰，还有种种诱惑，对此要心定神专，认识到只有放弃不想放弃的东西，才能得到最想得到的东西，舍去才能得到，在一定的时空里，只有一个目标，专做一事，专注一境，专心致志，用功不辍。北京舞蹈学院邱昊文同学作为首都大学生代表，参加过庆祝中华人民共和国成立 70 周年大庆等国家重大活动服务保障工作，她牢记青年的使命与担当，顺利考取北京市交通管理局公务员，其心得体会是“三自”：一是自觉提前准备，合理科学规划时间安排，认真研究“京考”题型，结合实际分步实施推进；二是自学突破难点，每天坚持阅读人民日报、北京日报等报纸媒体，留心分析时政热点，补好“申论”内容方面短板；三是将自律坚持到底，面对游戏、逛街、短视频等“糖衣炮弹”，果断拒绝，始终全身心扑在学习上。

大学生考公时，往往临近毕业时节，除了就业，还要完成学业、论文等任务，时间是紧张的，压力是很大的。在这样的情况下，必须科学合理安排好时间，处理好考公与学业之间的关系，争取“双赢”。由于时间紧，所以要高效率备考。怎样才称得上高效率即又好又快呢？具体来说就是情况明、思路清、方法对、行动快、效果好。要诀之一，在把握考公规律性上下功夫，分析题型特点，把握模块变化，学会答题方法技巧，提高备考的针对性。要诀之二，在结合个人实际上下功夫，将自己的知识、经历、经验激活起来，用擅长的方式表述出来，加强模拟练习，提高应考的稳定性。中国劳动关系学院王鸿燕同学的窍门是“模块化”备考。针对阅读理解模块，她了解基本解题思路后强化练习，打磨个人强项；针对逻辑推理模块，她调整应试思路，改进答题技巧；针对常识模块，她利用学习强国等平台，反复背诵，烂熟于心；针对行测申论模块，根据不同题型，准确领会其背后的出题思路；针对面试模块，她以录像练习的方式，提高表达能力。

实现大学生高质量就业是国家人才战略的重要举措，是社会、学校、学生的共同大事，社会要善帮，老师要善教，学生要善学。其中，对于高校来说，要完善教育体系，引导帮助学生树立正确的择业观、就业观，指导他们学习掌握科学应聘的知识方法，不断提高就业质量水平。对于学生来说，要领悟好求职“知、学、试”三字要诀。一是知彼知己，了解招聘条件要求，清楚个人实际，将可能与可行结合起来；二是学之习之，认真准备，刻苦学习，巩固长处，补足短板，强化练习，反复实践，提高应试准确率；三是敢试敢闯，放平心态，做到既自强不息、努力上进，又顺其自然坦然待之，一次不行，再来一次，相信天生我材必有用。总之，希望同学们做到：

1. 树立正确的择业观、就业观，要对自身进行精准定位，将“个人理想与未来职业”结合，将“个人理想与民族复兴的伟大中国梦”紧密结合。无论是“公仆”或是企业员工，都要踏踏实实工作，为人民谋幸福，为民族谋复兴。

2. 将梦想化为求职之旅中源源不断的动力，确立明确的目标，有了目标便有了远航的“灯塔”，指引前行。追逐目标的过程中，抬头仰望星空的同时要注意低头看路，面对职业目标，要从小事做起，从细节做起，从自律做起，从当下做起。

3. 考公、考编、求职过程是一段艰辛、曲折、疲惫的旅途，为行好行稳行至，需要下苦功夫、实功夫、真功夫。要自觉提升“四种能力”，一是提高学习力，考公学生提高对试题理论的研究水平，求职企业学生要拔高专业深度，遇到疑惑要虚心向周围的朋友进行请教；二是提高思想力，把笔试、面试的题型搞明白、研究透，为自己制定阶段目标、提出目标要求，制定完成计划，认真完成；三是提高行动力，抓住当前的求职机遇，抓紧实施计划，抓好备考落实；四是提高意志力，面对备考、求职路上的“拦路虎”，要坚持自信、坚持不动摇、不抛弃、不放弃。

4. 在求职路上，要坚定目标，发扬钉钉子精神，一锤一锤将钉子钉紧钉牢钉实，要结合自身定位、考虑工作地点、工作环境、工作适配度，选择适宜自身的职业发展道路，敢于抉择取舍，鱼和熊掌不可兼得，要敢于放弃“不合适”的岗位目标，聚焦“合适”岗位，集中全部精力，坚持不懈奋斗，要以“上一阶段的自己为标杆”，下定决心，在笔试面试水平方面，用自律推动“今天的自己”超越“昨天的自己”。

5. 无论是考公、考编，还是面试企业，笔试面试环节都注重逻辑思维能力，一定要在日常生活中提高自身逻辑思维能力，对待考题，要善于去伪存真、由表及里、由浅及深、由此及彼，搞清楚试题所表达的真实含义，搞明白各个局部要素，弄清楚因果关系，将时间顺序、相互关系搞明白，结合本质及规律进行解题。

6. 笔试作为考公、考编第一关，要学会“分类”，要将笔试题型根据考察能力区别、难易区别进行细分：针对逻辑思维题、言语理解题、常识题等制定不同的学习方案，采取不同的解题技巧；针对简单题要确保安排在第一顺序答题，勤练推动熟能生巧，保证不失分；对待难题要敢于取舍，利用剩余的时间逐一攻克，拔高笔试成绩。要学会“总结”，及时总结、正反总结、客观总结、深刻总结，一是要总结笔试题与面试题的答题技巧，进行归纳梳理，形成适宜自身的答题体系；二是要深刻客观总结模拟笔试、模拟面试中自身的优点与不足，扬长避短，例如针对言语理解题把握不准内涵、面试眼神飘忽等薄弱环节和问题，专项攻克。

7. 面试环节尤为重要，要学会“听讲”，聚精会神听清考官的问题，听清楚对方问了什么，讲了什么，关键词是什么，重要的数字是什么，要了解现象、项目的背景、目的、意图，将“听清”转化为“要干”。针对具体问题要联系实际，从政府和企业的战略与全局的角度上深入思考，学会反复思考、联系应用、创新发展，规避风险，形成多个方案，选择最具科学性、有效性的最优答案。

8. 要坚持“知己知彼”。要学会“知彼”，开展深入调查研究，了解招聘单位性质、职能、岗位所需、发展方向等客观情况，联系竞争压力、外部环境、实际情况等要素判断选择，笔试前要注重信息情报工作，全面了解单位的最新情况，研判面试题型，挖掘能够受到考官青睐的闪光点。要学会“知己”，对自身进行清晰定位，了解自己的需求，确立目标岗位，进一步分析自身的优势劣势、长处短处，合理采取正确的方式方法制定备考计划，针对不擅长的题型，集中精力攻克。

延 伸 阅 读

[1] 吉大招生．学子榜样｜十佳大学生刘霖霖：胸怀白衣理想　肩扛青年担当[EB/OL]．(2020-08-07)[2022-04-28]．https://mp. weixin. qq. com/s/DUGl6gu9XGJ69aza_TVsRg.

[2] 电子科技大学．5 项自科基金、11 项专利、8 篇 SCI，这位“基因侦探”真帅！[EB/OL]．(2021-04-09)[2022-04-28]．https://mp. weixin. qq. com/s/Id374KW4SUrAhG0qJ85sXQ.

[3] 中国农业大学园艺学院学工部．国奖青年郭子璠：素履之往，且歌且行[EB/OL]．(2020-12-14)[2022-04-28]．http://news. cau. edu. cn/art/2020/12/14/art_10867_722759. html.

[4] 西湖大学．因为热爱，这位化学本科生拿到国际竞赛量子项目冠军｜我在西湖读博士[EB/OL].(2020-12-21)[2022-04-28].

[5] 北大物理人．【学生年度人物风采】为物理而生 用力触摸科学前沿探究世界——记 2016 北大学生年度人物宋雪洋[EB/OL].(2017-05-02)[2022-04-28]. https://mp. weixin. qq. com/s/yD5UBIqgl68LPwcwV1sYHw.

[6] 北京师范大学．凡星灿烂的｜朱文婷：学前并非小儿科，而有大学问[EB/OL]．(2021-04-02)[2022-04-28]．https://mp. weixin. qq. com/s/R7LG-1Hjn9eVHvTZ_rQRjQ.

[7] 南大新媒体工作室．13 篇 SCI，11 项奖学金！ 2018 宝钢优秀学生特等奖得主、南京大学冉柯静：热爱学术，享受生活！[EB/OL].(2018-11-09)[2022-04-28]. https://mp. weixin. qq. com/s/-8PuLrYTRmEpx2l4Hit2Ug.

[8] 卓越传媒．【卓越之路】詹宇飞：脚踏实地，仰望星空[EB/OL].(2020-11-02)[2022-04-28]. https://mp. weixin. qq. com/s/jf2f9jl0CI6YCWoCpWxC6g.

[9] 江南大学．科研学霸，竞赛达人……10 年，他在江南绘就多彩青春！[EB/

OL]. (2021-02-02)[2022-04-28]. https://mp.weixin.qq.com/s/TWMBMGrAuL2WB9y_2a1PmA.

[10] DUT 学生资助. 机械工程学院邓心陆作为国家奖学金代表登上《人民日报》——讲述一个奋斗者的四年[EB/OL]. (2021-05-12)[2022-04-28]. https://mp.weixin.qq.com/s/tVn0yCZ4SN6iZKYeWsKQiA.

[11] 山大视点. 校长奖获得者刘笑宇:探寻高峰之上的风景[EB/OL]. (2021-04-21)[2022-04-28]. https://www.view.sdu.edu.cn/info/1443/148387.htm.

[12] 华南理工大学. 从华南理工博士到法国终身教职的进阶之路[EB/OL]. (2020-08-04)[2022-04-28]. https://mp.weixin.qq.com/s/_NNFXTSyWmVoThGe8TYWmA.

[13] 轻工大故事. 董志文:认定方向 越努力越幸运——第六届国际稻米油科技大会人物侧记[EB/OL]. (2019-07-02)[2022-04-28]. https://www.whpu.edu.cn/info/1049/8864.htm.

[14] 山东农业大学学工处、机电学院. 人物|学生赵弘扬:"弘扬"的奋斗三维图[EB/OL]. (2018-05-30)[2022-04-28]. http://dgw.sdau.edu.cn/2018/0530/c1269a130459/page.htm.

[15] 南农人物. 新农人 | 李璋浔:一位智慧农业竞技型选手[EB/OL]. (2021-10-20)[2022-04-28]. https://120th.njau.edu.cn/info/1015/1115.htm.

[16] 浙江大学地球科学学院. 地科风采,身边榜样 | 谢和俊:从气象爱好者到科研达人[EB/OL]. (2020-12-15)[2022-04-28]. http://gs.zju.edu.cn/2020/1215/c34773a2232554/page.psp.

[17] 上海对外经贸大学. ACCA 单科成绩全球第一 | 陈强瑜:在通往特许公认会计师的彼岸中航行[EB/OL]. (2018-05-28)[2022-04-28]. https://news.suibe.edu.cn/2019/0716/c12515a110215/page.htm.

[18] 中国政法大学招生办公室. 在校生风采|赵尔雅:重新定义舒适圈[EB/OL]. (2021-03-25)[2022-04-28]. https://mp.weixin.qq.com/s/VudnNDKhjGiiIdD6XwJEmw.

[19] 清华大学新闻网. 只争朝夕 青春无悔——记清华大学"身边榜样"、汽车系博士生胡尊严[EB/OL]. (2019-03-21)[2022-04-28]. https://www.tsinghua.edu.cn/info/1715/70636.htm.

[20] 青年报．大学生年度人物|梁俊：用青春练就技能，为中国队拿下一块奖牌[EB/OL]．(2021-05-20)[2022-04-28]. https://article. xuexi. cn/articles/index. html? art_id=242139076311890845&source=share&study_style_id=feeds_default&share_to=wx_single&study_share_enable=1&study_comment_disable=0&ptype=0&item_id=242139076311890845.

[21] 潍坊学院新闻网．孙涛：最美不过奋斗的青春[EB/OL]. (2018-01-05)[2022-04-18]. https://news. wfu. edu. cn/2018/0105/c3397a40018/page. htm.

[22] 吉林大学微信公众号．品学兼优有情怀！看吉大小姐姐乘风破浪[EB/OL]．(2020-08-10)[2022-04-18]. https://news. jlu. edu. cn/info/1428/52228. m. htm.

[23] 中国石油大学大学生传媒中心．尹航：以青春之声，记一场正茂风华[EB/OL]．(2019-05-19)[2022-04-18]. http://news. upc. edu. cn/info/1440/91740. htm.

[24] 华中科技大学中欧清洁与可再生能源学院．人物专访：肖润|站在“巨人的肩膀上”[EB/OL]. (2021-05-12)[2022-04-18]. http://icare. hust. edu. cn/info/1011/6440. htm.

[25] 首都经济贸易大学．优秀的“CUE 毕 er”|国际经济管理学院赵嘉烁：认准目标不懈努力[EB/OL]．(2020-08-25)[2022-04-18]. https://mp. weixin. qq. com/s/CbMkfpzSiW48Ld3y9Vz3cQ.

[26] 北京石油化工学院．选择远方，就要风雨兼程——访十佳学生刘永壮[EB/OL]．(2016-12-07)[2022-04-18]. http://www. bipt. edu. cn/pub/news/shxr/100307. htm.

[27] 湖北大学．李晓悦：从摄影爱好者到“全能战士”[EB/OL]．(2018-06-06)[2022-04-18]. https://www. hubu. edu. cn/info/1074/30911. htm.

[28] 中国农业大学学生资助管理中心、园艺学院．国奖青年丨邹豪：扎根于地，仰望天穹[EB/OL]. (2019-12-16)[2022-04-18]. http://news. cau. edu. cn/art/2019/12/26/art_10867_657177. html.

[29] 江南大学法学院．喜报：法学院学子姜佳慧荣获江南大学第十九届“十佳大学生”[EB/OL]．(2020-12-17)[2022-04-18]. https://mp. weixin. qq. com/s/_q0cb0LGLwabDvGeVR03Cg.

[30] 浙江财经大学. 夏静:生如夏花,静如秋叶[EB/OL]. (2018-04-04)[2022-04-18]. https://www.zufe.edu.cn/info/1340/27787.htm.

[31] 青岛农业大学化学与药学院. 朱媛媛:做一只努力攀爬的蜗牛[EB/OL]. (2017-04-14)[2022-04-18]. https://news.qau.edu.cn/content/xuezifengcai/68149c54d9df4ecc8d6b42f17541e750.

[32] 南京工程学院. 乘风破浪的小姐姐,你拼搏的样子最美![EB/OL]. (2020-06-18)[2022-04-18]. https://mp.weixin.qq.com/s/EdkSJzfPAeyIF-qa4YAx6g.

[33] 电子科技大学机电学院. 魏思琦:十年奋斗不止,这位博士生在成电书写最美青春[EB/OL]. (2020-05-27)[2022-04-18]. https://news.uestc.edu.cn/? n=UestcNews.Front.DocumentV2.ArticlePage&Id=76570.

[34] 齐鲁网. 殷晟程个人事迹[EB/OL]. (2016-04-28)[2022-04-18]. http://news.iqilu.com/shandong/kejiaoshehui/20160428/2763787.shtml.

[35] 福建师范大学音乐学院. 音院好榜样① | 舒张静芝:书写"勇往直前,敢于拼搏"的青春[EB/OL]. (2020-05-23)[2022-04-18]. https://mp.weixin.qq.com/s/MMf2h4XJwk00mcsAZsv8Tw.

[36] 青岛科技大学. 肖映彤:不忘初心 方得始终[EB/OL]. (2020-12-02)[2022-04-18]. https://xinwen.qust.edu.cn/info/1010/45680.htm.

[37] 湖北医药学院第五临床学院.【普爱榜样系列报道三】普爱荣耀之星风采-团学干部榜样[EB/OL]. (2020-06-08)[2022-04-18].

[38] 北京交通大学新闻网.【青春榜样】刘新奇:爱学习,重实践,申专利,做主持,身兼数职,服务同学,青春不留遗憾![EB/OL]. (2019-05-21)[2022-04-18]. http://news.bjtu.edu.cn/info/1024/29711.htm.

[39] 微言科教. 他以专业第一名的成绩被保研到电子科技大学,学习他的奋斗历程![EB/OL]. (2020-11-02)[2022-04-18]. https://mi.mbd.baidu.com/r/KW2j4C2g92? f=cp&u=b2d61a1dfff2d334.

[40] 武汉科技大学新闻中心. 黄雅慧:湖北省属高校首次入选全国"青马班"的学子[EB/OL]. (2020-08-05)[2022-04-18]. https://www.wust.edu.cn/2020/0805/c40a219863/page.htm.

[41] 南科大团委.【灯塔工程·百篇庆百年】树德书院赵文琳入党故事:不忘初心,我的入党故事[EB/OL]. (2021-06-17)[2022-06-25]. https://

mp. weixin. qq. com/s/vc7NFaVupxNCg7LzMyqosg.

[42] 北京建筑大学．优秀丨北建大学生党员侯姗姗同学在全市新党员代表入党宣誓活动上发言[EB/OL]．(2021-07-12)[2022-06-25]．https://m. 027art. com/beijingbenke/HTML/10179831. html.

[43] 河北师范大学．做最美新疆人|少数民族学生先进事迹展示[EB/OL]．(2020-07-21)[2022-06-25]．https://mp. weixin. qq. com/s/7SZUPEeS0OqMklXF85hMnQ.

[44] 辽宁中医药大学．主题教育进行时——听“身边人”讲初心故事(三)[EB/OL]．(2020-06-14)[2022-06-25]. https://m. 027art. com/liaoningbenke/HTML/6892889. html.

[45] 党建网微平台．“我的入党故事”|恰同学少年 风华正茂[EB/OL]. (2021-06-29)[2022-06-25]. https://mp. weixin. qq. com/s/hmU-ZUsBa77W11TmU6Vmw.

[46] 清华大学电机工程与应用电子技术系．【清华大学优秀共产党员】刘洋：作青年党员要有担当，担德育助理要有作为[EB/OL]. (2021-07-08)[2022-06-25]. https://www. eea. tsinghua. edu. cn/info/1040/2327. htm.

[47] 广东学联．一个光辉的信仰——中国共产党[EB/OL]. (2021-07-01)[2022-06-25]. https://mp. weixin. qq. com/s/vvyMNQYzhbJ08pNPZLxmUg.

[48] 计算风云．我的入党故事⑬ | 我的大学入党之路[EB/OL]. (2021-11-12)[2022-06-25]．https://mp. weixin. qq. com/s/x9x3xm32GTY_NvJmr_M7nA.

[49] 长治学院融媒体中心．我的入党故事 | 师梓淯：初心如磐，笃行致远[EB/OL]．(2021-11-05)[2022-06-25]．https://mp. weixin. qq. com/s/sWQdPuKFBbNmRjlQ5YBnkQ.

[50] 红都党建．【初心】21 岁入党，他的入党初心故事很励志[EB/OL]. (2019-08-08)[2022-06-25]. https://mp. weixin. qq. com/s/hgfQJlgZyc1bh3rtF87hPg.

[51] 北京航空航天大学新闻网．【我的入党故事】不忘初心 砥砺前行[EB/OL]．(2021-05-12)[2022-06-25]. https://news. buaa. edu. cn/info/1004/53974. htm.

[52] 北京交通大学新闻网．【我的入党故事】邓兰雪：不忘入党初心[EB/OL]．(2022-01-18)[2022-06-25]. http://news. bjtu. edu. cn/info/1028/39834. htm.

[53] 浙江外国语学院．浙外故事 | 在党的引领下成长：访浙外 2020 年度“十佳

大学生党员”詹赵璟[EB/OL].(2021-03-19)[2022-06-25].https://mp.weixin.qq.com/s/KS_-pu4b_XmKh33lGhTT4Q.
[54] 广东省学联."我入党了!"[EB/OL].(2021-06-28)[2022-06-25].https://mp.weixin.qq.com/s/lZeVn-5b_7codcrGRnBcwg.
[55] 天津理工大学.致敬百年|我的入党故事:刘明鑫[EB/OL].(2021-06-04)[2022-06-25].https://mp.weixin.qq.com/s/qQaV5y42cKE3OfKEXDoxkg.
[56] 上海交通大学环境与工程学院.【建党百年 环院献礼】刘智卓:做红色使命的合格接班人[EB/OL].(2021-05-11)[2022-06-25].https://sese.sjtu.edu.cn/news/view/635.
[57] 燕园学子微助手.燕园时事|学生年度人物·2020候选人:护理学院2017级本科生 马泽江[EB/OL].(2020-12-04)[2022-06-25].https://mp.weixin.qq.com/s/co59E9I8i9W5Aftrngvxrw.
[58] 上海大学.点赞!我校研究生华旻磊入选全国高校"百名研究生党员标兵"[EB/OL].(2021-07-30)[2022-06-25].http://m.cyol.com/gb/articles/2021-07/30/content_BdmJRilRa.html.
[59] 南开大学法学院."我志愿加入中国共产党!"——记南开法学学子阿斯哈尔·努尔太的"红色生日"[EB/OL].(2020-06-30)[2022-06-25].https://mp.weixin.qq.com/s/k_YAa1gmG7ag9zfjHdeRlg.
[60] 北京工业大学新闻网.胡枕冰:从热爱开始 用坚持筑梦[EB/OL].(2021-03-24)[2022-04-26].https://news.bjut.edu.cn/info/1006/2305.htm.
[61] 浙江财经大学.浙财人物志|"百米新飞鱼"何峻毅:始于兴趣,显于实力,脚步铿锵,未来可期[EB/OL].(2019-05-06)[2022-04-26].https://mp.weixin.qq.com/s/zOZcSss6W6p-miHoihyJiA.
[62] 北京工商大学张博.【青春榜样】越努力,越幸运——访理学院国家奖学金获得者张博[EB/OL].(2017-03-21)[2022-04-26].https://www.btbu.edu.cn/news/gsrw/119509.htm.
[63] 教育看潍坊.梦无阻,德州学院刘宝玉同学获得体育赛事冠军![EB/OL].(2020-12-01)[2022-04-26].https://my.mbd.baidu.com/r/KYWpvxwfhS?f=cp&u=a7902ebc83af85a9.
[64] 学通社.刘与歌:黑白琴键上的指尖"乐队"[EB/OL].(2020-12-06)[2022-

04-26]. https://mp. weixin. qq. com/s/iyh-6ujsNl-gQ7YBfy-NEw.

[65] 广西技术师范大学新闻网．四个月成就"世界记忆大师"[EB/OL].(2018-03-22)[2022-04-26]. https://news. gpnu. edu. cn/info/1014/2111. htm.

[66] 北建大测绘学院.【智诚讲堂——每周一星】建大青春榜样-颜雨[EB/OL].(2020-05-10)[2022-04-26]. https://mp. weixin. qq. com/s/xBODMgtCc4k-r0unZOl7mw.

[67] 北京服装学院.【毕业感言】朱玲敏:北服为我的梦想插上翅膀[EB/OL].(2017-01-04)[2022-04-26]. https://www. bift. edu. cn/xwgg/bfxw/63710. htm.

[68] 福建师范大学音乐学院．音院好榜样⑤ | 刁璨:用心演奏青春的音符[EB/OL].(2020-08-15)[2022-04-26]. https://mp. weixin. qq. com/s/t6dsGMXxElFgO0ahjw8Ijg.

[69] 北京印刷学院新闻网．青春榜样陈云:争做青春楷模,彰显榜样力量[EB/OL].(2019-05-13)[2022-04-26]. https://www. bigc. edu. cn/2019/ssfc19/xsfc19/a348c56ec11a460d9fc29c658f101c1a. htm.

[70] 武体新闻中心．冠军故事|吕凡普:别人可以坚持,我为什么不行[EB/OL].(2018-11-21)[2022-04-26]. https://news. whsu. edu. cn/info/1089/18068. htm.

[71] 浙大城市学院．既能游走于黑白琴键,又能玩转焊接工具,他一路坚持,离梦想更近[EB/OL].(2020-01-10)[2022-04-26]. https://mp. weixin. qq. com/s/6cNNIBMY8ubkItTl7NmrNA.

[72] 齐鲁工业大学、山东省科学院．摄影使者 | 用"刺点"唤醒生命感动,用情怀实现青春梦想[EB/OL].(2018-07-09)[2022-04-26]. https://mp. weixin. qq. com/s/t06aHD_-UZpTxFtnSfSp2g.

[73] 北京物资学院新闻中心．春日应很好,宜追梦——访 Echo 社社长[EB/OL].(2019-04-19)[2022-04-26]. https://news. bwu. edu. cn/info/1007/40884. htm.

[74] 西安交通大学．力行亲和陪伴成长:在诗词之海感受人文之美——西安交通大学少年班许禹睿[EB/OL].(2020-12-23)[2022-04-26]. https://mp. weixin. qq. com/s/kTCIWxiz1a3G_QwmCoejkA.

[75] 北京大学青年研究中心.【网络新青年】石林:用音乐传播青春故事与所行

所思[EB/OL].(2018-05-28)[2022-04-26].https://news.pku.edu.cn/bdrw/bed9a1bc4ca349fbb62eb9a4091e6c6e.htm.

[76] 浙江音乐学院.浙音人|吴梦格:我走的很慢,但是我从来不会后退[EB/OL].(2017-10-29)[2022-04-26].https://mp.weixin.qq.com/s/7qKiFX5zLDImFyMqTn8Qew.

[77] 浙江音乐学院.浙音人|武佳慧:逐梦芭蕾,用脚尖旋转青春[EB/OL].(2019-05-31)[2022-04-26].https://mp.weixin.qq.com/s/Dq5H8Oi0kVLyunq5YrgfqA.

[78] 清华大学美术学院.我的毕设故事|清华美院孙秋爽:心手合一,展现材料与工艺之美[EB/OL].(2018-05-25)[2022-04-26].https://mp.weixin.qq.com/s/qJs8WgeBHvHHVYGu_wXdJA.

[79] 燕园学子微助手.学生年度人物·2020 候选人|光华管理学院 2018 级本科生 朱景琛[EB/OL].(2020-12-02)[2022-04-26].https://mp.weixin.qq.com/s/q20RdhSma2aHDTMcwtwh0Q.

[80] 小众雅集.《吴宓与陈寅恪》:一对旷世知交跨越半个世纪的深情厚谊[EB/OL].(2021-08-20)[2022-06-28].https://mp.weixin.qq.com/s/-aVxcyK8QbosbZxp5zYPvw.

[81] 小木虫.百岁演讲:杨振宁与邓稼先跨越半个世纪的神仙友情[EB/OL].(2021-09-23)[2022-06-28].https://mp.weixin.qq.com/s/X2d5wruSYGHOdGjRhE8JTA.

[82] 北语学工——中外学生之家.【先进典型】最美宿舍一家人——15 楼 218B[EB/OL].(2014-07-01)[2022-06-28].https://mp.weixin.qq.com/s/Ca2e-C_K12NG0ujxQlsk7g.

[83] 晚安华师.学霸宿舍养成记[EB/OL].(2014-10-08)[2022-06-28].https://mp.weixin.qq.com/s/v-LHrKNOAzvclW9F8ONNLg.

[84] 北京工商大学.深造率 100%!和而不同,携手奋斗,来看北工商这个学霸寝室的故事[EB/OL].(2021-07-05)[2022-06-28].https://mp.weixin.qq.com/s/DoR43QM7-zJG725z8rADLA.

[85] 山大视点.326 宿舍:不甘平凡的集体逆袭|人物[EB/OL].(2017-06-07)[2022-06-28].https://mp.weixin.qq.com/s/0Jk7CF8ksYKAwXBWJ4DalQ.

[86] 北京科技大学．贝壳人物|天呐！她们全员“出道”！[EB/OL].(2020-09-28)[2022-06-28]. https://mp. weixin. qq. com/s/IM5aiMrgmZYsXvQRl2YoOw.

[87] 暨南大学．七年同窗齐保研，暨大“三剑客”的神仙友情太绝了！[EB/OL].(2022-03-25)[2022-06-28]. https://mp. weixin. qq. com/s/H4CcLUy-ezbmdSgr1EhCbg.

[88] 共青团如东县委.【青·乐享】如东清华学子仲晓波：学业家庭两不误[EB/OL].(2014-07-08)[2022-06-28]. https://mp. weixin. qq. com/s/L7YVdXR0oPPfJOlA6jBKyA.

[89] 青小小．画面太暖！高校情侣一同担任冬奥志愿者[EB/OL].(2022-02-08)[2022-06-28]. https://mp. weixin. qq. com/s/GsZ817wnR-a2OLyrMuWQuw.

[90] 浙江工商大学．星耀浙商大｜保研爱情两不误！浙商大的这对高颜值 CP 你“嗑”到了吗？[EB/OL].(2021-02-14)[2022-06-28]. https://mp. weixin. qq. com/s/NrYmvtyKmqxS4G9LH0tB9w.

[91] 西南石油大学招生就业．遇见石大｜三年互勉共进，“学霸”情侣双双保研至西安交通大学！[EB/OL].(2020-11-03)[2022-06-28]. https://mp. weixin. qq. com/s/rqoBad7cYwK72gqSajB4yQ.

[92] RoadOf 公管．可“研”可甜！这对情侣跨专业考上同一所学校！[EB/OL].(2022-04-24)[2022-06-28]. https://mp. weixin. qq. com/s/_6UL7Ccm8w4PTSzoFPOGYg.

[93] 南方医科大学珠江医院教务处．刚好遇见你｜南医学霸情侣携手直博协和[EB/OL].(2020-04-27)[2022-06-28]. https://mp. weixin. qq. com/s/ud60vCZKXxzk0k3qvt4o_w.

[94] 中南大学．酸了！中南大学湘雅学霸情侣双双保研名校，学业和爱情一样稳定[EB/OL].(2020-01-06)[2022-06-28]. https://mp. weixin. qq. com/s/IuSDOEvuy06z-Y5Q_F_OlA.

[95] 中大学工．甜！中大情侣双双直博北大！[EB/OL].(2020-01-03)[2022-06-28]. https://mp. weixin. qq. com/s/l7h4lZSNRSSnVXGav8uyKw.

[96] 科协频道．原子世界的科学伴侣，中国的居里夫妇——钱三强何泽慧夫妇[EB/OL].(2022-02-14)[2022-06-28]. https://mp. weixin. qq. com/s/7V58txWX6qn_egnAt_uffg.

[97] 中国文明网．甘祖昌、龚全珍夫妇:并蒂莲花初心红 | 数风流人物[EB/OL]．(2021-05-29)[2022-06-28]．https://mp. weixin. qq. com/s/EHKyWJDZKc4snpo9m0aASQ.

[98] 团中央权益部．00后大学生情侣携手入伍！画面超甜……[EB/OL].(2022-11-22)[2022-06-28]．https://mp. weixin. qq. com/s/1jWCUMpM3ljoVDVo_InMNA.

[99] 中国青年报．万象|从清华学霸到海军军官,这是什么神仙爱情?[EB/OL]．(2022-03-07)[2022-06-28]．https://mp. weixin. qq. com/s/0sz4eFuEx-e86Qpuc287-A.

[100] 中国传媒大学．陈桦:90后娱乐社交的代表人物[EB/OL].(2016-04-11)[2022-04-20]．http://www. cuc. edu. cn/news/2016/0411/c1976a59793/pagem. htm.

[101] 首都经济贸易大学新闻网．小小种子,扬起梦想的帆[EB/OL].(2017-12-08)[2022-04-20]. https://www. cueb. edu. cn/pub/xww2013/sjmr/88821. htm.

[102] 首都经济贸易大学新闻网．张龙:以实际行动活出自己心目中当代青年该有的样子[EB/OL]．(2018-05-22)[2022-04-20]．https://www. cueb. edu. cn/pub/xww2013/sjmr/119315. htm.

[103] 广州大学．【学子风采】广州大学“十佳学生”叶梓雯:奋斗书写青春 追梦迎接曙光[EB/OL]．(2019-05-24)[2022-04-20]．http://news. gzhu. edu. cn/info/1007/19048. htm.

[104] 杭州电子科技大学党委宣传部．冯林源:创业路上,从心而为[EB/OL]．(2018-04-02)[2022-04-20]．https://newspaper. hdu. edu. cn/reading/paper. asp? Aid=3004&Fid=563.

[105] 广州大学．【学子风采】谭品财:博观约取 厚积薄发[EB/OL].(2018-06-11)[2022-04-20]. http://news. gzhu. edu. cn/info/1007/17917. htm.

[106] 上海应用技术大学．记校园里的创业达人——段瑞[EB/OL].(2014-05-22)[2022-04-20]．https://www. sit. edu. cn/_ t344/2014/0522/c13017a153516/page. htm.

[107] 华南理工大学党委宣传部．司徒汝盈:让广绣跳出传统、融入现代的小使者[EB/OL].(2016-12-15)[2022-04-20]. http://news. scut. edu. cn/2016/

1213/c73a35192/page. htm.

[108] 江苏二师美术学院．喜报｜我院 2018 届毕业生赵翔在大学生就业创业人物事迹评选活动中荣获“大学生创业人物”三等奖[EB/OL].(2019-06-18)[2022-04-20]. https://mp. weixin. qq. com/s/hbiPDY2sXCy9r5VIoC9vUQ.

[109] 首都经济贸易大学．【创客故事】朱昱琳：大数据时代的弄潮儿[EB/OL].(2020-05-21)[2022-04-20]. https://m. 027art. com/beijingbenke/HTML/5214431. html.

[110] 湖北大学．李莹莹：立志成为跨文化交流的使者[EB/OL].(2018-04-16)[2022-04-20]. https://www. hubu. edu. cn/info/1074/30914. htm.

[111] 浙江海洋大学．浙江海洋大学王小军获全国大学生就业创业年度新闻人物[EB/OL].(2018-11-07)[2022-04-20]. http://news. zjou. edu. cn/info/1142/22415. htm.

[112] 清华大学新闻网．回访大学生创业者，重要的不是成败而是“成长”[EB/OL].(2019-05-21)[2022-04-20]. https://www. tsinghua. edu. cn/info/1176/27330. htm.

[113] 潍坊学院新闻中心．敢为人先 来日可期[EB/OL].(2017-11-08)[2022-04-20]. https://mp. weixin. qq. com/s/MEXmOy9Tr1UPYeLMp6yWmA.

[114] 中国矿业大学．人生不设限！看这位矿大女神如何定义创业人生！[EB/OL].(2019-04-21)[2022-04-20]. https://mo. mbd. baidu. com/r/KX6KSRMiK4? f=cp&u=fe21581a0c039280.

[115] 武汉工程大学招办．湖北“超能”学霸：保研复旦大学，大二就创立工作室，拿下 11 万资助[EB/OL].(2019-11-01)[2022-04-20]. https://mq. mbd. baidu. com/r/KX7d2rsENO? f=cp&u=9937b2790da00815.

[116] 黄冈师范学院建筑工程学院宣传部．我院张力铭荣获第六届“长江学子”荣誉！[EB/OL].(2020-07-17)[2022-04-20]. https://mp. weixin. qq. com/s/iWyCrx2clJMXTciNsTuNoQ.

[117] 中国新闻网．浙农林大学生研发“云”打印机 可 24 小时提供自助打印服务[EB/OL].(2021-01-15)[2022-04-20]. https://xw. qq. com/cmsid/20210114A0FFN600? f=newdc.

[118] 武汉科技大学．郑飞：学生干部里走出的创业达人[EB/OL].(2019-05-

15)[2022-04-20]. https://www. wust. edu. cn/2019/0515/c40a195387/page. htm.

[119] 首经贸新闻网. 王其莘:创业就是要“另辟蹊径”[EB/OL].(2018-04-03)[2022-04-20]. https://news. cueb. edu. cn/sjmr/118492. htm.

[120] 北京工业大学. 新时代的先锋①|北工大95后党员连欣康获评北京高校优秀共产党员[EB/OL].(2020-06-29)[2022-05-02]. https://mp. weixin. qq. com/s/PzW8I3x4MY92HvqqgTLYiQ.

[121] 宁波大学. 最美宁大人 | 徐恬:志愿之路从未停止[EB/OL].(2019-03-06)[2022-05-02]. https://mp. weixin. qq. com/s/6sxKpcBFEFkQA83V6MGaMg.

[122] 首都师范大学. 与拉美青年交流入党初心,致力于做青年学子的引路人[EB/OL].(2021-07-08)[2022-05-02]. https://mp. weixin. qq. com/s/2yRC4B6h2C-30tbo8nCCjQ.

[123] 杭州电子科技大学报."学霸女神"的公益梦——访"全国优秀共青团员"金路亚[EB/OL].(2018-10-09)[2022-05-02]. https://newspaper. hdu. edu. cn/reading/paper. asp? Aid=3148&Fid=595.

[124] 堪天下. 出彩地院人|志愿青春,传承新时代雷锋精神——朱晓剑[EB/OL].(2020-03-08)[2022-05-02]. https://mp. weixin. qq. com/s/2WAPEeppfOSzStBHXfAVeA.

[125] 上海理工大学.【上理封面人物】吕显云:以志为愿,去祖国西部书写青春![EB/OL].(2021-05-24)[2022-05-02]. https://www. usst. edu. cn/2021/0524/c849a42102/page. htm.

[126] 南京工程学院."全国优秀共青团员"陈心怡:向下扎根,向上生长[EB/OL].(2020-05-06)[2022-05-02]. https://mp. weixin. qq. com/s/0X3vy0w7h1bzObDJ7C7r2A.

[127] 南邮本科招生. 向着光,成为光|南京邮电大学优秀毕业生王佳丽[EB/OL].(2021-12-26)[2022-05-02]. https://mp. weixin. qq. com/s/W0bax9v72KWbI7uTeP5uaA.

[128] 对外经济贸易大学新闻网. 青春榜样|西部计划志愿者高金雨:做雪域高原绽放的"格桑花"[EB/OL].(2020-09-24)[2022-05-02]. http://news. uibe. edu. cn/info/1838/43465. htm.

[129] 华中科技大学招生办公室．人物志||校三标专访第二弹 肖文铉——德才兼备可为医[EB/OL]．(2020-12-09)[2022-05-02]．https://mp. weixin. qq. com/s/k0SXzqR68Lk_u18oTbbenQ.

[130] 温州大学．全省仅10人！温大学子叶雪珍获国家奖学金省级特别推荐资格[EB/OL].(2020-10-31)[2022-05-02]. https://mp. weixin. qq. com/s/vY4uNCWwd5ymmEbAgRwMiQ.

[131] 广州航海学院．扎根基层，逐梦青春|我的西部青春故事——17届交通运输(国际航运)毕业生莫洁明林芝志愿服务实录[EB/OL].(2017-11-28)[2022-05-02]. https://mp. weixin. qq. com/s/esJGqe7zfV6L4kL3kRBXnw.

[132] 山科大机电学团．【桃李芬芳】尉英坤：将志愿行动变成"志愿的心"[EB/OL]．(2017-06-19)[2022-05-02]. https://mp. weixin. qq. com/s/9cggMz-DomygCg4EJ-OSrw.

[133] 山东财经大学体育学院．学子人物|校长奖学金——刘玉豪[EB/OL].(2018-12-26)[2022-05-02]．https://sports. sdufe. edu. cn/info/1128/2368. htm.

[134] 天外天．【标兵专访】许全军：青春力量 与光同行[EB/OL].(2021-01-16)[2022-05-02]. https://mp. weixin. qq. com/s/7mWmxJcldNuurvHovKHDEg.

[135] 南京师范大学．每周一星 | 孙安利：奖学金大满贯得主是怎样炼成的[EB/OL]．(2018-04-04)[2022-05-02]．https://mp. weixin. qq. com/s/MxzVGjnyd7qRok7nGiSMTQ.

[136] 学在华理．榜样人物|孙江：随手播种，静待花开[EB/OL].(2021-03-16)[2022-05-02]. https://mp. weixin. qq. com/s/cvx4gPKNySc8o39PnKVEUA.

[137] 浙江工商大学．星耀浙商大丨在西藏做志愿是种什么样的体验？这位商大女孩这样回答！[EB/OL].(2021-03-10)[2022-04-22]．https://mp. weixin. qq. com/s/IHxxR2kSYxHPN1R0ZJy7_w.

[138] 北京师范大学．凡星灿烂丨冯智莹：在志愿的土壤里肆意生长[EB/OL]．(2021-04-17)[2022-04-22]. https://mi. mbd. baidu. com/r/KXfskRBEGc?f=cp&u=57fd28036c089a2a.

[139] 广东石油化工学院党委宣传部．【广油"西迁精神"新传人的故事(六)】让梦想成为青春远航的动力——援疆2018届校友张雪莹自述[EB/OL].

(2020-08-09)[2022-05-02]. https://mp. weixin. qq. com/s/Ht6XCYMSIJ-eKHlRNhz5-Q.

[140] 北京科技大学.《人民日报》为何给他点赞?[EB/OL].(2020-10-23)[2022-04-22]. https://m. thepaper. cn/newsDetail_forward_9680875.

[141] 对外经济贸易大学新闻网.青春榜样 | 选调生王菁雯:扎根基层 放飞梦想[EB/OL].(2020-09-16)[2022-04-22]. http://news. uibe. edu. cn/info/1373/43133. htm.

[142] 北京大学学生工作部.2020年度"北京大学学生年度人物"出炉 十位北大学子脱颖而出[EB/OL].(2020-12-31)[2022-04-22]. https://news. pku. edu. cn/xwzh/2edf6c5ae34a4bb3b4de61a7e6e5cb83. htm.

[143] 交大新闻.【脱贫攻坚 交大足迹】选调生张凡:三个"药方"助力王咀村脱贫摘帽[EB/OL].(2021-03-11)[2022-04-22]. http://dwxcb. xjtu. edu. cn/info/1002/14880. htm.

[144] CAA青年志愿者.【萤火】山海有边,益心无量——金雨娴[EB/OL].(2022-01-18)[2022-04-22]. https://mp. weixin. qq. com/s/pk8rlp9k8DJl4JXPCR6N6Q.

[145] 山东师范大学大学生通讯社.校长奖学金获得者闫芸:心怀信仰,寻找远方那座灯塔[EB/OL].(2021-02-01)[2022-04-22]. https://mp. weixin. qq. com/s/l5xMhIWwpyoTghR34jGp8Q.

[146] 湖北经济学院.援藏女生孙琳:母校校训是我坚守在西藏的精神支撑[EB/OL].(2018-12-27)[2022-04-22]. https://mp. weixin. qq. com/s? __biz=MzA3NTAyODM4Mw==&mid=2652034781&idx=1&sn=961563b7591892635759fe9c2c721dc0&chksm=8490b42db3e73d3ba31e1ddc172e62c9b1a88541e83735324e204baa0987a836669722dc4f46&scene=27.

[147] 电子科技大学.【美丽成电·奋斗之美】张伊焘:放弃海外深造,选择建设家乡[EB/OL].(2021-05-17)[2022-04-22]. https://dxs. moe. gov. cn/zx/a/xyh_xyh_dzkjdxxywlwhtxs/210517/1696566. shtml.

[148] 湖北荆门社区网.【道德模范】荆楚理工学院毕业生陈青荣获湖北省"长江学子"称号[EB/OL].(2020-09-07)[2022-04-22]. http://app. jmbbs. com/wap/thread/view-thread? tid=6601111.

[149] 宁波大学新闻网．最美宁大人徐晴：眼中有光，心中有爱，脚下有力量[EB/OL].（2018-12-20）[2022-04-22]. https://news.nbu.edu.cn/info/1008/34710.htm.

[150] 中国大学生网．第十五届“中国大学生年度人物”入围候选人|南京师范大学 刘文曦[EB/OL].（2020-09-21）[2022-04-22]. https://mp.weixin.qq.com/s/Af2qeX48Z7t7nWVqk33COQ.

[151] 上海财经大学．SUFER|2020年度上海市大学生年度人物吴胜男：志之所趋，无远弗届[EB/OL].（2021-05-18）[2022-05-02]. https://mp.weixin.qq.com/s/cz1aqw7u3-nuyc3Jbm0Ccw.

[152] 武汉生物工程学院团委．【团英风采】武汉生物工程学院青年志愿者协会主席团秘书长——姜文[EB/OL].（2019-12-12）[2022-05-02]. https://mp.weixin.qq.com/s/gSX4twmuiNgGZ0kpadjp3A.

[153] 三峡青年．十大杰出青年候选人｜计算机与信息学院 郭原东[EB/OL].（2019-04-17）[2022-04-22]. https://mp.weixin.qq.com/s/jvOxOTEXNDC8jP-Uk0rQ4Q.

[154] 长江大学农学院．农学院2020届优秀本科毕业生事迹展（二）——刘杨[EB/OL].（2020-05-12）[2022-04-22]. https://nxy.yangtzeu.edu.cn/info/1042/5442.htm.

[155] 云上恩施．“阳光妹子”谢林凤：扶贫路上绽放最美芳华[EB/OL].（2020-09-11）[2022-04-22]. https://www.estv.com.cn/html/www/pc/sh/20200911/2113895.html.

[156] 清华大学五道口金融学院．何龙江：做一点点边际贡献[EB/OL].（2022-08-24）[2022-11-22]. https://www.pbcsf.tsinghua.edu.cn/info/1352/6102.htm.

[157] 清华大学新闻网．来自清华的“80后”重庆选调生：扎根基层造福百姓[EB/OL].（2017-01-13）[2022-04-22]. https://www.tsinghua.edu.cn/info/1179/17189.htm.

[158] 仲恺农业工程学院．优秀学子①|党徽贴身带 到党和人民需要的地方去——记我校“中国大学生自强之星”陈润书[EB/OL].（2021-05-25）[2022-04-22]. https://news.zhku.edu.cn/info/1008/53319.htm.

[159] 上海工程技术大学新闻办.【工程大人】刘洋:无悔初心,忠于我心[EB/OL].(2017-06-19)[2022-04-22].https://www.sues.edu.cn/04/8e/c274a132238/page.htm.

[160] 燕园学子微助手.学生年度人物·2020候选人 | 公共卫生学院2017级直博生 韩雨廷[EB/OL].(2020-12-06)[2022-04-24].https://mp.weixin.qq.com/s/Qx1dau7PVG9aABfM2O4AXA.

[161] 广东医科大学官网.17名返乡大学生志愿服务家乡 为抗击疫情贡献青春力量[EB/OL].(2020-04-02)[2022-04-24].https://www.gdmu.edu.cn/info/1405/9997.htm.

[162] 上海外国语大学.是“突击队员”也是“开心果”!上外学子王畅:守好上海入境第一关[EB/OL].(2020-03-30)[2022-04-24].https://mp.weixin.qq.com/s/Dn5Fp4HcXCklQNi61a_TjA.

[163] 山东大学.研究生道德风尚奖获得者邓传耀:白衣执甲,逆行出征[EB/OL].(2021-01-18)[2022-04-24].https://www.qlyxb.sdu.edu.cn/info/1210/10948.htm.

[164] 中国侨网.“95后”温州籍华裔在西班牙ICU病房当护士[EB/OL].(2020-03-30)[2022-04-24].https://mr.mbd.baidu.com/r/KYM423BXdC?f=cp&u=f0e0bdd06d75e347.

[165] 湖北工程学院新闻网.【湖工抗“疫”人】22期:张悦——手拿画笔的她,这次拿起了温度计[EB/OL].(2020-05-12)[2022-04-24].http://www.hbeu.cn/info/1020/10754.htm.

[166] 鲁大故事.曹金章:共同战“疫” 共渡难关[EB/OL].(2020-02-18)[2022-04-24].https://www.news1.ldu.edu.cn/info/1122/47336.htm.

[167] 浙大宁波理工学院融媒体中心.以艺战“疫” 宁理学子用画笔传递温暖[EB/OL].(2020-05-21)[2022-04-24].https://www.nbt.edu.cn/info/1051/7565.htm.

[168] 天津大学新闻网.王秋萍:战“疫”一线 巾帼不让须眉[EB/OL].(2020-02-25)[2022-04-24].http://news.tju.edu.cn/info/1019/50256.htm.

[169] 浙大城市学院.一碗汤圆道尽温暖团圆,一场直播复活草莓基地!ZUCCer“屏门小徐”连上新闻![EB/OL].(2020-07-15)[2022-04-24].https://

m. 027art. com/zhejiangbenke/HTML/8370799. html.

[170] 北京信息科技大学．点击量破亿，北京信息科技大学学子制作抗“疫”视频，火遍全网！[EB/OL]．(2020-03-12)[2022-04-24]．https://mp. weixin. qq. com/s/P3iDKxCWDgfeUSxBn0l3Mw.

[171] 北京中医药大学官网．针心针行・榜样力量｜学以致用——施展专业助社区，针灸抗疫显身手[EB/OL]．(2020-12-29)[2022-04-24]．https://zhentui. bucm. edu. cn/yjsgz/bshgz/66195. htm.

[172] 武科大新媒体中心．这个武科大女生！真美！[EB/OL]．(2020-03-30)[2022-04-24]．https://mp. weixin. qq. com/s/HkmEdUE6Q4kubPSMY2HiBw.

[173] 山东管理学院．疫情当头彰显青年英勇，危难之际贡献青春力量——艺术学院防疫志愿者葛兴辉事迹报道[EB/OL]．(2020-02-12)[2022-04-24]．https://www. sdmu. edu. cn/info/1027/6327. htm.

[174] 上海理工大学．担当+努力！看“上海大学生年度人物”熊沛琪的大学“关键词”！[EB/OL]．(2020-08-11)[2022-04-24]．https://m. 027art. com/shanghaibenke/HTML/8551018. html.

[175] 青春上海．大学生年度人物|两度参与抗疫，来自边疆的他要“反哺”家乡医疗卫生事业[EB/OL]．(2020-08-13)[2022-04-24]．http://www. why. com. cn/wx/article/2020/08/13/15972897641346418170. html.

[176] 鲁大故事．咎葆峥：坚守初心，使命有我[EB/OL]．(2020-02-24)[2022-04-24]．https://www. news1. ldu. edu. cn/info/1122/47299. htm.

[177] 烟台大学．“疫”中支教 情暖疆乡——记生命科学学院少数民族学子迪丽萨尔・阿卜拉的战“疫”志愿服务[EB/OL]．(2020-05-14)[2022-04-24]．https://www. ytu. edu. cn/info/1040/3106. htm.

[178] 福建三明学院教育与音乐学院．寻找身边的战疫人物——庄诗瑶[EB/OL]．(2020-03-26)[2022-04-24]．https://www. fjsmu. edu. cn/jyxy/_t1686/2020/0326/c4246a113298/page. htm.

[179] 全国高校思想政治工作网．广东石油化工学院：有一种榜 youth，叫广油青年彭世亮！[EB/OL]．(2020-10-01)[2022-04-24]．https://www. sizhengwang. cn/a/zt_7102_sgyxd_zygsh/201001/620150. shtml.

[180] 上海市教委新闻办．劳动创造美好生活！上海高校创新形式开展“学生劳动教育宣传周”活动[EB/OL].（2021-05-14）[2022-06-29]. https://mp. weixin. qq. com/s/_JuYjsJ8uy_uS4E9wnSNPQ.

[181] 福建学生资助．记录那些泪与笑，青春闪光的日子丨“我与勤工助学的故事”开栏[EB/OL].（2020-12-04）[2022-06-29]. https://mp. weixin. qq. com/s/sioTMkn3k3gtylIV7VOSlA.

[182] GDOU 农院易班工作站．传劳动之美，扬青年之志丨滨海农业学院学子创业故事[EB/OL].（2021-05-21）[2022-06-29]. https://mp. weixin. qq. com/s/1wNUaYqgBWcE2yqEmvrmdg.

[183] 图说窑煤．【劳模事迹丨甄世阳：在平凡岗位彰显新时代大学生风采[EB/OL].（2021-06-03）[2022-06-29]. https://mp. weixin. qq. com/s/ZAnUfJ9PbwN7lJFb0eL37Q.

[184] 北京交通大学新闻网．【青春榜样】宫啸：大学生公益的至行者[EB/OL].（2018-09-02）[2022-06-29]. http://news. bjtu. edu. cn/info/1024/28095. htm.

[185] 山西文旅康养集团．最美劳动者——百善苑 00 后大学生护理员付欣煜[EB/OL].（2022-05-03）[2022-06-29]. https://mp. weixin. qq. com/s/BSGZj2cV-Fg25kXVZ9_BCg.

[186] 人民网．大学生讲述寒假社会实践故事：我们在寻梦的路上[EB/OL].（2014-02-20）[2022-06-29]. http://edu. people. com. cn/n/2014/0220/c1053-24411375. html.

[187] 安徽师大共青团．【微校园】高校大学生讲述寒假社会实践的事[EB/OL].（2014-02-22）[2022-06-29]. https://mp. weixin. qq. com/s/iHvL7JaFyy8znbxSkPQrJQ.

[188] 青春聊大．扬帆计划丨中央和国家机关大学生实习的故事来啦～[EB/OL].（2021-08-21）[2022-06-29]. https://mp. weixin. qq. com/s/HNaH93W4EZGHrfi4Gra-oQ.

[189] 河南能源新疆公司．【优秀大学生员工事迹展】李双：在戈壁书写无悔青春[EB/OL].（2020-06-04）[2022-06-29]. https://mp. weixin. qq. com/s/iSQrewnkloiqnVl5QZqbjw.

[190] 北京交通大学新闻网.【我的入党故事】邓兰雪:不忘入党初心[EB/OL].(2022-01-18)[2022-06-25].http://news.bjtu.edu.cn/info/1028/39834.htm

[191] 九江市退役军人事务局.战"疫"风采:我年轻让我上 疫情前勇担当——记德安县邹桥乡大学生退役军人岑茜先进事迹[EB/OL].(2020-03-14)[2022-06-29].https://mp.weixin.qq.com/s/020f96mCcv9D3UbeRpoT2w.

[192] 最美西北旺.【最美西北旺】扎根基层沃土 绽放青春芳华——西北旺镇乡村振兴协理员赵鑫的故事[EB/OL].(2022-04-19)[2022-06-29].https://mp.weixin.qq.com/s/YcUf5GJoDVUcCcAKfyxGlQ.

[193] 南京农业大学校园快报.滞留在家的南京农业大学学子奔赴农耕一线,在田地里播撒"种子"[EB/OL].(2020-04-07)[2022-06-29].https://mbd.baidu.com/newspage/data/landingshare?context=%7B%22nid%22%3A%22news_9095753281057302007%22%7D&isBdboxFrom=1&pageType=1&rs=3245447951&ruk=cL343CdxMLCwPX5EuYveA&urlext=%7B%22cuid%22%3A%22gaHVt0uhHuYYu-aOguSzi_ac-igTu2tHjavru_Oo28Ka0qqSB%22%7D.

[194] 商工机械之家.家庭劳动教育(三十五)|家庭劳动教育心得体会[EB/OL].(2022-02-09)[2022-06-29].https://mp.weixin.qq.com/s/0lZNJfzrizzH6LxIf1h2XQ.

[195] 湖南高速铁路职业技术学院."地铁梦·劳动美":"最美劳动者"我院优秀毕业生刘志红[EB/OL].(2015-05-05)[2022-06-29].https://mp.weixin.qq.com/s/UFq44QS78ZyBGia3O6m90g.

[196] 团聚上大.暑期挂职|2021年优秀大学生暑期挂职锻炼[EB/OL].(2021-05-31)[2022-06-29].https://mp.weixin.qq.com/s/95UbpM_YW-glOPAk2EZNAw.

[197] 天津大学团委.大学生兼职故事|"我每个月只能拿到五百块,但值得"[EB/OL].(2018-11-25)[2022-06-29].https://mp.weixin.qq.com/s/qxP_3_h546FoA4RXpRlQyw.

[198] 北京大学医学部.劳动节|北大医学这样开展劳动教育这门"必修课"[EB/OL].(2020-05-01)[2022-06-29].https://mp.weixin.qq.com/s/

GPvmjH9KKgklI-2XZM47Kg.

[199] 创青春．劳动教育 | 重庆师范大学：积极开展劳动教育，助力学生全面成长[EB/OL].（2021-11-30）[2022-06-29]. https://mp. weixin. qq. com/s/2rVJzZV60PxRCjEuCPI6Hg.

[200] 资小安．“安全”港湾里的守望者，追梦路上的熊猫侠——中南大学年度人物崔同革[EB/OL].（2021-01-13）[2022-04-30]. https://mp. weixin. qq. com/s/fzWmROt9RwhFheqL2Byw-Q.

[201] 矿大北京学生管理与资助．【战疫情 固学风——榜样的力量（六）】杨文凯[EB/OL].（2020-05-01）[2022-04-30]. https://mp. weixin. qq. com/s/TXvzY-Bu9OeNb35hj3d4sA.

[202] 三峡大学学生处．【三大达人志】张宇——勤奋为舟，坚韧作桨，不惧风雨方可脱颖而[EB/OL].（2018-07-21）[2022-04-30]. https://mp. weixin. qq. com/s/TJq6AlktPumdbWp18iAduQ.

[203] 青春湖工．这个体院男生，很可以！[EB/OL].（2020-05-31）[2022-04-30]. https://mp. weixin. qq. com/s/IIee20j1hK3PQry_wNI9Pg.

[204] 我从新疆来．阿力古丽 | 辍学七年圆梦湖南大学，人生没有来不及[EB/OL].（2021-09-12）[2022-04-30]. https://mp. weixin. qq. com/s/bYzfSqjEAtyCOiRzvEhyyg.

[205] 湖北医药学院．自强不息，永不言弃——第四临床学院励志榜样程诗怡[EB/OL].（2018-06-01）[2022-04-30].

[206] 杭州师范大学．荣获“全国优秀共青团员”称号！她从大山中来，如今决定重返大山！[EB/OL].（2021-05-04）[2022-04-30]. https://mp. weixin. qq. com/s/-iZOJmkUcmwZplnmWKgKPA.

[207] 华中科技大学新闻网．哲学学院自强标兵袁承志：挥洒阳光、青春本色[EB/OL].（2021-04-22）[2022-04-30]. http://news. hust. edu. cn/info/1007/41666. htm.

[208] 北京交通大学 Vke.【榜样的故事】自强之星 || 王梓博——相信自己吧，太阳花始终向着太阳微笑[EB/OL].（2021-05-16）[2022-04-30]. https://mp. weixin. qq. com/s/faNgnnLWp7jghblWkCmrmg.

[209] 湖北民族大学新闻网．向阳花开筑梦民大——访文学与传媒学院 2019

级新生马昱昕[EB/OL].(2019-09-15)[2022-04-30].https://www.hbmzu.edu.cn/info/1156/8274.htm.

[210] 广州航海学院新闻网.人生犹苦 但我会足够努力——记2016-2017年度国家励志奖学金获得者蒋志豪[EB/OL].(2017-07-15)[2022-06-18].http://www4.gzmtu.edu.cn/info/1015/1538.htm.

[211] 湖北大学.左耳失聪更勤学苦读,湖大励志男生保送清华直博![EB/OL].(2018-01-30)[2022-04-30].https://mp.weixin.qq.com/s/Kh1r55sofBXLqv1viov1Lw.

[212] 环境新媒体.环境学院郭婷婷同学当选湖北理工学院第六届"十大学生标兵"[EB/OL].(2017-12-14)[2022-04-30].https://mp.weixin.qq.com/s/Eau91Uc_8nSc5erJiyZh0g.

[213] 德州学院学生工作部.刘丙雪:青春因磨砺而出彩[EB/OL].(2021-03-03)[2022-04-30].http://xschu.dzu.edu.cn/info/1386/10069.htm.

[214] 北京交通大学Vke.【榜样的故事】民族之星||卡米里江·阿里木——从千里外奔赴而来,只为心中所爱[EB/OL].(2021-05-19)[2022-04-30].https://mp.weixin.qq.com/s/d6Qr6oQCFbv5eHqdEubGvQ.

[215] 湖北工业大学.湖工大这个男孩,他"火"了![EB/OL].(2020-12-08)[2022-04-30].https://mp.weixin.qq.com/s/HYi4sqZD1yy6hLPzT28iug.

[216] 吉大研究生.人物专栏 | 独腿硕士李金朋的追梦之路[EB/OL].(2019-06-14)[2022-04-30].https://mp.weixin.qq.com/s/JUQE72xFc8Iu87zbVHs1nQ.

[217] 齐鲁工业大学金融学院.青春当自强 励志谱华章[EB/OL].(2017-03-06)[2022-04-30].https://mp.weixin.qq.com/s/5AavovRaIAKfZKxjkQuiAw.

[218] WIT环生院.苦战病魔勇奋斗 立志科研攀高峰——记年度"中国大学生自强之星":夏静[EB/OL].(2021-12-19)[2022-04-30].https://mp.weixin.qq.com/s/AKBElqqJuXcnuuzX-Cguog.

[219] 肇庆学院新闻中心.广东广播电视台报道肇庆学院17届毕业生王熙婷感人事迹:每一份苦难都是最好的回报[EB/OL].(2017-10-17)[2022-04-30].https://mp.weixin.qq.com/s/2_RGR-EEs-V0Y_nopG8WWw.

[220] 北京建筑大学新闻网.【青春榜样】胡肖飞:少一分功利,多一些奉献[EB/OL].(2020-06-22)[2022-04-12].https://xww.bucea.edu.cn/tgx/

81f1efd8ae3f4ba18b9a723028dcfe39. htm.

[221] 烟台大学经济管理学院团委.【经管学院】张文建：一点浩然气，谦谦君子风[EB/OL].(2019-04-12)[2022-04-12]. https://youth. ytu. edu. cn/info/1010/4114. htm.

[222] 华中科技大学. 向祺：退伍志犹在，报国正当时[EB/OL].(2018-09-27)[2022-04-12]. https://zsb. hust. edu. cn/info/1090/4795. htm.

[223] 中国政法大学校团委.【CUPL 正能量第 231 期】纪定佟：我是法大一个兵[EB/OL].(2021-03-28)[2022-04-12]. https://news. cupl. edu. cn/info/1018/33354. htm.

[224] 北京工业大学新闻网. 任佳祥：逐梦青春[EB/OL].(2021-04-06)[2022-04-12]. https://news. bjut. edu. cn/info/1006/2307. htm.

[225] 南方医科大学. 入伍新兵讲述青春里不一样的颜色[EB/OL].(2021-05-12)[2022-04-12]. http://www. smu. edu. cn/info/1139/12500. htm.

[226] 成电新闻网. 杨凡：投笔从戎到投身基层，热血男儿书写无悔青春！[EB/OL].(2021-05-14)[2022-04-12]. https://dxs. moe. gov. cn/zx/a/xyh_xyh_dzkjdxxywlwhtxs/210514/1696310. shtml.

[227] 青岛日报社/观海新闻. 开训仪式上作为新兵代表发言，这名青大学子二次入伍，并从艺术生成长为特种兵！[EB/OL].(2021-04-04)[2022-04-12]. https://m. guanhai. com. cn/p/75659. html.

[228] 文汇报. 经受水火洗礼，方能淬炼成钢——华东政法大学郭宇航的部队记忆[EB/OL].(2021-08-04)[2022-04-12]. https://mr. mbd. baidu. com/r/KT5gSqATg4? f=cp&u=f37bdfce46abb6da.

[229] 北大人民武装部.【北大骄子·军中隼鹰】王馨安：甘为百夫长，胜作一书生[EB/OL].(2017-05-24)[2022-04-12]. https://news. pku. edu. cn/bdrw/f3e44fc4c7074e3ba7dd4e21ef479015. htm.

[230] 教育部学位中心. 骆娴：愿做一颗扎根南疆基层的胡杨[EB/OL].(2021-10-25)[2022-04-12]. https://www. mbachina. com/html/CDGDC-wx/20211110/370601. html.

[231] 中国矿业大学新媒体中心. 王嘉伟，你真酷！[EB/OL].(2020-12-16)[2022-04-12]. https://mp. weixin. qq. com/s/HojweQWl4srw02kamyDaOQ.

[232] 南京工程学院党委学生工作部．致青春｜从180斤到120斤，他逆袭的可不止体重！[EB/OL]．(2020-06-29)[2022-04-12]．https://mp.weixin.qq.com/s/q4oiQ_bwicy4U66ngGtfiw.

[233] 极目新闻．用征服钢铁战车的毅力啃下考研难关，退伍大学生将“士兵突击”演绎到底[EB/OL]．(2021-05-27)[2022-04-12]．https://ms.mbd.baidu.com/r/KTlCGy55de? f=cp&u=7f2e471de434232b.

[234] 青岛科技大学．路通：给青春留下最美好的记忆[EB/OL]．(2020-11-25)[2022-04-12]．https://xinwen.qust.edu.cn/info/1010/45596.htm.

[235] 澎湃政务．SISU|曾繁宇：中印边境上外兵[EB/OL]．(2021-03-25)[2022-04-12]．https://mq.mbd.baidu.com/r/KTgzCO14IM? f=cp&u=75de885e04de325d.

[236] 肇庆学院．榜样砚园｜校服变戎装 热血铸青春[EB/OL]．(2021-04-08)[2022-04-12]．https://www.zqu.edu.cn/info/1101/7037.htm.

[237] 福建学生资助．福州大学首位特战女兵！刘宇娟，你真棒！[EB/OL]．(2022-05-28)[2022-07-18]．https://mp.weixin.qq.com/s? __biz=MzIxNDU0OTg0Nw==&mid=2247515321&idx=2&sn=1ac8162d81b05348c4ebaceac5e31510&chksm=97a72881a0d0a197a76e4f628d7e2d60f9098b91bb29d1f0f3045b6b3c38cdd62caca8f5c7e4&scene=27.

[238] 山大视点．孙宇：军营炼坚毅之品格，奉献守道德之初心[EB/OL]．(2021-03-15)[2022-04-12]．https://www.view.sdu.edu.cn/info/1446/146770.htm.

[239] 广东外语外贸大学．【五四专题】青春心向党 不负韶华梦[EB/OL]．(2021-05-02)[2022-04-12]．https://www.gdufs.edu.cn/info/1106/56377.htm.

[240] 广州大学记者团．青春风采｜佩服！她一年清晨七点前进图书馆达296天[EB/OL]．(2019-05-10)[2022-04-16]．https://mp.weixin.qq.com/s/7wv5wIfMrH-x3ZTxKboR-Q.

[241] 上海工程技术大学腾飞新闻网．【工程大人】曹宵情：优秀，不单是努力的拼搏，还有日常的积累[EB/OL]．(2017-06-15)[2022-04-16]．https://news.sues.edu.cn/05/2c/c14024a132396/pagem.htm.

[242] 湖北医药学院公共卫生与健康学院．新星之火|专访2021年公共卫生与健康学院考研优秀学子陈萌萱[EB/OL].(2021-04-26)[2022-04-16]. https://news. hbmu. edu. cn/info/1007/28974. htm. [243] 上海对外经贸大学新闻网．年度学霸：张娟同学被清华大学录取为博士研究生[EB/OL].(2020-06-26)[2022-04-16]. https://m. 027art. com/shanghaibenke/HTML/7348226. html.

[244] 上海理工大学新闻中心．【上理封面人物】唐希：心有定力，得以志远，做努力奋斗的上理后浪！[EB/OL].(2020-06-22)[2022-04-16]. https://www. usst. edu. cn/2020/0622/c849a38124/page. psp.

[245] 钱江晚报．全班倒数第一考进北大！杭高毕业的小伙成功逆袭：室友一句话点醒了我[EB/OL].(2020-06-04)[2022-04-16]. https://mp. weixin. qq. com/s/84GQmoLFYQkQ-ub_2mEHyA.

[246] 福建师范大学音乐学院．音院好榜样③|严祯：研路漫漫，以勤为舟[EB/OL].(2020-06-08)[2022-04-16]. https://mp. weixin. qq. com/s/gaqirnuVUUcm93c_-IbqCA.

[247] 优陪未来．【学长学姐说】王姣姣：从杭电到浙大——考研复试及读研体会[EB/OL].(2020-12-27)[2022-04-16]. https://mp. weixin. qq. com/s/5tYm1jfb3nvz3C5UoIbu9g.

[248] 青岛滨海学院融媒体中心．专升本考研|刘瑶：眼中有光，热烈生长[EB/OL].(2020-07-14)[2022-04-16]. https://mp. weixin. qq. com/s/fp3afLCSewwtJ8fAckG8Dw.

[249] 浙江宁波理工学院融媒体中心．{美丽理工*学子风采}一战拿下吉林大学！成功=选择+方法+努力，浙大宁理女孩“未来”好棒[EB/OL].(2021-05-16)[2022-04-16]. https://www. nbt. edu. cn/info/1051/10420. htm.

[250] 科教头条．有志者事竟成：他以专业第1名从首经贸考研北京大学成功！[EB/OL].(2020-08-11)[2022-04-16]. https://mq. mbd. baidu. com/r/KTG4Stnt96? f=cp&u=b10769323c455968.

[251] 浙江工商大学新闻网．王泽远：“围棋式考研法”圆梦浙大[EB/OL].(2018-11-15)[2022-04-16]. http://m. zjgsu. edu. cn/view-17177. html.

[252] 杭州师范大学．跨专业上岸“双一流”，梦想的力量如此强大|HZNU 优秀毕业生［EB/OL］．（2020-09-01）［2022-04-16］．https://mp.weixin.qq.com/s/Q8sr2JzfReQRY_Sp-_3WYQ.

[253] 江苏第二师范学院新闻中心．[二师人物] 一念既出万山难堵 前途似海来日方长——访文学院 2016 级优秀毕业生叶聪[EB/OL].（2020-10-09）［2022-04-16］．http://jynews.jssnu.edu.cn/2020/1009/c2565a35104/page.htm.

[254] 闪电新闻．捐献骨髓、考研浙大：细摹祁明轩独一无二的青春华彩[EB/OL］．（2021-04-15）［2022-04-16］．https://xw.qq.com/cmsid/20210415A07GSE00? f=newdc.

[255] 浙江农林大学．李天赐：考上北大研究生的工科“后浪”[EB/OL].（2020-06-03)[2022-04-16]. https://www.zafu.edu.cn/info/1002/88771.htm.

[256] 潍坊学院新闻网．高萌：且行且歌 奋力奔跑的追梦人[EB/OL].（2019-05-27）［2022-04-16］．https://news.wfu.edu.cn/2019/0527/c3397a128157/page.htm.

[257] 武汉科技大学．宁文静：心有猛虎，细嗅蔷薇[EB/OL]．(2019-04-26)［2022-04-16］．https://www.wust.edu.cn/2019/0426/c40a194008/page.htm.

[258] 南方医科大学．【优秀毕业生】为平凡而战[EB/OL].（2019-08-26）[2022-04-16]. http://news.smu.edu.cn/info/1012/30991.htm.

[259] 温州大学招生网．全员名校！快来看看温大的学霸主席团[EB/OL].(2021-04-19)[2022-04-16]. http://zs.wzu.edu.cn/info/1248/3982.htm.

[260] 山东大学就业．2020 毕业生就业故事(二十三)：黄文昕——我的留学申请之路［EB/OL］．（2020-07-16）［2022-06-18］．https://mp.weixin.qq.com/s/UFg1izhEhKjKyv0MjAUG6A.

[261] 北工大都柏林学院黑板报．中爱文化交流周|出国留学经验分享会完结撒花！［EB/OL］．（2022-03-20）［2022-06-18］．https://mp.weixin.qq.com/s/skdRfCy6YrRccwSgHxD0fg.

[262] 深圳大学国际交流与合作部港澳台事务办公室．“趁年轻 走出去”－来自管理学院邹昊璇同学的法兰西商学院交换分享[EB/OL].（2021-04-14）

[2022-06-18]. https://szupu. szu. edu. cn/cmsArticlesController/article/ff80808177876ea70178cf44114900d9.

[263] 华南理工大学学生就业指导中心.【签约故事汇】第 158 期|文转商:外院学子的海外申研之路[EB/OL].(2021-05-17)[2022-06-18]. https://mp. weixin. qq. com/s/hS7MFNduPqI727Q3EsuyMQ.

[264] 中南大金融团委. 出国留学|优秀毕业生专访[EB/OL].(2021-08-28)[2022-06-18]. https://mp. weixin. qq. com/s/BQafpG28U5FsUBpZDJqh9w.

[265] 东南法学. 出国经验分享|出国留学有哪些注意点? 专访学长学姐[EB/OL].(2020-05-27)[2022-06-18]. https://mp. weixin. qq. com/s/6Nm-nficcc-7PTszhbp6bA.

[266] 中南大学哲学珠海. 学在哲珠 | 学习发展中心:出国留学经验分享会精彩回顾[EB/OL].(2020-06-29)[2022-06-18]. https://mp. weixin. qq. com/s/9hpdwPmpIbSr66mJeIK5GQ.

[267] 天外求索荣誉学院. 奋斗求索 无悔青春|求索 2022 年出国留学经验系列分享会(一)[EB/OL].(2022-05-03)[2022-06-18]. https://mp. weixin. qq. com/s/71L3lEWc08b1yZ0kEd8k3Q.

[268] 药鹰 SCU. 一起向未来|毕业生经验分享之留学[EB/OL].(2022-06-15)[2022-06-18]. https://mp. weixin. qq. com/s/D6qCo4E1YweMuAZaUv3CdQ.

[269] 浙理材料学院. 研途 tips|方旖旎:出国留学经验分享[EB/OL].(2020-03-12)[2022-06-18]. https://mp. weixin. qq. com/s/YFw423P_1rkZLGnSEfptIg.

[270] 北外商学院国际班. 学长学姐说|北外国商经济管理国际项目 EAP 班胡梓钧[EB/OL].(2018-07-05)[2022-06-18]. https://mp. weixin. qq. com/s/CZKMgoqcEHhbRDL3cLqXmA.

[271] 同济大学生. 济程者 | 出国留学经验分享(三)[EB/OL].(2016-06-11)[2022-06-18]. https://mp. weixin. qq. com/s/QQz_rQ6qXOlEA3OrL2EOpA.

[272] 中财国政经. 毕业特辑(三)|出国留学经验分享[EB/OL].(2018-06-20)[2022-06-18]. https://mp. weixin. qq. com/s/3eAHMlYoJkNYn731dMmftQ.

[273] 晋城一中. 学霸牛馨雨|从一中到北大,再到美国留学,她一直是第一名[EB/OL].(2019-01-13)[2022-06-18]. https://mp. weixin. qq. com/s/CfnXLShv8LZJwCGI2SAj7Q.

[274] 印象国际. 出国留学 | 带你了解北爱——在美留学学习分享篇[EB/OL]. (2022-04-06)[2022-06-18]. https://mp.weixin.qq.com/s/0iEWUOJ43p5JFIF-Qxkhw.

[275] 浙江工业大学. 信息学子—继续深造学霸传[EB/OL]. (2020-05-31)[2022-06-18]. https://mp.weixin.qq.com/s/3Rrsmq-FdvPMXOS6j9cE5Q.

[276] 广东外语外贸大学就业信息网. 黎锦荣:留学之梦,追梦之旅[EB/OL]. (2021-10-25)[2022-06-18]. https://career.gdufs.edu.cn/unijob/index.php/web/Index/article-detail?id=130.

[277] 南方科技大学. 毕业季故事汇|邓大琦:"我走得比较慢,但我走得很稳"[EB/OL]. (2020-06-07)[2022-06-18]. https://mp.weixin.qq.com/s/stjOSRxds7OZEVjG7b4Gzw.

[278] 山东师大历史文化学院. 研路领航|出境留学经验分享——放眼望乾坤,身行万里半天下[EB/OL]. (2022-06-05)[2022-06-18]. https://mp.weixin.qq.com/s/gx81YY17z2Cv5HnRx4yIhg.

[279] 中国传媒大学音乐与录音艺术学院. 升学云助力|"留"心逐梦,"学"在全球——留学经验分享[EB/OL]. (2022-06-09)[2022-06-18]. https://mp.weixin.qq.com/s/XxaMekzkFOUcjLI7jlXNRQ.

[280] 中国石油大学地球就业指导中心. 我的公考之路[EB/OL]. (2019-09-27)[2022-06-15]. https://career.cup.edu.cn/news/view/aid/85828/tag/qzjq.

[281] 浙江大学机械工程学院.【求职就业】腾讯产培上岸面经[EB/OL]. (2020-10-27)[2022-06-15]. http://www.career.zju.edu.cn/jyxt/jygz/new/newsDetail.zf?xwid=B29D33F1852D6C4BE055134CA39C9BD7&lmtype=2.

[282] 江农就协. 优秀毕业生|刘强:从"江农之星"到央企"未来之星"[EB/OL]. (2021-09-14)[2022-06-15]. https://mp.weixin.qq.com/s/0AmYwtmyU2l72hsva_tHUA.

[283] 南开大学哲学院.【爱智超话|职业访谈之中学教师篇(第三期)[EB/OL]. (2022-02-07)[2022-06-15]. https://mp.weixin.qq.com/s/NouIO1pgQtRzbVZbGU6t6Q.

图书在版编目(CIP)数据

大学生成长之路 / 蔡派编著. —北京:中国农业出版社,2024.1(2024.3 重印)
ISBN 978-7-109-30586-1

Ⅰ.①大… Ⅱ.①蔡… Ⅲ.①大学生-人才成长
Ⅳ.①G645.5

中国国家版本馆 CIP 数据核字(2023)第 060618 号

大学生成长之路
DAXUESHENG CHENGZHANG ZHILU

中国农业出版社出版
地址:北京市朝阳区麦子店街 18 号楼
邮编:100125
责任编辑:贾　彬　　文字编辑:喻瀚章
版式设计:杨　婧　　责任校对:吴丽婷
印刷:中农印务有限公司
版次:2024 年 1 月第 1 版
印次:2024 年 3 月北京第 2 次印刷
发行:新华书店北京发行所
开本:880mm×1230mm　1/32
印张:9.5
字数:230 千字
定价:95.00 元